Recht der Steuern und der öffentlichen Finanzordnung / Tax Law and Public Finance

herausgegeben von

Band 22

Eberhard Bachem

Der Pflichtteil im Steuerrecht

Nomos

Onlineversion
Nomos eLibrary

Die Deutsche Nationalbibliothek verzeichnet diese Publikation in der Deutschen Nationalbibliografie; detaillierte bibliografische Daten sind im Internet über http://dnb.d-nb.de abrufbar.

Zugl.: Trier, Univ., Diss., 2021

ISBN 978-3-8487-7228-5 (Print)
ISBN 978-3-7489-1244-6 (ePDF)

1. Auflage 2021

Vorwort

Die vorliegende Arbeit wurde im Wintersemester 2020/2021 vom Fachbereich Rechtswissenschaft der Universität Trier als Dissertation angenommen. Literatur und Rechtsprechung konnten bis zum Mai 2021 berücksichtigt werden.

Besonderer Dank gilt meinem Doktorvater, Herrn Prof. Dr. Arnd Arnold, für die umfassende Betreuung während der Arbeit. In meiner Zeit als Mitarbeiter unterstützte er mich durch viele konstruktive Anregungen und stete Gesprächsbereitschaft. Bedanken möchte ich mich auch bei Herrn Prof. Dr. Henning Tappe für die zügige Erstellung des ausführlichen Zweitgutachtens.

Danken möchte ich auch meinem Vater *Walter* für die herzliche Unterstützung. Er hat durch viele nützliche Hinweise im Rahmen abendlicher Gespräche wesentlich zur Fertigstellung der Arbeit beigetragen.

Besonderer Dank gilt meinen Eltern *Elisabeth* und *Walter*, denen ich die Arbeit widme. Erst ihre umfassende und liebevolle Unterstützung während des gesamten Studiums hat die Erstellung der vorliegenden Arbeit ermöglicht.

Trier, den 19.05.2021 Eberhard Bachem

Inhaltsübersicht

Inhaltsverzeichnis

A. Anlass, Gegenstand und Aufbau der Untersuchung

Die vorliegende Arbeit untersucht die Frage, wie die beiden Themenkomplexe Pflichtteilsrecht und Steuerrecht miteinander in Verbindung zu bringen sind. Aufgrund aktueller Entscheidungen der Finanzgerichte[1] in den letzten Jahren ist der Themenkomplex „Pflichtteilsrecht und Steuerrecht“ vermehrt zum Gegenstand wissenschaftlicher Erörterungen geworden. Gerichte und einschlägige Literaturvertreter beschäftigen sich in regelmäßigen Abständen mit den steuerlichen Aspekten des Pflichtteilsrechts, was auf die enorme praktische Relevanz des Steuerrechts für die Nachfolgeplanung zurückzuführen ist. Ohne die steuerlichen Folgen einzelner erbrechtlicher Gestaltungsmöglichkeiten zu bedenken, kann eine unter wirtschaftlichen Gesichtspunkten sinnvolle Nachfolgeplanung insbesondere bei größeren, über den steuerlichen Freibeträgen liegenden Vermögensmassen nicht vorgenommen werden. Die besondere Bedeutung des Steuerrechts für die Nachfolgegestaltung zeigt sich insbesondere beim sog. Berliner Testament. Aus zivilrechtlicher Sicht mag dieses zwar sinnvoll sein, da es dem Versorgungsbedürfnis des überlebenden Ehegatten Rechnung trägt. Aus steuerlicher Sicht kann sich dieses hingegen mangels optimaler Ausnutzung steuerlicher Freibeträge als ungünstig erweisen.[2]

Das gesetzliche Pflichtteilsrecht – geregelt in den §§ 2303 ff. BGB – setzt dem Erblasser Grenzen bei der Nachfolgeplanung hinsichtlich der Verteilung seines Vermögens auf die Erben. Das Entstehen von Pflichtteilsansprüchen im Todesfall führt dazu, dass nicht bedachte oder auch „unliebsame“ Abkömmlinge, Eltern oder Ehegatten von der Erbschaft profitieren. Derartige Ansprüche bergen daher ein erhebliches Potential, den Familienfrieden in empfindlicher Weise zu stören. Unter Berücksichtigung dieses Konfliktpotentials fällt der Pflichtteil dem Pflichtteilsberechtigten nicht automatisch an, sondern muss vielmehr von diesem eingefordert werden. Auf diese Weise kann der Pflichtteilsberechtigte selbst darüber entscheiden, ob er familiären oder monetären Interessen den Vorzug gewährt. Auch dem Steuerrecht, insbesondere dem für die Besteuerung des Pflichtteils in erster Linie einschlägigen Erbschaftsteuerrecht, ist das

1 Siehe z.B. BFH DStR 2020, 1496; BFH DStR 2017, 1817; BFH DStR 2017, 724; BFH DStR 2013, 523.

2 *Keim* ZEV 2016, 6 (7).

vom Pflichtteilsrecht ausgehende familiäre Konfliktpotential nicht fremd. Zwar folgt das Erbschaftsteuerrecht im Grundsatz dem Bereicherungs- und Belastungsprinzip, allerdings wird im Hinblick auf die Besteuerung von Pflichtteilsansprüchen nicht bereits eine durch Erwerb des Pflichtteilsanspruchs eingetretene Bereicherung des Pflichtteilsberechtigten, sondern erst die „Geltendmachung" des Anspruchs durch diesen für maßgeblich erachtet. Anlässlich einer jüngeren Entscheidung des BFH[3], die die Notwendigkeit einer Geltendmachung beim derivativ durch Erbanfall erworbenen Pflichtteilsanspruch in Frage stellt und deshalb teils heftiger Kritik in der Literatur ausgesetzt ist[4], stellt sich die Frage nach der Tragweite dieses Begriffs. Dies gilt umso mehr, als im gewissermaßen umgekehrten Fall der in den Nachlass fallenden Pflichtteilsverbindlichkeit – in jüngerer Zeit ebenfalls vermehrt Gegenstand gerichtlicher Entscheidungen[5] – ein Abzug als Pflichtteilslast nur bei Geltendmachung erfolgen konnte. Die Arbeit geht daher der Frage nach, ob sich die Voraussetzung der Geltendmachung nur an Stellen auswirkt, in denen diese ausdrücklich gesetzlich niedergelegt ist, oder ob sich diese vielmehr durch das gesamte pflichtteilsrelevante Steuerrecht zieht. Dabei wird vor allem untersucht, ob jene Voraussetzung zur vollständigen Aufgabe des sonst im Erbschaftsteuerrecht geltenden Bereicherungsprinzips zwingt. Daneben sollen auch andere steuerliche Fragen rund um das Pflichtteilsrecht in den Blick genommen werden. Zu nennen sind dabei vor allem unterschiedliche Konstellationen eines Verzichts gegen Abfindung, die einer näheren Erörterung bedürfen. Anlass hierfür bietet eine neuere Entscheidung des BFH, der die anwendbare Steuerklasse bei Erbschaftsverträgen über den Pflichtteil nicht mehr nach dem persönlichen Verhältnis des Begünstigten zum Erblasser, sondern zum jeweils Zuwendenden bestimmt.[6] Für den steuerlichen Berater ist diese Thematik deshalb interessant, weil wirtschaftlich nahezu identische Sachverhalte durch die Wahl verschiedener Gestaltungsmöglichkeiten unterschiedliche steuerliche Konsequenzen nach sich ziehen können. Diese beschränken sich nicht nur auf das Erbschaftsteuerrecht, sondern können sich auch einkommen- und grunderwerbsteuerlich auswirken, wobei sich insbesondere die Frage einer Übertragbarkeit erbschaftsteuerlicher Wertungen stellt.

---

3 BFH DStR 2017, 724.

4 BFH NZG 2017, 552 (554 f.) mit Anm. *Wälzholz*; BFH ZErb 2017, 175 (177 f.) *mit Anm. Daragan*; *Schindler* ZEV 2018, 60 (66); BFH MittBayNot 2018, 81 (85) mit Anm. *Selbherr*; Mayer/Süß/Tanck/Bittler/Wälzholz/*Griesel*, Handbuch Pflichtteilsrecht, § 17 Rn. 66.

5 BFH DStR 2020, 1496; BFH DStR 2013, 523.

6 BFH DStR 2017, 1817.

Die Wirkungen einer Geltendmachung des Pflichtteils dürfen auch in diesem Zusammenhang nicht unterschätzt werden. Insgesamt soll die Arbeit daher dem Anspruch genügen, ein vom Gesetzgeber verfolgtes, in sich konsistentes System aufzuzeigen, das der steuerlichen Behandlung des Pflichtteils zugrunde liegt.

Eine systematische Untersuchung des pflichtteilsrelevanten Steuerrechts hat bereits F. Bühring im Jahr 2009 in ihrer Dissertation „Pflichtteilsrecht und Erbschaftsteuer“[7] durchgeführt. Die soeben bezeichneten Entscheidungen der Rechtsprechung aus den letzten Jahren bieten jedoch Anlass für eine Neubewertung, zumal die von Bühring erstellte Arbeit die einkommen- und grunderwerbsteuerlichen Aspekte des Pflichtteilsrechts nicht berücksichtigt. Auch die Darstellungen zum pflichtteilsrelevanten Steuerrecht von T. Roth (2013)[8] und M. Jülicher (2014)[9] berücksichtigen aufgrund des früheren Erscheinungszeitpunkts noch nicht die neueren Tendenzen der Rechtsprechung zur Steuerklasse bei Erbschaftsverträgen über den Pflichtteil und zur Bedeutung des Merkmals der Geltendmachung beim derivativen Pflichtteilserwerb. Die neueren Werke von J. Lohr/F. Otto[10] und Griesel[11] (beide 2017) lassen sich diesbezüglich jedenfalls noch ergänzen. Letztgenannten Problematiken widmet sich insbesondere Wachter in zwei Beiträgen.[12] In einem grundlegenden Aufsatz zu den erbschaftsteuerlichen Konsequenzen verschiedener Abfindungskonstellationen erklärt er das bereits erwähnte Urteil des BFH zur Steuerklasse für unzutreffend und plädiert dafür, auch weiterhin die Steuerklasse nach dem Verhältnis des Begünstigten zum Erblasser zu bestimmen.[13] Eine Besteuerung des derivativ erworbenen Pflichtteilsanspruchs hält er dogmatisch auch ohne Geltendmachung für zutreffend, nimmt allerdings eine bewertungsrechtliche Korrektur dahingehend vor, dass im Ergebnis für diesen Erwerb keine Steuer anfällt.[14] In diese Richtung weisen auch weitere Veröffentlichungen, namentlich von Daragan[15], Wälzholz[16], Schindler[17],

7 *Bühring*, Pflichtteilsrecht und Erbschaftsteuer.
8 *Roth* RNotZ 2013, 193.
9 *Jülicher* ZErb 2014, 126.
10 Schlitt/Müller/*Lohr/Otto*, Handbuch Pflichtteilsrecht, § 12.
11 Mayer/Süß/Tanck/Bittler/Wälzholz/*Griesel*, Handbuch Pflichtteilsrecht, § 17.
12 *Wachter* DB 2017, 2000; BFH ZEV 2017, 283 (286) mit Anm. *Wachter*.
13 *Wachter* DB 2017, 2000.
14 BFH ZEV 2017, 283 (286) mit Anm. *Wachter*.
15 BFH ZErb 2017, 175 (177 f.) *mit Anm. Daragan*.
16 BFH NZG 2017, 552 (554 f.) mit Anm. *Wälzholz*.
17 *Schindler* ZEV 2018, 60 (66).

Selbherr[18] und Griesel[19], für die der derivative Pflichtteilserwerb ohne Geltendmachung ebenfalls nicht steuerbegründend ist. Das primäre Anliegen der Arbeit besteht daher darin, die Systematik des pflichtteilsrelevanten Steuerrechts unter Berücksichtigung der jüngsten Entscheidungen und der diesbezüglichen – teils kritischen – Literaturansichten neu zu beurteilen.

Vor dem Hintergrund dieses Anliegens soll nun der Aufbau der Untersuchung dargestellt werden. Die Arbeit beginnt mit einem kurzen Überblick über das gesetzliche, in den §§ 2303 ff. BGB geregelte Pflichtteilsrecht. Besonderes Augenmerk wird dabei zunächst auf eine Darstellung des in § 2303 BGB geregelten Pflichtteilsanspruchs und des in §§ 2325 ff. BGB geregelten Pflichtteilsergänzungsanspruchs gelegt. Im Anschluss daran werden verschiedene Möglichkeiten dargestellt, auf den Pflichtteil – meist gegen Gewährung einer Abfindung – zu verzichten.

Sodann geht die Arbeit auf die steuerlichen Besonderheiten des Pflichtteils ein. Der Begriff der Geltendmachung bildet dabei die maßgebliche Voraussetzung für die Besteuerung des Pflichtteils beim Pflichtteilsberechtigten und für den Abzug der Pflichtteilslast als Nachlassverbindlichkeit beim Erben. Die Arbeit behandelt zunächst die Frage, welche gesetzgeberischen Wertungen diesem Tatbestandsmerkmal zugrunde liegen. Im Anschluss daran werden besondere Fallgestaltungen dargestellt, die bei der Konkretisierung des Begriffs der Geltendmachung helfen sollen. Außerdem soll untersucht werden, ob die Bewertung des Pflichtteilsanspruchs mit dem Nominalwert der Kapitalforderung und die Nichtanwendbarkeit sachlicher Steuerbefreiungsregelungen verfassungsrechtlichen Grundsätzen standhält. Welche Auswirkungen das sonst im Steuerrecht diskutierte Tatbestandsmerkmal der wirtschaftlichen Belastung auf den Abzug von Pflichtteilsverbindlichkeiten hat, soll ebenfalls näher beleuchtet werden.

Stirbt der Pflichtteilsberechtigte oder der Erbe vor der Geltendmachung des Pflichtteils, stellt sich die Frage, ob auch in diesen Fällen die Geltendmachung für die Besteuerung und den Abzug des Pflichtteilsanspruchs noch maßgeblich ist oder ob in derartigen Fällen auf das allgemeine Bereicherungs- und Belastungsprinzip zurückzugreifen ist. Es folgt eine kritische Auseinandersetzung insbesondere mit der bereits erwähnten BFH-Entscheidung zum ererbten Pflichtteilanspruch aus dem Jahr 2016[20], aber auch mit vorherigen Entscheidungen der Finanzgerichte zu ererbten

---

18 BFH MittBayNot 2018, 81 (85) mit Anm. *Selbherr.*

19 Mayer/Süß/Tanck/Bittler/Wälzholz/*Griesel*, Handbuch Pflichtteilsrecht, § 17 Rn. 66.

20 BFH DStR 2017, 724.

Pflichtteilsverbindlichkeiten. Besonderes Augenmerk gilt dabei der Frage, inwieweit die den Entscheidungen zugrundeliegenden Problematiken miteinander zusammenhängen. Im Anschluss daran werden Besonderheiten dargestellt, die sich im Falle der Vereinigung von Gläubiger- und Schuldnerstellung beim Tod des Erben oder des Pflichtteilsberechtigten ergeben. Eine derartige Vereinigung (sog. Konfusion) kann insbesondere beim Berliner Testament iSd. §§ 2269 BGB auftreten.

Nachfolgend wird die steuerliche Behandlung von Pflichtteilsergänzungsansprüchen im Hinblick auf die Steuerbarkeit und den Abzug des Pflichtteilsergänzungsanspruchs als Nachlassverbindlichkeit in den Blick genommen. Bei der Abzugsfähigkeit des Pflichtteilsergänzungsanspruchs muss hierbei danach unterschieden werden, ob der Erbe (§ 2325 BGB) oder der Beschenkte (§ 2329 BGB) vom Pflichtteilsberechtigten in Anspruch genommen wird.

Ein größerer Teil der Arbeit beschäftigt sich sodann mit der Steuerbarkeit verschiedener Verzichtskonstellationen gegen Gewährung einer Abfindung. Dabei ist maßgeblich danach zu unterscheiden, ob die Verzichts- und Abfindungsvereinbarung zwischen dem Pflichtteilsberechtigten und dem Erben vor oder nach dem Tod des Erblassers getroffen wurde. Im Rahmen dessen geht die Arbeit der Frage nach, welche Auswirkungen eine Unwirksamkeit des Verzichtsvertrags auf die Steuerbarkeit etwaiger Abfindungsleistungen hat. Außerdem soll die Anwendbarkeit sachlicher Steuerbefreiungen auf gewährte Abfindungen näher untersucht werden. Besonderes Augenmerk gilt anschließend der bereits erwähnten Rechtsprechungsänderung des BFH aus dem Jahr 2017[21], der die Steuerklasse und die anzuwendenden persönlichen Steuerfreibeträge bei Erbschaftsverträgen über den Pflichtteil neu festgelegt hat. Es folgen eine kritische Würdigung und ein Ausblick zu den Auswirkungen der Entscheidung auf Abfindungsverzichte nach § 2346 BGB. Zudem ist zu beachten, dass sich gewisse Konstellationen in diesem Zusammenhang nicht nur erbschaftsteuerlich, sondern auch einkommen- und grunderwerbsteuerlich auswirken können. Diese Besonderheiten sollen im Rahmen der Arbeit ebenfalls behandelt werden.

Der letzte Teil der Arbeit geht auf die steuerliche Behandlung sog. Noterbrechte nach ausländischen Rechtsordnungen ein, die beim Tod des Erblassers anstelle von Pflichtteilsansprüchen nach deutschem Recht entstehen. Die sich dabei stellende Frage lautet insbesondere, ob Noterbrechte für steuerliche Zwecke wie Pflichtteilsansprüche oder wie dingliche

21 BFH DStR 2017, 1817.

Nachlassbeteiligungen zu behandeln sind. Zum Abschluss erfolgt eine Zusammenfassung der gefundenen Ergebnisse der Arbeit in Form von Thesen.

B. Die Regelung des Pflichtteilsrechts im BGB

Seitdem die erste Kommission zur Schaffung des BGB im Jahr 1875 einstimmig beschlossen hat, das gesetzliche Pflichtteilsrecht – geregelt in den §§ 2303 ff. BGB – in das BGB aufzunehmen[22], stellt dieses einen Grundpfeiler im deutschen Erbrecht dar und ist in der Nachfolgeplanung nicht hinwegzudenken. Dieses steht dabei im Spannungsfeld zwischen gesetzlicher und gewillkürter Erbfolge[23] und verfolgt im Wesentlichen drei Funktionen. Erstens soll es einer wirtschafts- und gesellschaftspolitisch unerwünschten Vermögenskumulation beim Erben durch Verteilung der Erbmasse auf mehrere Personen entgegenwirken (Verteilungsfunktion).[24] Zweitens entnimmt das BVerfG der Vorschrift des Art. 6 Abs. 1 GG eine innerfamiliäre Pflicht, „füreinander sowohl materiell als auch persönlich Verantwortung zu übernehmen"[25] selbst dann, wenn es zu einer Entfremdung zwischen Erblasser und Pflichtteilsberechtigten gekommen ist (Familienschutzfunktion).[26] Zuletzt soll das Pflichtteilsrecht dem Umstand Rechnung tragen, dass innerhalb der Familie zur Erwirtschaftung des Vermögens in ideeller oder wirtschaftlicher Form beigetragen wurde (Teilhabefunktion).[27]

Das aus steuerlicher Sicht relevante deutsche Pflichtteilsrecht lässt sich in drei Abschnitte unterteilen, die zunächst überblicksartig dargestellt werden sollen. Zuerst widmet sich die Arbeit dabei dem Pflichtteilsanspruch gem. § 2303 BGB, der mit dem Tod des Erblassers entsteht. Sodann wird der unter gewissen Voraussetzungen entstehende Pflichtteilsergänzungsanspruch (§ 2325 ff. BGB) erörtert, ehe im Anschluss daran verschiedene Möglichkeiten eines Pflichtteilsverzichts – zumeist gegen Abfindung – aufgezeigt werden.

---

22 Vgl. *Jatzow*, Motive zu dem Entwurf eines Bürgerlichen Gesetzbuches für das Deutsche Reich, Band V, S. 384, 387.
23 Dazu auch *Bühring*, Pflichtteilsrecht und Erbschaftsteuer, S. 24 f.
24 *Dutta* AcP 209 (2009), 760 (764); MüKo BGB/*Lange*, § 2303 Rn. 9.
25 BVerfG, Beschluss vom 19.4.2005 – 1 BvR 1644/00, 1 BvR 188/03.
26 *Dutta* AcP 209 (2009), 760 (766); BeckOK BGB/*Müller-Engels*, § 2303 Rn. 3.
27 *Dutta* AcP 209 (2009), 760 (767).

I. Der Pflichtteilsanspruch

Der Pflichtteilsanspruch des Pflichtteilsberechtigten findet seinen Niederschlag in § 2303 BGB. Hiernach können Abkömmlinge (Abs. 1), Eltern und Ehegatten (Abs. 2) den Pflichtteil verlangen, wenn diese durch Verfügung von Todes wegen von der Erbfolge ausgeschlossen sind. Unter Erbfolge ist dabei die gesetzliche Erbfolge zu verstehen, die in den §§ 1924 ff. BGB geregelt ist. Pflichtteilsberechtigt ist demnach derjenige, der beim Erbfall eigentlich von Gesetzes wegen erben würde, aufgrund einer Verfügung von Todes wegen jedoch von der Erbfolge ausgeschlossen wurde.[28] Entscheidend ist dabei, dass der Ausschluss von der gesetzlichen Erbfolge durch Verfügung von Todes wegen erfolgt. Abgesehen von Fällen des § 1371 Abs. 3 BGB entstehen Pflichtteilsansprüche demnach nicht, wenn die fehlende Erbenstellung des gesetzlichen Erben aus einer Erbschaftsausschlagung gem. §§ 1942 ff. BGB resultiert. Der Erblasser kann das Entstehen der Pflichtteilsansprüche nicht dadurch umgehen, dass dieser den Pflichtteilsberechtigten zwar nicht vollständig von der Erbschaft ausschließt, ihm aber weniger zuwendet, als ihm nach den §§ 2303 ff. BGB zustehen würde. In diesem Fall kann der Pflichtteilsberechtigte nämlich zusätzlich zur hinterlassenen Erbschaft einen Zusatzpflichtteil gem. § 2305 BGB geltend machen.

Gerichtet ist der Pflichtteilsanspruch gegen den Erben oder – bei einer Erbengemeinschaft – gegen die Miterben als Gesamtschuldner (§ 2058 BGB) und somit auch gegenüber diesen geltend zu machen. Dies gilt auch dann, wenn die Verwaltung des Nachlasses einem Testamentsvollstrecker zusteht (§ 2213 Abs. 1 S. 3 BGB).

Die Höhe des Pflichtteilsanspruchs bemisst sich nach der Hälfte des gesetzlichen Erbteils. Es handelt sich um einen auf Geldzahlung gerichteten Anspruch, was auch dann gilt, wenn die Erbschaft ausschließlich aus Sachwerten besteht.[29] Zur Berechnung des Pflichtteils muss der volle Verkehrswert des Nettonachlasswerts[30] bestimmt werden (§ 2311 Abs. 1 BGB), der gegebenenfalls durch Schätzung zu ermitteln ist (§ 2311 Abs. 2 BGB). Eine Wertbestimmung durch den Erblasser scheidet dabei aus (§ 2311 Abs. 2 S. 2 BGB). Maßgeblicher Zeitpunkt zur Bestimmung des

---

28 Vgl. Palandt/*Weidlich*, § 2303 Rn. 2.

29 MüKo BGB/*Lange*, § 2303 Rn. 14.

30 *Wachter* DB 2017, 2500; Mayer/Süß/Tanck/Bittler/Wälzholz/*Griesel*, Handbuch Pflichtteilsrecht, § 17 Rn. 77.

Nachlasswerts ist nach dem Stichtagsprinzip der Zeitpunkt des Erbfalls.[31] Zu diesem Zeitpunkt noch unsichere Rechtspositionen bleiben bei der Wertbestimmung außer Ansatz (§ 2313 BGB). Um den Bestand des Nachlasses zu erfahren, statuiert § 2314 BGB zugunsten des Pflichtteilsberechtigten einen Auskunftsanspruch. Sollten zu Lebzeiten des Erblassers bereits Zuwendungen mit der Maßgabe erfolgt sein, dass diese auf den Pflichtteil angerechnet werden, muss der Pflichtteilsanspruch um den Wert der Zuwendungen gekürzt werden (§ 2315 BGB).

Der Pflichtteilsanspruch entsteht gem. § 2317 Abs. 1 BGB mit dem Erbfall und ist zum gleichen Zeitpunkt in voller Höhe fällig. Anders als ein gesetzlicher Erbteil (§§ 1942 ff. BGB) oder ein Vermächtnis (§ 2180 BGB) kann ein Pflichtteilsanspruch nicht ausgeschlagen werden, der Rechtsanfall also nicht rückwirkend beseitigt werden. Die fehlende Notwendigkeit eines Ausschlagungsrechts für den Pflichtteilsanspruch lässt sich dadurch erklären, dass der Pflichtteilsanspruch als Geldanspruch keinerlei Verpflichtungen für den Pflichtteilsberechtigten begründen kann, während eine Erbschaft für den Erben oder ein Vermächtnis für den Vermächtnisnehmer durchaus nachteilig sein kann (vgl. z.B. § 1967 und § 2185 BGB).[32] Auch wenn der Wille des Pflichtteilsberechtigten für das Entstehen des Pflichtteilsanspruchs nicht beachtet wird, findet er im Zwangsvollstreckungsrecht dennoch Berücksichtigung. Hinsichtlich einer möglichen Pfändung des Anspruchs ist nämlich § 852 Abs. 1 ZPO zu beachten, wonach dieser nur dann der Pfändung unterworfen ist, wenn er vertraglich anerkannt oder rechtshängig geworden ist. Dadurch soll gewährleistet werden, dass die Entscheidung über die Einforderung des Pflichtteilsanspruchs in eigener Verantwortung getroffen wird.[33] Wenn der Pflichtteilsberechtigte sich zur Wahrung des Familienfriedens gegen eine solche Einforderung entscheidet, sollen auch Dritte nach erfolgter Pfändung des Anspruchs nicht zur Einforderung berechtigt sein.

§ 2317 Abs. 2 BGB sieht vor, dass der Pflichtteilsanspruch vererblich und übertragbar im Wege der Abtretung (§§ 398 ff. BGB) ist. Anders als der gesetzliche Erbteil kann der Pflichtteilsanspruch dabei auch bereits vor dem Erbfall abgetreten werden (sog. antizipierte Abtretung).[34]

Der Anspruch unterliegt der regelmäßigen Verjährung von drei Jahren (§ 195 BGB). Der Verjährungsbeginn bestimmt sich nach der allgemeinen

---

31 BeckOK BGB/*Müller-Engels*, § 2303 Rn. 3; MüKo BGB/*Lange*, § 2311 Rn. 2.
32 *Bühring*, Pflichtteilsrecht und Erbschaftsteuer, S. 32.
33 BeckOK ZPO/*Riedel*, § 852 Vor Rn. 1.
34 Münchener Vertragshandbuch/*Otto*, XVI 1. Rn. 3.

Vorschrift des § 199 Abs. 1 BGB, wonach die Verjährung mit dem Schluss des Jahres beginnt, in dem der Anspruch entstanden ist (Zeitpunkt des Erbfalls, § 2317 Abs. 1) und der Pflichtteilsberechtigte vom Erbfall und den sonstigen, seinen Anspruch begründenden Umständen Kenntnis erlangt hat oder jedenfalls hätte erlangen müssen. Bei Pflichtteilsansprüchen ist an eine Verjährungshemmung gem. § 207 Abs. 1 BGB, insbesondere an die Regelung in § 207 Abs. 1 Nr. 2 BGB, zu denken. Ist hiernach ein Abkömmling pflichtteilsberechtigt, ist die Verjährung bis zur Vollendung seines 21. Lebensjahres gehemmt.

II. Pflichtteilsergänzungsansprüche

Neben dem Pflichtteilsanspruch iSd. § 2303 BGB stehen dem Pflichtteilsberechtigten zusätzliche Ansprüche auf Pflichtteilsergänzung gem. § 2325 ff. BGB zu, „wenn der Erblasser einem Dritten eine Schenkung gemacht" hat. Es handelt sich hierbei um selbstständige Ansprüche, die neben den Pflichtteilsanspruch aus § 2303 BGB treten und von dessen Bestehen grundsätzlich unabhängig sind.[35] Hintergrund der Regelungen ist ein andernfalls bestehendes Missbrauchspotential des Erblassers, der ohne derartige Regelungen den Nachlasswert – der die Bemessungsgrundlage für Pflichtteilsansprüche darstellt (§ 2311 Abs. 1 BGB) – durch Schenkungen an Dritte dergestalt schmälern könnte, dass Pflichtteilsansprüche wirtschaftlich wertlos würden. Die Vorschriften der §§ 2325 ff. BGB sollen daher die verfassungsrechtlich gebotene Mindestbeteiligung des Pflichtteilsberechtigten am Nachlass sichern.[36] Zu unterscheiden ist hierbei zwischen Ansprüchen des Pflichtteilsberechtigten gegen den Erben (§ 2325 BGB) und solchen, die sich gegen den Beschenkten richten (§ 2329 BGB).

Zunächst kann der Pflichtteilsberechtigte nach § 2325 Abs. 1 BGB vom Erben als Ergänzung des Pflichtteils den Betrag verlangen, um den sich der Pflichtteil erhöht, wenn der verschenkte Gegenstand dem Nachlass hinzugerechnet wird. Der durch die Schenkungen verringerte Nachlass wird also fiktiv erhöht, indem die verschenkten Gegenstände diesem wieder hinzugerechnet werden, soweit es sich nicht um Anstandsschenkungen handelt (§ 2330 BGB). Die Höhe des Hinzurechnungsbetrags kann dabei § 2325 Abs. 2 BGB entnommen werden.

35 BGH NJW 1988, 1667 (1668); BeckOK BGB/*Müller-Engels*, § 2325 Rn. 2.
36 Palandt/*Weidlich*, § 2325 Rn. 1.

Eine Absicht zur Umgehung des Pflichtteilsberechtigten kann nicht mehr zwingend angenommen werden, wenn die Schenkung des Erblassers bereits lange Zeit zurückliegt. In diesen Fällen sieht § 2325 Abs. 3 BGB daher eine Abschmelzung des Hinzurechnungsbetrags pro rata temporis vor. Während eine Schenkung innerhalb des ersten Jahres vor dem Erbfall in vollem Umfang berücksichtigt wird, verringert sich der Hinzurechnungsbetrag mit jedem weiteren Jahr um ein Zehntel. Liegt die Schenkung mehr als zehn Jahre zurück, so wird sie nicht mehr berücksichtigt (§ 2325 Abs. 3 S. 2 BGB). Die Frist beginnt mit dem vollständigen Aus-der-Hand-geben des Schenkungsgegenstands durch den Erblasser an den Dritten.[37] Für den Fall der Schenkung unter Ehegatten sieht § 2325 Abs. 3 S. 3 BGB eine gesetzliche Regelung für den Fristbeginn vor, diese beginnt nicht vor der Auflösung der Ehe.

Soweit der Erbe zur Ergänzung des Pflichtteils nicht verpflichtet ist, sieht in bestimmten Fällen § 2329 BGB eine subsidiäre Ausfallhaftung des Beschenkten vor. Dies ist insbesondere dann der Fall, wenn der Erbe seine Haftung wirksam nach §§ 1975, 1990 BGB auf seinen Nachlass beschränkt hat[38], die Erbenhaftung nach § 2060 BGB beschränkt ist[39] oder der Erbe selbst pflichtteilsberechtigt ist. In letzteren Fällen kann der Erbe die Ergänzung des Pflichtteils insoweit verweigern, dass ihm sein eigener Pflichtteil mit Einschluss dessen verbleibt, was ihm zur Ergänzung des Pflichtteils gebühren würde (§ 2328 BGB). Nicht ausreichend ist allerdings, dass der Erbe wegen Zahlungsunfähigkeit zur Ergänzung des Pflichtteils nicht imstande ist, da in derartigen Fällen die Zahlungsverpflichtung nicht entfällt.[40]

Gerichtet ist der Anspruch des Pflichtteilsberechtigten gegen den Beschenkten gem. § 2329 Abs. 1 BGB auf Herausgabe des Geschenks zum Zwecke der Befriedigung wegen des fehlenden Betrags nach den Vorschriften einer ungerechtfertigten Bereicherung. Hinsichtlich der Herausgabepflicht ist zu unterscheiden zwischen Geld- und Sachgeschenken. Handelt es sich um Geldgeschenke, ist der Beschenkte zur Geldzahlung an den Pflichtteilsberechtigten verpflichtet. Bei Sachgeschenken ist der Anspruch primär auf Duldung der Zwangsvollstreckung in das Sachgeschenk gerichtet, wobei der Verwertungserlös grundsätzlich dem Beschenkten, in Höhe des zu beziffernden Fehlbetrags jedoch dem Pflichtteilsberechtigten zu-

37 *Jülicher* ZEV 2001, 428 (429) und *Reiff* ZEV 1998, 241 (245 f.).

38 Burandt/Rojahn/*Horn*, Erbrecht, § 2329 Rn. 13; MüKo BGB/*Lange*, § 2329 Rn. 7.

39 Palandt/*Weidlich*, § 2329 Rn. 2.

40 BeckOK BGB/*Müller-Engels*, § 2329 Rn. 11; Palandt/*Weidlich*, § 2329 Rn. 2.

steht. Auf Geldzahlung in Form von Wertersatz (§ 818 Abs. 2 BGB) ist der Anspruch nur gerichtet, wenn das Sachgeschenk nicht mehr vorhanden ist und der Wertersatzanspruch nicht gem. § 818 Abs. 3 BGB ausgeschlossen ist.[41]

Ist das Sachgeschenk noch im Vermögen des Beschenkten vorhanden, besteht nach § 2329 Abs. 2 BGB für den Beschenkten die Möglichkeit, die Zwangsvollstreckung in das Geschenk durch Zahlung des fehlenden Geldbetrags abzuwenden. Zur Feststellung der Höhe des fehlenden Geldbetrags kann auf die Bewertungsgrundsätze des § 2325 Abs. 2 BGB zurückgegriffen werden, da § 2329 Abs. 2 BGB auf Zahlung des fehlenden Betrags gerichtet ist, der über § 2325 Abs. 1 BGB vom Erben nicht zu erlangen ist.[42]

III. Der Pflichtteilsverzicht gegen Abfindung

Pflichtteilsansprüche bergen für die Nachfolgeplanung ein erhebliches Gefährdungspotential, was insbesondere daraus resultiert, dass der Pflichtteilsanspruch als sofort fälliger Geldanspruch eine entsprechende Liquidität des Erben voraussetzt. Besteht beispielsweise das Nachlassvermögen allein aus Sachwerten, so kann der Erbe unter Umständen gezwungen sein, diese zur Erfüllung der auf Geldzahlung gerichteten Pflichtteilsansprüche zu versilbern. Zwar kann sich der Pflichtteilsberechtigte in derartigen Fällen zu einer Stundung bereit erklären. Auch kann der Erbe – sollte die sofortige Erfüllung des Pflichtteilsanspruchs für den Pflichtteilsberechtigten eine unbillige Härte darstellen – eine gerichtliche Stundungsanordnung gegen den Pflichtteilsberechtigten gem. § 2331a BGB erwirken, um eine rücksichtslose Durchsetzung des Pflichtteilsanspruchs im Wege der Zwangsvollstreckung zu vermeiden.[43] Ist jedoch die notwendige Liquidität zur Erfüllung der Pflichtteilsansprüche vom Erben auch zukünftig nicht zu erwarten, mag ein erhebliches Interesse des Erblassers und der zukünftigen Erben bestehen, die Pflichtteilsansprüche vollständig auszuschließen. Problematisch ist dies allerdings im Hinblick auf die verfassungsrechtliche Gewährleistung des Pflichtteilsrechts, die einen Entzug des Pflichtteils durch den Erblasser nur unter strengen, in den §§ 2333 ff. BGB geregelten Voraussetzungen zulässt. Sollte sich der Pflichtteilsberechtigte gegenüber

---

41 BeckOK BGB/*Müller-Engels*, § 2329 Rn. 13.

42 *Hoppe* NJW 2004, 1144 (1145).

43 MüKo BGB/*Lange*, § 2331a Rn. 1; Palandt/*Weidlich*, § 2331a Rn. 1.

dem Erben oder einer nahestehenden Person keiner Straftat oder böswilligen Verletzung der Unterhaltspflicht schuldig gemacht haben, muss ein Entzug des Pflichtteils gegen den Willen des Pflichtteilsberechtigten ausscheiden.

In der Praxis häufig anzutreffen sind daher Vereinbarungen, wonach Pflichtteilsberechtigte auf die Auszahlung ihres Pflichtteils verzichten und stattdessen eine Abfindung, meistens in Form von Sachwerten oder wiederkehrenden Leistungen, erhalten. Zwar steht das Gesetz einem „unentgeltlichen" Pflichtteilsverzicht im Grundsatz nicht entgegen. Der Pflichtteilsberechtigte wird jedoch zu einem solchen in der Regel nicht bereit sein.[44] Ein weiterer Vorteil von Abfindungsverzichten soll an dieser Stelle nicht verschwiegen werden: Da der Pflichtteilsanspruch ein auf Geld gerichteter Anspruch ist, dessen Höhe sich aus der auf den Erben übergehenden Erbmasse berechnen lässt, ist zunächst erforderlich, den genauen Wert der gesamten Erbmasse zu bestimmen. Dies kann sich mitunter dann schwierig gestalten, wenn nicht nur Geld, sondern auch andere Gegenstände zur Erbmasse gehören. Durch die Vereinbarung eines Verzichts kombiniert mit einer Abfindungsvereinbarung kann ein derartiges Wertermittlungsverfahren vermieden werden.

1. Zivilrechtliche Gestaltungsmöglichkeiten vor Eintritt des Erbfalls

a. Gestaltungsmöglichkeiten im Allgemeinen

Vor dem Erbfall sieht das Gesetz mehrere Möglichkeiten vor, auf zukünftig mit Eintritt des Erbfalls entstehende Pflichtteilsansprüche zu verzichten. Zunächst besteht gem. § 311b Abs. 4, 5 BGB für den Pflichtteilsberechtigten die Möglichkeit, durch Vertrag mit zukünftigen gesetzlichen Erben auf den gesetzlichen Erbteil oder den Pflichtteil zu verzichten (§ 311b Abs. 4, 5 BGB). Im Grundsatz regelt § 311b Abs. 4 BGB zwar, dass Verträge über den Nachlass noch lebender Dritter nichtig sind. Davon aber ausgenommen sind gem. § 311b Abs. 5 BGB Verträge zwischen künftigen gesetzlichen Erben über den ihnen zustehenden Erb- oder Pflichtteil (sog. Erbschaftsverträge). Voraussetzung ist hierbei lediglich, dass die Vertragsschließenden im Zeitpunkt des Vertragsschlusses gesetzliche Erben sind. Unerheblich ist, ob sie zu einem späteren Zeitpunkt auch tatsächlich Erbe werden. Damit der Verzicht wirksam ist, bedarf dieser der notariel-

44 OLG Hamm NJW 2017, 576.

len Beurkundung (§ 311b Abs. 5 S. 2 BGB). Grundsätzlich entfaltet diese Form des Verzichts nur schuldrechtliche Wirkung. Möchte man zusätzlich eine dingliche Wirkung des Verzichts erreichen, also verhindern, dass die Pflichtteilsansprüche im Zeitpunkt des Erbfalls tatsächlich entstehen, muss ein zusätzlicher Erlassvertrag (§ 397 Abs. 1 BGB) geschlossen werden. Für die Wirksamkeit des Erlassvertrags ist unerheblich, dass es sich beim Pflichtteilsanspruch zu diesem Zeitpunkt lediglich um einen künftigen Anspruch handelt (antizipierter Erlass).[45] Da der Pflichtteilsberechtigte in der Regel kein Interesse daran haben wird, unentgeltlich auf seinen Anspruch zu verzichten, wird dem Verzicht in aller Regel eine Abfindungsvereinbarung als Kausalgeschäft zugrunde liegen.

Eine weitere, in der Praxis weitaus bedeutendere[46] Möglichkeit eines Pflichtteilsverzichts bietet die Vorschrift des § 2346 BGB. Zunächst können gem. § 2346 Abs. 1 BGB Verwandte sowie der Ehegatte des Erblassers durch Vertrag mit dem Erblasser auf ihr gesetzliches Erbrecht verzichten. Der sog. Erbverzicht – bezogen auf den gesamten Erbteil – umfasst gem. § 2346 Abs. 1 S. 2 HS. 2 BGB auch das Pflichtteilsrecht, sodass der Verzichtende nicht etwa einwenden kann, ihm müsse aufgrund des Verlusts seiner Erbenstellung nunmehr ein Pflichtteilsanspruch zustehen.[47] Für den (vermeintlich) Pflichtteilsberechtigten besteht gem. § 2346 Abs. 2 BGB aber auch die Möglichkeit, den Verzicht von vornherein auf das Pflichtteilsrecht zu beschränken (isolierter Pflichtteilsverzicht). In beiden Varianten des Verzichts umfasst dieser auch den Pflichtteilsergänzungsanspruch (§ 2325 ff. BGB) und den Pflichtteilsrestanspruch (§§ 2305, 2307 BGB).[48] Möchte der Pflichtteilsberechtigte den Verzicht lediglich auf einen bestimmten Betrag, bestimmte Nachlassgegenstände oder lediglich auf Pflichtteilsergänzungsansprüche (§ 2325 ff. BGB) beschränken, steht ihm diese Möglichkeit ebenfalls zu.[49] Es handelt sich beim Erb- und beim Pflichtteilsverzicht nach § 2346 BGB – anders als beim auf den Pflichtteil bezogenen Erbschaftsvertrag gem. § 311b Abs. 4, 5 BGB – jeweils um erbrechtliche Verfügungsverträge mit dem Erblasser, die zur Folge haben, dass der Pflichtteilsanspruch beim Erbfall niemals entsteht.[50] Aus diesem

45 Vgl. BFH ErbStB 2017, 297 (298) mit Anm. *Hartmann*; Palandt/*Grüneberg*, § 397 Rn. 3.

46 *Wachter* DB 2017, 2500 (2504).

47 Schlitt/Müller/*Lohr/Otto*, Handbuch Pflichtteilsrecht, § 12 Rn. 69; BeckOK BGB/*Litzenburger*, § 2346 Rn. 10; MüKo BGB/*Wegerhoff*, § 2346 Rn. 13.

48 Palandt/*Weidlich*, § 2346 Rn. 16; BeckOK BGB/Litzenburger, § 2346 Rn. 23.

49 BeckOK BGB/*Litzenburger*, § 2346 Rn. 24; *Mayer* ZEV 2000, 263.

50 MüKo BGB/*Wegerhoff*, § 2346 Rn. 2; *Krumm* ErbR 2012, 139.

Grund sieht § 2348 BGB eine notarielle Beurkundungspflicht ohne Möglichkeit zur Stellvertretung (§ 2347 Abs. 2 BGB) vor. Um den Interessen des Pflichtteilsberechtigten an einer Teilhabe am Nachlass Rechnung zu tragen, kann als Kausalgeschäft eine Abfindungsvereinbarung getroffen werden.

b. Zivilrechtliche Vorgaben an die Wirksamkeit eines Verzichts

Neuerdings stellt sich in zunehmenden Maße die Frage, ob im Hinblick auf eine etwaige Unwirksamkeit des Pflichtteilsverzichts inhaltliche Vorgaben an dessen Ausgestaltung zu stellen sind. Dem Wortlaut der §§ 2346 und 311b Abs. 4, 5 BGB lassen sich inhaltliche Vorgaben an die Ausgestaltung des Verzichts zunächst nicht entnehmen. Dennoch ist in Literatur und Rechtsprechung umstritten, ob der vereinbarte Pflichtteilsverzicht einer Wirksamkeitskontrolle gem. § 138 BGB standhalten muss und – falls dies der Fall sein sollte – wie diese im Einzelnen durchzuführen ist. Zwar ist der Pflichtteilsverzicht nach § 2346 BGB als Verfügungsgeschäft grundsätzlich wertneutral.[51] Über § 139 BGB würde sich die Sittenwidrigkeit des zugrundeliegenden Kausalgeschäfts jedoch in der Regel auch auf den Verzichtsvertrag erstrecken.[52]

Nach einer Literaturansicht muss die Verzichtsvereinbarung einer Wirksamkeitskontrolle gem. § 138 BGB unterzogen werden. Entscheidend sei zunächst, dass Art. 14 Abs. 1 S. 1 iVm. Art. 6 Abs. 1 GG eine „grundsätzlich unentziehbare und bedarfsunabhängige wirtschaftliche Mindestbeteiligung der Kinder des Erblassers an dessen Nachlass"[53] sichere, die dem Pflichtteilsberechtigten durch den Verzicht genommen werde.[54] Weiterhin sei zu berücksichtigen, dass das Pflichtteilsrecht neben den bereits erwähnten Funktionen – Verteilungsfunktion, Familienschutzfunktion und Teilhabefunktion – auch eine Unterhaltsfunktion aufweise, jedenfalls soweit der Pflichtteilsberechtigte bedürftig sei.[55] Das gesetzliche Unterhaltsrecht (§§ 1601 ff. BGB) statuiere in § 1614 Abs. 1 BGB ein Verbot, für die Zukunft auf den gesetzlichen Unterhalt zu verzichten. Dieses Verbot

51 MüKo BGB/*Wegerhoff*, § 2346 Rn. 30.
52 OLG Hamm NJW 2017, 576 (577); BeckOK BGB/*Litzenburger*, § 2346 Rn. 47; *Dutta* AcP 209 (2009), 760 (792).
53 BVerfG NJW 2005, 1561 (1562).
54 *Schulz*, Pflichtteilsrecht und Pflichtteilsverzicht, S. 16.
55 *Dutta* AcP 209 (2009), 760 (775 ff.).

sei nicht lediglich auf den gesetzlichen Unterhalt zwischen Verwandten in gerader Linie beschränkt (vgl. § 1601 BGB), sondern gelte gleichermaßen für den Ehegattenunterhalt (§ 1360a Abs. 3 bzw. § 1661 Abs. 4 S. 4 BGB).[56] Dieser Gedanke dürfe auch im Pflichtteilsrecht nicht vollkommen unberücksichtigt bleiben. Entscheidende Bedeutung für die Frage der Wirksamkeit des Verzichts komme daher zunächst der Frage zu, ob einem bestehenden Versorgungsbedürfnis des Pflichtteilsberechtigten anderweitig – etwa durch Gewährung einer gleichwertigen Abfindung – Rechnung getragen wird.[57] Eine erst nach Vertragsschluss eingetretene Bedürftigkeit könne dem inzwischen Bedürftigen zu einem Anspruch auf Vertragsanpassung gem. § 242 BGB verhelfen.[58] Auch zu berücksichtigen sei die Frage, ob ein berechtigtes Interesse der Vertragsparteien für den Abschluss einer Verzichtsvereinbarung bestehe.[59] Dies sei beispielsweise dann der Fall, wenn alle Kinder auf ihre Pflichtteilsansprüche zum Wohl einer Person verzichten, die sich in besonderer Weise um den Erblasser bemüht habe.[60] Den Schluss auf die Sittenwidrigkeit könne ebenfalls die Ausnutzung eines situationstypischen Druckgefälles oder eines Rationalitätsdefizites bei Vertragsschluss nahelegen.[61] Ein derartiger Makel hafte dem Vertrag beispielsweise dann an, wenn der gerade volljährige Sohn von seinen Eltern zur Abgabe einer Verzichtserklärung gedrängt werde, ohne dass zuvor eine faire Aushandlung der Vertragsbedingungen stattgefunden habe. In derartigen Fällen befinde sich der unterlegene Teil typischerweise in einer Überforderungssituation, die mit der Gefahr überoptimistischer Fehleinschätzungen einhergehe.[62] Ob eine Verzichtsvereinbarung einer Inhaltskontrolle nach § 138 Abs. 1 BGB standhalte oder nicht, sei letztlich eine Frage des Einzelfalls.[63]

Andere Vertreter in der Literatur unterziehen Verzichtsvereinbarungen grundsätzlich keiner Inhaltskontrolle nach § 138 Abs. 1 BGB. Die generell sehr restriktive Handhabung des § 138 Abs. 1 BGB folge insbesondere daraus, dass Art. 14 Abs. 1 GG auch die sog. negative Erbfreiheit schütze.[64]

---

56 *Dutta* AcP 209 (2009), 760 (792).

57 Vgl. *Wachter* DB 2017, 2500; *Dutta* AcP 209 (2009), 760 (793 ff.).

58 *Dutta* AcP 209 (2009), 760 (799 ff.).

59 *Schulz*, Pflichtteilsrecht und Pflichtteilsverzicht, S. 167; *Röthel* AcP 212 (2012), 157 (197).

60 *Röthel* AcP 212 (2012), 157 (198).

61 *Röthel* AcP 212 (2012), 157 (192).

62 *Röthel* AcP 212 (2012), 157 (193 ff.).

63 *Schulz*, Pflichtteilsrecht und Pflichtteilsverzicht, S. 168.

64 BGH NJW 2011, 1586 (1588).

Aus dem verfassungsrechtlich gewährleisteten Recht des Pflichtteilsberechtigten, nicht am Erbe des Erblassers zu partizipieren, folge auch die Möglichkeit für die Vertragsparteien, einen bedingungslosen und nicht von einer Gegenleistung abhängigen Verzicht auf den Pflichtteil zu vereinbaren.[65] Auch die familiäre Verbundenheit rechtfertige keine Inhaltskontrolle nach § 138 BGB, da gerade in familiären Kreisen auch selbstlose Motive des Verzichtenden für den Abschluss einer Verzichtsvereinbarung denkbar sind.[66] Aus diesem Grund müsse der Erblasser auch kein besonderes Interesse an der Verzichtsvereinbarung darlegen.[67] Eine Unwirksamkeit der Verzichtsvereinbarung nach § 138 Abs. 1 BGB könne einzig aus den äußeren Umständen folgen, unter denen die Vereinbarung getroffen wurde. Ein derartiger Umstand könne zum Beispiel in einer Überrumpelungssituation des Verzichtenden liegen, etwa dann, wenn die Vertragsverhandlungen zu einer ungewöhnlichen Zeit oder an einem ungewöhnlichen Ort stattfinden.[68] Ein weiterer zur Sittenwidrigkeit nach § 138 Abs. 1 BGB führender Umstand könne ein Verstoß gegen das Gebot gerechten Verhandelns darstellen.[69] Befinde sich beispielsweise der Verzichtende gegenüber seinem Vertragspartner in einem Informationsgefälle[70], möglicherweise verursacht durch ein Beratungsdefizit des Notars (§ 17 BeurkG)[71], könne von einer fairen Vertragsverhandlung keine Rede mehr sein. Dies sei auch dann der Fall, wenn ein einseitiger Missbrauch der Dominanz eines Vertragsteils vorliege, also etwa dann, wenn mehrere Personen auf einer Vertragsseite in unzulässiger Weise auf den Verzichtenden einwirken[72] oder wenn der Verzichtende arglistig getäuscht oder bedroht werde.[73] Eine Unwirksamkeit nach § 138 Abs. 1 BGB dürfte nach dieser Ansicht aber nur in Ausnahmefällen anzunehmen sein.

Zu der Problematik einer Inhaltskontrolle bei Verzichtsverträgen existieren – soweit ersichtlich – wenige Entscheidungen der oberen Gerich-

65 *Zimmer* NJW 2017, 513 (515); OLG Hamm MittBayNot 2018, 54 (57) mit Anm. *Andrissek*; OLG Hamm ZEV 2017, 163 (166) mit Anm. *Everts*.
66 *Zimmer* NJW 2017, 513 (515 f.).
67 OLG Hamm MittBayNot 2018, 54 (57) mit Anm. *Andrissek*; OLG Hamm ZEV 2017, 163 (166) mit Anm. *Everts*.
68 *Zimmer* NJW 2017, 513 (515 ff.).
69 *Zimmer* NJW 2017, 513 (517).
70 OLG Hamm MittBayNot 2018, 54 (57) mit Anm. *Andrissek*.
71 *Zimmer* NJW 2017, 513 (516).
72 *Zimmer* NJW 2017, 513 (516).
73 OLG Hamm ZEV 2017, 163 (166) mit Anm. *Everts*.

te.[74] Die Rechtsprechung steht zunächst auf dem Standpunkt, dass die Gewährung einer gleichwertigen Abfindung keine Voraussetzung für die Wirksamkeit des Verzichts sei, der Verzichtende vielmehr auch aus altruistischen Motiven auf seinen Pflichtteil verzichten könne.[75] Allerdings könne eine Sittenwidrigkeit – auch bei Vereinbarung einer Abfindung – aus den äußeren Umständen der Vereinbarung folgen. Eine Sittenwidrigkeit wurde in der Vergangenheit vom OLG München[76] in einem Fall angenommen, in dem der Verzichtende über die Berechnungsgrundlagen des für den Verzicht zu zahlenden Abfindungsbetrags getäuscht wurde. Das OLG Hamm[77] hat sich jüngst mit der Frage der Sittenwidrigkeit beschäftigt und entschieden, dass ein § 138 Abs. 1 BGB begründendes erhebliches Ungleichgewicht jedenfalls dann vorliege, wenn ein Pflichtteilsverzicht unbedingt, die dafür gewährte Abfindung (ein Sportwagen) hingegen an mehrere kumulativ vom Verzichtenden zu erfüllende Bedingungen geknüpft ist, die unter Umständen dem Einfluss des Verzichtenden entzogen sind (hier u.A.: Bestehen der Gesellenprüfung mit der Note 1). Insgesamt lässt sich eine Tendenz der Rechtsprechung dahingehend erkennen, eine Unwirksamkeit des Verzichtsvertrags gem. § 138 Abs. 1 BGB nur im Ausnahmefall anzunehmen.

2. Zivilrechtliche Gestaltungsmöglichkeiten nach Eintritt des Erbfalls

Ist der Erbfall bereits eingetreten, besteht die Möglichkeit eines Erb- oder Pflichtteilsverzichts nach § 2346 BGB nicht mehr, da dieser einen Vertrag mit dem Erblasser voraussetzt. Mangels künftiger Erbenstellung ist dem Pflichtteilsberechtigten auch die Möglichkeit eines Verzichts iSd. § 311b Abs. 4, 5 BGB verschlossen. Dem Pflichtteilsberechtigten steht es aber frei, dem Erben durch Vertrag die Pflichtteilsschuld iSd. § 397 Abs. 1 BGB zu erlassen[78], und zwar unabhängig davon, ob der Pflichtteilsberechtigte seinen Anspruch bereits geltend gemacht hat oder nicht. Der Erlassvertrag hat unmittelbar dingliche Wirkung, sodass der Anspruch mit der Vereinbarung erlischt. Eine notarielle Beurkundung ist allerdings nicht erforderlich, da § 2348 BGB auf derartige Fälle nicht analog angewandt werden

74 *Zimmer* NJW 2017, 513 (516); OLG Hamm ZEV 2017, 163 (166) mit Anm. *Everts*.
75 OLG München ZEV 2006, 313 (314); LG Düsseldorf MittBayNot 2016, 58 (59).
76 OLG München ZEV 2006, 313.
77 OLG Hamm NJW 2017, 576.
78 Vgl. BeckOK BGB/*Dennhardt*, § 397 Rn. 7; MüKo BGB/*Schlüter*, § 397 Rn. 2.

kann.[79] Auch in diesen Fällen wird der Pflichtteilsberechtigte in der Regel auf seinen Anspruch nicht unentgeltlich verzichten, sodass als Kausalgeschäft wiederum eine Abfindungsvereinbarung in Betracht kommt.

Eine weitere Möglichkeit ist die Vereinbarung einer Leistung an Erfüllungs statt gem. § 364 BGB zwischen dem Erben und dem Pflichtteilsberechtigten. Anders als beim Erlassvertrag erlischt die Schuld noch nicht mit der Vereinbarung, vielmehr werden die Erfüllungsmodalitäten der bestehenden Pflichtteilsschuld dahingehend angepasst, dass dem Erben die Erfüllung durch eine andere Leistung erlaubt wird.[80] Auf diese Weise steht es dem Erben frei, den auf Geldzahlung gerichteten Pflichtteilsanspruch beispielsweise durch Sachwerte zu erfüllen, um das Schuldverhältnis zum Erlöschen zu bringen (§ 364 Abs. 1 BGB). Genaugenommen handelt es sich hierbei zwar nicht um einen Fall des Verzichts gegen Abfindung, vielmehr soll der weiterhin bestehende Anspruch in anderer Weise als ursprünglich geschuldet erfüllt werden. Aus wirtschaftlicher Sicht kann auf diese Weise aber ein dem Abfindungsverzicht entsprechendes Ergebnis erzielt werden.

---

79 MüKo BGB/Schlüter, § 397 Rn. 2; *Wachter* DB 2017, 2500 (2501).

80 Palandt/*Grüneberg*, § 364 Rn. 1 f.; MüKo BGB/*Fetzer*, § 364 Rn. 1.

C. Das Regelungskonzept des Pflichtteilsrechts im Steuerrecht

Steuerliche Relevanz kommt dem Pflichtteilsrecht insbesondere im Erbschaft- und Schenkungsteuerrecht zu. So nennt das ErbStG den „Pflichtteil“ bzw. „Pflichtteilsanspruch“ an insgesamt fünf Stellen. Zunächst gilt ausweislich des § 3 Abs. 1 Nr. 1 Alt. 3 ErbStG als Erwerb von Todes wegen der Erwerb „auf Grund eines geltend gemachten Pflichtteilsanspruchs“ (§§ 2303 ff. BGB). Den Steuerentstehungszeitpunkt bestimmt dabei § 9 Abs. 1 Nr. 1 Buchst. b) ErbStG, wonach die Steuer „für den Erwerb eines geltend gemachten Pflichtteilsanspruchs mit dem Zeitpunkt der Geltendmachung“ entsteht. Neben der steuerlichen Erfassung des Pflichtteilsanspruchs auf Seiten des Pflichtteilsgläubigers besteht für den Erben als Pflichtteilsschuldner gem. § 10 Abs. 5 Nr. 2 ErbStG insoweit korrespondierend die Möglichkeit, den „geltend gemachten Pflichtteil(...)“ als Nachlassverbindlichkeit bereicherungsmindernd von seiner eigenen Steuerbemessungsgrundlage abzuziehen. Denkbar sind überdies Fälle, in denen Pflichtteilsansprüche nicht erfüllt, sondern auf diese – meist gegen Zahlung einer Abfindung – verzichtet werden soll. In diesem Kontext erklärt zunächst § 13 Abs. 1 Nr. 11 ErbStG den „Verzicht auf die Geltendmachung des Pflichtteilsanspruchs“ für steuerfrei. Steuerpflichtig ist hingegen eine „für einen Verzicht auf den entstandenen Pflichtteilsanspruch“ gewährte Abfindung (§ 3 Abs. 2 Nr. 4 ErbStG).

Im Einkommensteuer- und Grunderwerbsteuergesetz wird der „Pflichtteil“ oder der „Pflichtteilsanspruch“ hingegen nicht erwähnt. Dies bedeutet jedoch nicht, dass sich das Pflichtteilsrecht in diesen Bereichen tatsächlich nicht auswirken kann. Gegenstand der folgenden Darstellung ist daher die Relevanz des Pflichtteilsrechts für das Steuerrecht.

D. Besteuerung des geltend gemachten Pflichtteilsanspruchs als Erwerb von Todes wegen

Die Vorschrift des § 3 Abs. 1 Nr. 1 Alt. 3 ErbStG sieht zunächst eine Besteuerung des „geltend gemachten Pflichtteilsanspruchs (§§ 2303 ff. des Bürgerlichen Gesetzbuches)“ vor. Für die auf den geltend gemachten Pflichtteil entstandene Steuer ist der Pflichtteilsberechtigte als „Erwerber“ iSd. § 20 Abs. 1 S. 1 ErbStG Steuerschuldner. Auch wenn sich der Anspruch gegen den Erben richtet, gilt er gem. § 3 Abs. 1 Nr. 1 Alt. 3 ErbStG als Erwerb von Todes wegen, sodass für die Steuerklasse und den anzuwendenden Steuerfreibetrag das persönliche Verhältnis des Pflichtteilsberechtigten zum Erblasser und nicht zum Erben maßgeblich ist.[81] Da pflichtteilsberechtigt in der Regel Abkömmlinge oder Ehegatten sind, ist die Steuerklasse I (§ 15 Abs. 1 ErbStG) mit persönlichen Freibeträgen von EUR 500.000 bzw. EUR 400.000 einschlägig (§ 16 Abs. 1 ErbStG).

Im Grundsatz ist das Zivilrecht für das Erbschaftsteuerrecht insoweit maßgeblich, als das Erbschaftsteuerrecht für die Steuerbarkeit bestimmter Vorgänge an zivilrechtliche Tatbestände anknüpft (sog. Maßgeblichkeitsprinzip).[82] Dieses Prinzip erfährt im Bereich des Pflichtteilsrechts jedoch eine Ausnahme.[83] Ausweislich des Wortlauts der Vorschrift ist für die Steuerbarkeit des Pflichtteilsanspruchs nämlich nicht – wie es das Zivilrecht nahelegen würde – das bloße Entstehen des Pflichtteilsanspruchs mit dem Tod des Erblassers (§ 2317 Abs. 1 BGB), sondern vielmehr dessen Geltendmachung durch den Pflichtteilsberechtigten entscheidend. Überdies markiert der Zeitpunkt der Geltendmachung den Steuerentstehungszeitpunkt für die Besteuerung des Pflichtteilsanspruchs beim Pflichtteilsberechtigten (§ 9 Abs. 1 Nr. 1 Buchst. b) ErbStG). Gelangt der Pflichtteilsanspruch nach seiner Geltendmachung überhaupt nicht zur Erfüllung, ist dies für die Frage der Steuerentstehung irrelevant[84], was selbst dann gilt, wenn der Erbe als Schuldner des Pflichtteilsanspruchs zwischenzeitlich insolvent wur-

81 Mayer/Süß/Tanck/Bittler/Wälzholz/*Griesel*, Handbuch Pflichtteilsrecht, § 17 Rn. 73.
82 Vgl. BFH DStR 1987, 198; Troll/Gebel/Jülicher/Gottschalk/*Jülicher*, § 1 Rn. 67.
83 *Muscheler* ZEV 2001, 377 (378).
84 BFH NJW 2006, 3455 (3456); BFH DStR 1998, 1957 (1958).

de.[85] Ist der gegen den Pflichtteilsberechtigten gerichtete Steueranspruch einmal durch die Geltendmachung des Pflichtteilsanspruchs entstanden, lassen später eingetretene Umstände die einmal entstandene Erbschaftsteuer grundsätzlich unberührt. Eine Ausnahme dieses Grundsatzes ist lediglich dann angezeigt, wenn die Höhe des Pflichtteilsanspruchs von den Parteien ernsthaft bestritten wird und diese sich vergleichsweise dergestalt einigen, dass der Pflichtteilsgläubiger sich mit weniger zufrieden gibt, als er ursprünglich beansprucht hat.[86] Trotz vorheriger Geltendmachung wird der Pflichtteilsgläubiger in diesem Fall nur mit dem niedrigeren Wert besteuert.

Dreh- und Angelpunkt der Besteuerung des Pflichtteilsanspruchs ist daher der Begriff der Geltendmachung. Eine Geltendmachung des Pflichtteilsanspruchs ist dann anzunehmen, wenn vom Pflichtteilsberechtigten ein ernsthaftes, an den Erben gerichtetes Erfüllungsverlangen ausgeht.[87] Im Folgenden soll zunächst der Frage nachgegangen werden, welche ratio legis dem Begriff der Geltendmachung zugrunde liegt. Im Anschluss daran wird eine Konkretisierung eben jenes Begriffs vorgenommen.

I. Ratio legis der Geltendmachung

Wie in § 10 Abs. 1 S. 1 ErbStG zum Ausdruck gebracht wird, basiert das geltende Erbschaft- und Schenkungsteuerrecht auf dem Bereicherungsprinzip. Danach gilt als steuerpflichtiger Erwerb die Bereicherung des Erwerbers, soweit sie nicht steuerfrei ist. Nach der im Jahr 1896 durch Georg von Schanz begründeten Reinvermögenszugangstheorie[88] kann ein Reinvermögenszugang – und damit eine Bereicherung – des Erwerbers immer dann angenommen werden, wenn der Erwerber eine rechtliche Verfügungsgewalt über den Erwerbsgegenstand hat. Handelt es sich bei dem Erwerbsgegenstand um einen schuldrechtlichen Anspruch, hat der Erwerber die Verfügungsgewalt über den Anspruch nicht erst im Moment der Anspruchsrealisierung oder einem vorgeschalteten Erfüllungsverlangen. Die Verfügungsgewalt – und damit der Reinvermögenszugang – liegt

85 Schlitt/Müller/*Lohr/Otto*, Handbuch Pflichtteilsrecht, § 12 Rn. 28.

86 BFH ZEV 2013, 279 (282); BFH ZEV 2008, 549 (550); BFH NJW 2006, 3455 (3456).

87 BFH DStR 2013, 523 (524); BFH DStRE 2006, 1406; Troll/Gebel/Jülicher/Gottschalk/*Gebel*, § 3 Rn. 226; Mayer/Süß/Tanck/Bittler/Wälzholz/*Griesel*, Handbuch Pflichtteilsrecht, § 17 Rn. 25.

88 *Schanz* Finanzarchiv 1896, 1 ff.

vielmehr bereits in dem Moment vor, in dem sich der Anspruch im Vermögen des Erwerbers befindet.[89] Da Pflichtteilsansprüche bereits mit dem Tod des Erblassers in Person der Pflichtteilsberechtigten entstehen (§ 2317 Abs. 1 BGB), sollte es nach vorstehenden Ausführungen eigentlich im gleichen Moment zu einer Versteuerung der Ansprüche kommen. Stattdessen auf die Geltendmachung und nicht auf die Entstehung der Ansprüche abzustellen, stellt im geltenden Erbschaftsteuerrecht eine Ausnahmeerscheinung dar.

Bei der Geltendmachung handelte es sich noch nicht immer um die entscheidende Tatbestandsvoraussetzung für eine Besteuerung des Pflichtteilsanspruchs. Das Reichserbschaftsteuergesetz vom 3.6.1906[90] folgte vielmehr im Einklang mit der Reinvermögenszugangstheorie noch der zivilrechtlichen Betrachtungsweise und knüpfte für die Frage der Steuerbarkeit des Pflichtteilsanspruchs an die Entstehung des Anspruchs an. Die Tatbestandsvoraussetzung der Geltendmachung wurde erst nach dem Ersten Weltkrieg am 10.9.1919 – damals geregelt in § 20 Nr. 1 ErbStG[91] – eingeführt[92]. Es stellt sich deshalb die Frage, welche Gründe den Gesetzgeber zur Einführung des Erfordernisses der Geltendmachung bewogen haben.

Zur Beantwortung dieser Frage muss der Blick zunächst auf die sonstigen in § 3 Abs. 1 Nr. 1 ErbStG geregelten Tatbestandsalternativen gerichtet werden. Als Erwerb von Todes wegen gilt neben dem Erwerb aufgrund eines geltend gemachten Pflichtteilsanspruchs auch der Erwerb durch Erbanfall und durch Vermächtnis. Bei letzteren Tatbestandsalternativen ist ein zusätzliches Erfordernis der Geltendmachung nicht erforderlich, vielmehr erfolgt eine Besteuerung dem Reinvermögenszugangsprinzip entsprechend im Moment des Vermögensanfalls. Die fehlende Notwendigkeit des Erfordernisses der Geltendmachung beim Erwerb durch Erbanfall und Vermächtnis rechtfertigt sich dadurch, dass das Zivilrecht sowohl für die Erbschaft (§§ 1942 ff. BGB) als auch für das Vermächtnis (§ 2180 BGB) bestimmte Regeln vorsieht, wonach Erbe und Vermächtnisnehmer die Erbschaft bzw. das Vermächtnis ausschlagen können. Die Ausschlagung von Erbschaft und Vermächtnis bleibt auch im Erbschaftsteuerrecht nicht folgenlos, denn die Erbschaftsteuer erlischt beim zuerst Berufenen rückwirkend und fällt ausschließlich beim Nächstberufenen an.[93] Bei Be-

89 *Seer/Krumm* ZEV 2010, 57 (58).
90 RGBl. 1906, 654.
91 RGBl. 1919, 1543.
92 *Schindler* ZEV 2018, 60 (63); *Seer/Krumm* 2010, 57 (59).
93 Meincke/Hannes/Holtz/*Hannes/Holtz*, § 3 Rn. 18; *Seer/Krumm* ZEV 2010, 57 (59).

trachtung des Pflichtteilsanspruchs fällt hingegen auf, dass zivilrechtliche Ausschlagungsregeln für diesen fehlen. Es kann somit nicht zu einer rückwirkenden Beseitigung des Rechtsanfalls – auch im Steuerrecht – durch Ausschlagung kommen.[94] Zivilrechtlich ist das fehlende Ausschlagungsrecht unproblematisch, denn anders als bei einer Erbschaft können den Pflichtteilsberechtigten allein durch die Zuwendung des Pflichtteils keine Nachteile – wie etwa eine Überschuldung des Nachlasses – treffen, für die der Pflichtteilsberechtigte ohne Ausschlagungsmöglichkeit mit seinem ganzen Vermögen einstehen müsste. Steuerlich führt das Entstehen des Pflichtteilsanspruchs jedoch zu einem Reinvermögenszugang und damit zu einer Bereicherung des Pflichtteilsberechtigten, gegen die sich dieser nicht wehren kann. Das Erfordernis der Geltendmachung trägt daher dem fehlenden Ausschlagungsrecht Rechnung und macht die Besteuerung des Pflichtteilsanspruchs von einer positiven Willensäußerung des Pflichtteilsberechtigten abhängig.[95] Würde man stattdessen den Pflichtteilsanspruch ohne Einflussmöglichkeit des Pflichtteilsberechtigten besteuern, sähe sich dieser unter Umständen zu einer Einforderung seines Anspruchs gezwungen, um aus der erlangten Geldsumme den Steueranspruch des Staates zu befriedigen.[96] Gerade in innerfamiliären Beziehungen können jedoch gute Gründe existieren, auf eine Einforderung des Pflichtteilsanspruchs zu verzichten. Setzen sich beispielsweise in einem Berliner Testament (§ 2269 BGB) Ehegatten zu Alleinerben und die gemeinsamen Kinder zu Schlusserben ein, so rechtfertigt die familiäre Verbundenheit in vielen Fällen die Nichtgeltendmachung des Pflichtteilsanspruchs, um dem Versorgungsbedürfnis des überlebenden Elternteils Rechnung zu tragen. Müsste der Pflichtteilsberechtigte seinen Pflichtteilsanspruch stattdessen zur Erfüllung des staatlichen Steueranspruchs geltend machen, würde das Versorgungsbedürfnis des überlebenden Ehegatten in den Hintergrund gedrängt. Eine solche Vorgehensweise durch den Pflichtteilsberechtigten würde unter Umständen beim überlebenden Ehegatten auf geringe Akzeptanz stoßen und könnte innerfamiliäre Konflikte hervorrufen. Das Erfordernis der Geltendmachung soll demnach die Entscheidungsfreiheit des Pflichtteilsberechtigten über die Einforderung seines Anspruchs angemessen berücksichtigen. Der Gedanke der angemessenen Berücksichtigung

---

94 Troll/Gebel/Jülicher/Gottschalk/*Gebel*, § 3 Rn. 224; *Muscheler* ZEV 2001, 377 (378); *Schindler* ZEV 2018, 60 (63).

95 *Seer/Krumm* ZEV 2010, 57 (60).

96 *Wachter* DB 2017, 2500 (2501).

der Entscheidungsfreiheit findet ausweislich der Vorschrift des § 852 ZPO auch im Zwangsvollstreckungsrecht seinen Niederschlag.

II. Konkretisierung des Begriffs der Geltendmachung

Um ein ernsthaftes, an den Erben gerichtetes Erfüllungsverlangen annehmen zu können, muss zunächst die Entscheidung zur Einforderung des Pflichtteils vom Pflichtteilsberechtigten eindeutig und endgültig getroffen werden.[97] Weiterhin ist erforderlich, das Erfüllungsverlangen in geeigneter Weise zu bekunden.[98] Dies setzt insbesondere voraus, dass der Beschluss des Pflichtteilsberechtigten zur Einforderung seines Anspruchs nach außen hervortritt. Beschließt der Pflichtteilsberechtigte lediglich für sich, den Pflichtteil einzufordern, kann eine wirksame Geltendmachung daher nicht angenommen werden.[99] Wird der Pflichtteilsberechtigte zu einem Verzicht aufgefordert und verweigert er daraufhin den Abschluss eines entsprechenden Verzichtsvertrags, stellt dies nicht zwangsläufig eine Geltendmachung dar.[100] Denn auch die Verweigerung eines Verzichts impliziert nicht automatisch, den Pflichtteil einzufordern. Vielmehr kann der Pflichtteilsberechtigte an der Verweigerung eines Verzichts auch deshalb ein Interesse haben, um sich Bedenkzeit über die Einforderung seines Anspruchs zu erhalten. Bloße Diskussionen im Familienkreis können ebenso noch nicht als Geltendmachung aufgefasst werden, wenn im Zusammenhang der Diskussion nicht eindeutig auf die Erfüllung der Ansprüche bestanden wird.[101]

In zeitlicher Hinsicht kann eine Geltendmachung frühestens mit dem Tod des Erblassers erfolgen. Dies folgt bereits aus der Definition der Geltendmachung als ernsthaftes Erfüllungsverlangen. Ein solches kann nämlich erst dann „ernsthaft" und somit rechtswirksam geäußert werden, wenn tatsächlich ein Erfüllungsanspruch des Pflichtteilsgläubigers besteht. Dieser entsteht jedoch erst im Zeitpunkt des Erbfalls (§ 2317 Abs. 1 BGB).

---

97 Vgl. Mayer/Süß/Tanck/Bittler/Wälzholz/*Griesel*, Handbuch Pflichtteilsrecht, § 17 Rn. 25.

98 BFH DStR 2013, 523 (524); BFH NJW 2006, 3455; FG Schleswig-Holstein DStRE 2016, 1443 (1444).

99 Mayer/Süß/Tanck/Bittler/Wälzholz/*Griesel*, Handbuch Pflichtteilsrecht, § 17 Rn. 33.

100 Meincke/Hannes/Holtz/*Hannes/Holtz*, § 9 Rn. 33.

101 Mayer/Süß/Tanck/Bittler/Wälzholz/*Griesel*, Handbuch Pflichtteilsrecht, § 17 Rn. 35.

Eine Geltendmachung in die Zukunft hinein kann schon deshalb nicht möglich sein, weil sich die Pflichtteilsansprüche bis zum Tod des Erblassers – beispielsweise durch eine von diesem errichtete Verfügung von Todes wegen – noch ändern können.[102] Zu klären ist im Folgenden zunächst, ob die Möglichkeit einer teilweisen Geltendmachung besteht, ehe der Frage nachgegangen wird, ob auch verjährte Pflichtteilsansprüche noch geltend gemacht werden können.

1. Die teilweise Geltendmachung von Pflichtteilsansprüchen

Bei der teilweisen Geltendmachung von Pflichtteilsansprüchen müssen zwei Problemkreise voneinander unterschieden werden. Zunächst muss untersucht werden, ob für den Pflichtteilsberechtigten generell die Möglichkeit einer teilweisen Geltendmachung seines Anspruchs besteht. Sollte diese Möglichkeit bestehen, stellt sich daran anschließend die Frage, ob der Pflichtteilsberechtigte seinen Anspruch Stück für Stück, also in Raten, einfordern kann.

a. Möglichkeit einer teilweisen Geltendmachung

aa. Meinungsstand

Mit dem Problemkreis der teilweisen Geltendmachung von Pflichtteilsansprüchen befasste sich der Reichsfinanzhof zum ersten Mal im Jahr 1939[103] und lehnte die Möglichkeit einer teilweisen Geltendmachung ab. Begehre der Pflichtteilsgläubiger lediglich eine teilweise Erfüllung des Pflichtteilsanspruchs, führe dies gleichwohl zu einer Geltendmachung des Pflichtteils in voller Höhe. Begründet wurde diese Alternativitätstheorie des RFH mit dem Sinn und Zweck der Geltendmachung. Dieses Erfordernis solle den Pflichtteilsberechtigten einem Erben bzw. einem Vermächtnisnehmer gleichstellen und dem fehlenden Ausschlagungsrecht des Pflichtteilsberechtigten Rechnung tragen. Auch für Erben und Vermächtnisnehmer bestehe die Möglichkeit einer teilweisen Ausschlagung von Erbschaft bzw. Vermächtnis nicht (§§ 1950, 2180 Abs. 3 BGB). Eine Teilausschlagung sei

102 Mayer/Süß/Tanck/Bittler/Wälzholz/*Griesel*, Handbuch Pflichtteilsrecht, § 17 Rn. 28.

103 RFH RStBl 1940, 3.

vielmehr wirkungslos (§ 1950 S. 2 BGB) und es komme zur Annahme der gesamten Erbschaft bzw. des gesamten Vermächtnisses. Aus diesem Grund könne auch ein Pflichtteil nicht lediglich teilweise geltend gemacht werden.

Die vom RFH aufgestellte Alternativitätstheorie wird nach heute einhelliger Auffassung in Rechtsprechung und Literatur jedoch nicht mehr vertreten.[104] Die nunmehr bestehende Möglichkeit einer teilweisen Geltendmachung wird dabei hauptsächlich auf den Wegfall der Vorschrift des § 18 Abs. 1 Nr. 13 ErbStG a.F. gestützt, nach der auch der Verzicht auf den geltend gemachten Pflichtteilsanspruch steuerfrei war. Inzwischen sei in diesen Fällen jedoch der Tatbestand der freigebigen Zuwendung (§ 7 Abs. 1 S. 1 Nr. 1 ErbStG) erfüllt.[105] Würde eine teilweise Geltendmachung daher nach wie vor zu einer vollständigen Geltendmachung führen, hätte ein teilweiser Verzicht des Pflichtteilsberechtigten nach der Geltendmachung eine doppelte Besteuerung des nicht eingeforderten Teils – einmal gem. § 3 Abs. 1 Nr. 1 Alt. 3 ErbStG und einmal gem. § 7 Abs. 1 S. 1 Nr. 1 ErbStG – zur Folge.[106]

bb. Stellungnahme

Dem Pflichtteilsberechtigten die Möglichkeit zu gewähren, seinen Pflichtteil lediglich teilweise geltend zu machen, würde zwar tatsächlich zu einer Ungleichbehandlung zwischen Pflichtteilsberechtigten und Erben bzw. Vermächtnisnehmern führen. Dem vom RFH damals angeführten Gleichstellungsargument kommt für die Frage der teilweisen Geltendmachung jedoch lediglich untergeordnete Bedeutung zu. Zum einen kann das von der einhelligen Auffassung in der Literatur und Rechtsprechung angeführte Argument des Wegfalls von § 18 Abs. 1 Nr. 13 ErbStG a.F. herangezogen werden, wonach der Verzicht auf die Einforderung des Restbe-

---

104 BFH Urt. v. 18.7.1973 – II R 34/69, BeckRS 1973, 22002229; Kapp/Ebeling/*Geck*, § 3 Rn. 213.1; Meincke/Hannes/Holtz/*Hannes/Holtz*, § 3 Rn. 59; Troll/Gebel/Jülicher/Gottschalk/*Gebel*, § 3 Rn. 227; *Muscheler* ZEV 2001, 377 (378); *Seer/Krumm* ZEV 2010, 57 (61 f.).

105 BFH NJW 2006, 3455 (3456); Kapp/Ebeling/*Geck*, § 3 Rn. 213.1; *Seer/Krumm* ZEV 2010, 57 (59 f.).

106 Meincke/Hannes/Holtz/*Hannes/Holtz*, § 9 Rn. 32; a.A. *Seer/Krumm* ZEV 2010, 57 (61 f.).

trags andernfalls nunmehr eine doppelte Besteuerung auslösen würde.[107] Der eigentliche Grund, weshalb auch eine teilweise Geltendmachung des Pflichtteilsanspruchs möglich sein muss, ist jedoch ein anderer. Dem Pflichtteilsberechtigten eine teilweise Geltendmachung seines Anspruchs zu verwehren, hätte einen Wertungswiderspruch zu einer anderen Vorschrift des ErbStG - § 3 Abs. 2 Nr. 4 ErbStG – zur Folge. Durch § 3 Abs. 2 Nr. 4 ErbStG lässt sich eine Gestaltung der Bemessungsgrundlage faktisch dadurch erzielen, dass eine Abfindung für einen Pflichtteilsverzicht durch die am Verzicht Beteiligten in beliebiger Höhe vereinbart werden kann. Aus diesem Grund muss es dem Schuldner auch freistehen, den Pflichtteilsanspruch von vornherein lediglich teilweise geltend zu machen.[108] Die Steuer entsteht in diesem Fall „begrenzt durch die Höhe, in der dieser (Anspruch) geltend gemacht worden ist.“[109]

b. Möglichkeit einer ratierlichen Geltendmachung

Ob die Möglichkeit einer teilweisen Geltendmachung des Pflichtteilsanspruchs durch den Pflichtteilsberechtigten gleichsam zur Möglichkeit einer Geltendmachung in Raten führt, ist umstritten. Eine solche könnte sich für den Pflichtteilsberechtigten deshalb als günstig erweisen, da diesem durch geschicktes Geltendmachen ein optimales Ausnutzen der alle 10 Jahre gewährten Freibeträge (§§ 14 Abs. 1, 16 ErbStG) möglich wäre. Die nach drei Jahren eintretende Verjährung stünde einem solchen Vorgehen jedenfalls bei intakten Familienverhältnissen nicht zwangsweise entgegen, da der Erbe aufgrund vorheriger Absprache mit dem Pflichtteilsberechtigten auf die Erhebung der Verjährungseinrede (vgl. § 214 BGB) verzichten könnte. Fraglich ist allerdings, ob sich der Pflichtteilsberechtig-

---

107 Fraglich ist allerdings, ob auch dann eine freigebige Zuwendung nach § 7 Abs. 1 S. 1 Nr. 1 ErbStG angenommen werden kann, wenn der Pflichtteilsberechtigte nicht ausdrücklich auf die Einforderung des Restbetrags verzichtet, sondern eine Einforderung schlicht unterlässt. Nach hier vertretener Auffassung (dazu an späterer Stelle, H. II. 1. a. bb. (2)) stellt das bloße Unterlassen der Einforderung keine freigebige Zuwendung dar. Aus diesem Grund handelt es sich um ein insgesamt eher schwaches Argument. Darauf kommt es aber letztlich nicht an, da eine teilweise Geltendmachung des Pflichtteilsanspruchs auch aus anderen Gründen möglich ist.

108 *Seer/Krumm* ZEV 2010, 57 (61 f.).

109 BFH Urt. v. 18.7.1973 – II R 34/69, BeckRS 1973, 22002229; *Muscheler* ZEV 2001, 377 (378); *Seer/Krumm* ZEV 2010, 57 (61 f.).

te zeitgleich mit der teilweisen Geltendmachung vorbehalten kann, die Restansprüche zu einem späteren Zeitpunkt noch durchzusetzen, ohne dass darin gleichzeitig eine vollständige Geltendmachung des Pflichtteilsanspruchs zu sehen ist.

aa. Meinungsstand

Eine Literaturauffassung geht vom Grundsatz der einmaligen und abschließenden Besteuerung des Pflichtteils bei der Teilgeltendmachung aus.[110] Damit eine solche zu einer teilweisen Steuerentstehung führe, müsse der Pflichtteilsberechtigte im Zeitpunkt der teilweisen Geltendmachung auf die restliche Pflichtteilsforderung verzichten. Andernfalls führe die Teilgeltendmachung zu einer sofortigen Steuerpflicht hinsichtlich des gesamten Pflichtteilsanspruchs.[111] Begründen lasse sich dies zum einen mit der fehlenden Möglichkeit einer stückweisen Ausschlagung bei Vermächtnis und Erbschaft.[112] Zum anderen folge dieses Ergebnis aus der Vorschrift des § 3 Abs. 2 Nr. 4 ErbStG, aufgrund derer überhaupt erst die Möglichkeit einer teilweisen Geltendmachung bestehe. Im Falle einer zwischen Gläubiger und Schuldner getroffenen Abfindungsvereinbarung iSd. § 3 Abs. 2 Nr. 4 ErbStG entstehe die Steuer ebenfalls einmalig – im Zeitpunkt des Verzichts, § 9 Abs. 1 Nr. 1 Buchst. f) ErbStG. Auch bei Abfindungsvereinbarungen sei es daher nicht möglich, die Steuer nach und nach entstehen zu lassen, um Freibeträge durch Stückelung der Abfindungszahlungen optimal auszunutzen zu können. Konsequenterweise müsse daher auch die Möglichkeit einer Geltendmachung in Raten ausscheiden, alles andere stelle ein unzulässiges „Rosinenpicken" dar.[113]

Zum Teil wird es hingegen als unschädlich angesehen, sich bei der teilweisen Geltendmachung die Durchsetzung des Restanspruchs vorzubehalten.[114] Der bloße Vorbehalt, vielleicht später noch einen Restbetrag des Pflichtteilsanspruchs einzufordern, lasse einen „Entschluss, diese Rechtsansprüche tatsächlich noch durchzusetzen", nicht erkennen.[115] Aus diesem

110 *Seer/Krumm* ZEV 2010, 57 (62).
111 Troll/Gebel/Jülicher/Gottschalk/*Gebel*, § 3 Rn. 227; Kapp/Ebeling/*Geck*, § 3 Rn. 213.2; *Seer/Krumm* ZEV 2010, 57 (62).
112 *Seer/Krumm* ZEV 2010, 57 (62).
113 *Seer/Krumm* ZEV 2010, 57 (62).
114 *Wälzholz* ZEV 2007, 162 (164).
115 Mayer/Süß/Tanck/Bittler/Wälzholz/*Griesel*, Handbuch Pflichtteilsrecht, § 17 Rn. 39.

Grund könne eine teilweise Geltendmachung trotz Vorbehalts zur Einforderung des Restanspruchs keine volle Besteuerung rechtfertigen. Die Möglichkeit einer Geltendmachung in Raten bestehe daher.

bb. Stellungnahme

Zu folgen ist der zuletzt genannten Ansicht. Gewährt man dem Pflichtteilsberechtigten die Möglichkeit, den Pflichtteil nur teilweise geltend zu machen, muss konsequenterweise auch eine Geltendmachung in Raten möglich sein. Es ist zwar zutreffend, dass Erbschaft und Vermächtnis ebenfalls nicht stückweise, sondern nur einmalig ganz oder gar nicht ausgeschlagen werden können. Allerdings kommt diesem Gleichstellungsargument im Bereich der Teilgeltendmachung ohnehin nur untergeordnete Bedeutung zu (dazu siehe oben). Die Möglichkeit einer teilweisen Geltendmachung wurde im Wesentlichen aufgrund der Vorschrift des § 3 Abs. 2 Nr. 4 ErbStG bejaht, sodass für die Folgefrage der ratierlichen Geltendmachung selbige Vorschrift herangezogen werden muss. Der Vorschrift des § 3 Abs. 2 Nr. 4 ErbStG liegt dabei – anders als teilweise von der Literatur angeführt wird[116] – kein Prinzip der einheitlichen und abschließenden Entscheidung zugrunde. Aus dem Zusammenspiel von § 3 Abs. 2 Nr. 4 und § 9 Abs. 1 Nr. 1 Buchst. f) ErbStG folgt einzig, dass eine Besteuerung der Abfindung für den Verzicht auf den entstandenen Pflichtteil im Zeitpunkt des Verzichts erfolgt. Ob ein Verzicht einmal und abschließend zu erklären ist oder auch Stück für Stück erfolgen kann, geht aus den Vorschriften hingegen nicht hervor. Vielmehr muss für diese Frage auf das Zivilrecht zurückgegriffen werden. Zivilrechtlich liegt dem Verzicht iSd. § 3 Abs. 2 Nr. 4 ErbStG regelmäßig ein Erlassvertrag gem. § 397 BGB zugrunde. Den Parteien ist es im Rahmen ihrer vertraglichen Freiheit auch möglich, den Erlass auf einen Teilbetrag zu beschränken.[117] Denkbar und zivilrechtlich möglich sind daher Gestaltungen, in denen Pflichtteilsberechtigte nacheinander auf einzelne Teile des Pflichtteils verzichten und dafür jeweils Abfindungen erhalten. Steuerlich hätte dies zur Folge, dass die Steuer für die gewährten Abfindungen mehrmals, nämlich in den jeweiligen Verzichtszeitpunkten (§ 9 Abs. 1 Nr. 1 Buchst. f) ErbStG) entsteht. Das wirtschaftlich identische Ergebnis einer Geltendmachung in Raten ließe sich daher auch durch Teilverzichte mit Abfindungsvereinbarun-

116 *Seer/Krumm* ZEV 2010, 57 (62).
117 MüKo BGB/*Schlüter*, § 397 Rn. 7; Schulze/*Schulze*, § 397 Rn. 3.

gen erreichen. Zur Vermeidung von Wertungswidersprüchen muss dem Pflichtteilsberechtigten deshalb auch eine ratierliche Geltendmachung von Pflichtteilsansprüchen gestattet werden. Folgerichtig kann sich der Pflichtteilsberechtigte bei der teilweisen Geltendmachung seines Anspruchs vorbehalten, zu einem späteren Zeitpunkt Restansprüche durchzusetzen.

2. Geltendmachung trotz Verjährung

Die Möglichkeit der Geltendmachung eines bereits verjährten Pflichtteilsanspruchs wird allgemein nicht bezweifelt.[118] Der Grund ist darin zu sehen, dass es sich bei der Verjährung gem. § 214 Abs. 1 BGB lediglich um eine Einrede des Schuldners handelt, deren Erhebung ihm grundsätzlich freisteht. Dies gilt insbesondere in innerfamiliären Bereichen, in denen wirtschaftliche Interessen oftmals hinter der Wahrung des familiären Friedens in den Hintergrund treten. Die Wahrung des familiären Friedens ist dabei nicht lediglich darauf beschränkt, die Nichtgeltendmachung von Pflichtteilsansprüchen zu rechtfertigen, sondern kann gleichfalls zur Nichterhebung der Verjährungseinrede beitragen.[119] Ob allerdings bei verjährten Pflichtteilsansprüchen allein das ernsthafte, an den Schuldner gerichtete Erfüllungsverlangen für eine wirksame Geltendmachung und Steuerentstehung nach § 9 Abs. 1 Nr. 1 Buchst. b) ErbStG ausreicht oder ob eine irgendwie geartete Mitwirkungshandlung des Pflichtteilsschuldners hinzutreten muss, wird nicht einheitlich beurteilt.

a. Meinungsstand

Teilweise wird von einer unmittelbaren Steuerentstehung durch das ernsthafte Erfüllungsverlangen ausgegangen. Eine Steuerentstehung scheide nur bei Erhebung der Verjährungseinrede aus.[120] Bleibe der Schuldner

---

118 Mayer/Süß/Tanck/Bittler/Wälzholz/*Griesel*, Handbuch Pflichtteilsrecht, § 17 Rn. 55; Viskorf/Schuck/Wälzholz/*Wälzholz*, § 3 Rn. 152; Troll/Gebel/Jülicher/Gottschalk/*Gebel*, § 3 Rn. 232; Kapp/Ebeling/*Geck*, § 3 Rn. 213.3; Moench/Weinmann/*Weinmann*, § 3 Rn. 120; *Muscheler* ZEV 2001, 377 (379); bezweifelt wird aber, ob der verjährte Pflichtteilsanspruch in diesem Fall als Nachlassverbindlichkeit abgezogen werden kann, dazu noch unter E. I.

119 *Muscheler* ZEV 2001, 377 (380).

120 *Viskorf*, FS Crezelius, 2018, 617 (623).

hingegen auf das an ihn gerichtete Erfüllungsverlangen hin untätig, liege eine wirksame Geltendmachung vor.

Für andere Stimmen in der Literatur reicht allein das ernsthafte Erfüllungsverlangen des Pflichtteilsberechtigten in Fällen der Verjährung des Pflichtteilsanspruchs für eine wirksame Geltendmachung nicht aus. Eine wirksame Geltendmachung könne vielmehr erst dann angenommen werden, wenn der Schuldner auf das ernsthafte Erfüllungsverlangen hin positiv seinen Verzicht auf die Erhebung der Verjährungseinrede erklärt.[121] Eine solche positive Mitwirkungshandlung des Schuldners könne auch in der Erfüllung der Pflichtteilsschuld liegen.[122]

b. Stellungnahme

Aus Gründen der Rechtssicherheit muss der zuletzt genannten Ansicht, die für eine wirksame Geltendmachung eine Mitwirkungshandlung des Schuldners im Sinne eines Verzichts auf die Erhebung der Verjährungseinrede fordert, gefolgt werden. Würde eine wirksame Geltendmachung bereits mit dem ernsthaften Erfüllungsverlangen angenommen werden, bestünde ab diesem Zeitpunkt eine Rechtsunsicherheit hinsichtlich der Frage der Steuerentstehung, da der Schuldner die Einrede der Verjährung jederzeit – auch nach bereits erfolgter Steuerfestsetzung durch das Finanzamt – erheben und auf diese Weise die Steuerentstehung nachträglich wieder beseitigen könnte. Des Weiteren stünde die Möglichkeit einer nachträglichen Steuerbeseitigung im Widerspruch zu dem bereits anfangs erwähnten Grundsatz, dass nachträgliche Ereignisse eine einmal entstandene Steuer nicht mehr beeinflussen können. Eine wirksame Geltendmachung kann daher erst in dem Moment angenommen werden, in dem der Schuldner auf das ernsthafte Erfüllungsverlangen des Gläubigers hin aktiv auf die Erhebung der Verjährungseinrede verzichtet.

121 Mayer/Süß/Tanck/Bittler/Wälzholz/*Griesel*, Handbuch Pflichtteilsrecht, § 17 Rn. 55; Troll/Gebel/Jülicher/Gottschalk/*Gebel*, § 3 Rn. 232; Meincke/Hannes/Holtz/*Hannes/Holtz*, § 3 Rn. 60.

122 Mayer/Süß/Tanck/Bittler/Wälzholz/*Griesel*, Handbuch Pflichtteilsrecht, § 17 Rn. 55.

III. Geltendmachung in besonderen Fällen

Ob eine Besteuerung des geltend gemachten Pflichtteilsanspruchs erfolgt, kann sich in einigen Fallgruppen als problematisch erweisen. Zu nennen sind die Erhebung einer Auskunfts- und Stufenklage, die Pflichtteilsstundung, die Abtretung des Pflichtteilsanspruchs und die Überleitung des Pflichtteilsanspruchs auf den Sozialhilfeträger nach § 93 Abs. 1 SGB XII. In diesen Fällen stellt sich insbesondere die Frage, ob jene Verhaltensweisen bei einem zuvor noch nicht geltend gemachten Pflichtteilsanspruch zu einer Geltendmachung führen und somit eine Besteuerung des Pflichtteils nach sich ziehen (§§ 3 Abs. 1 Nr. 1 Alt. 3 iVm. 9 Abs. 1 Nr. 1 Buchst. b) ErbStG). Bei letzteren beiden Fallgruppen ist zudem zu klären, wer nach der Abtretung bzw. der Überleitung – sollten diese jeweils zu einer Geltendmachung des Pflichtteilsanspruchs führen – Steuerschuldner für die auf den geltend gemachten Pflichtteil entstandene Steuer ist.

1. Geltendmachung durch Erhebung einer Auskunftsklage

Durch die Auskunftsklage wird dem Pflichtteilsberechtigten ein Instrumentarium zur Verfügung gestellt, die Höhe des Nachlasses für den Fall zu ermitteln, dass der Erbe die Vermögensverhältnisse nicht offenlegt. Allein die Erhebung der Auskunftsklage führt noch nicht zur Geltendmachung des Pflichtteilsanspruchs, da diese lediglich vorbereitenden Charakter und im Fall der Verurteilung keine Bindungswirkung für den Grund des Zahlungsanspruchs hat.[123]

2. Geltendmachung durch Erhebung einer Stufenklage

Anders kann sich das bei einer Stufenklage (§ 254 ZPO) darstellen. Bei dieser geht der Pflichtteilsberechtigte als Kläger in der Regel dreistufig vor. Auf erster Stufe klagt dieser gegen den Erben auf Erteilung einer Auskunft über den Bestand des Nachlasses (§§ 2314, 260 BGB). Auf zweiter Stufe begehrt er eine Versicherung an Eides statt über die Richtigkeit der gemachten Angaben (vgl. § 260 Abs. 2 BGB) und auf dritter Stufe die

123 BFH DStRE 2006, 1406 (1407); Schlitt/Müller/*Lohr/Otto*, Handbuch Pflichtteilsrecht, § 12 Rn. 13; Moench/Weinmann/*Weinmann*, § 3 Rn. 119; Kapp/Ebeling/*Geck*, § 3 Rn. 212.

Zahlung des sich aus der Auskunft ergebenden Betrags, der sich aus einer Multiplikation von Nachlasswert und Pflichtteilsquote ergibt. Aus prozessökonomischer Sicht bietet diese Vorgehensweise den Vorteil, dem Gericht den gesamten Prozessstoff in einer Klage zu unterbreiten.[124] Zusätzlich wird die Verjährung bereits bei Klageerhebung auch für den Leistungsanspruch gehemmt (§ 204 Abs. 1 Nr. 1 BGB) und die Anspruchshöhe muss abweichend von § 253 Abs. 2 Nr. 2 ZPO nicht angegeben werden.[125]

Zunächst unstreitig erfüllt die Erhebung einer Leistungsklage alle Voraussetzungen einer wirksamen Geltendmachung des Pflichtteilsanspruchs, denn durch die Erhebung einer derartigen Klage tritt das ernsthafte Erfüllungsverlangen deutlich hervor.[126] Da bei der Stufenklage auf dritter Stufe ebenfalls auf Leistung des sich aus der Auskunft ergebenden Betrags geklagt wird, sollte dies eigentlich auch für die Stufenklage gelten. Problematisch ist allerdings, dass bei letzterer die Anspruchshöhe im Zeitpunkt der Klageerhebung noch nicht beziffert ist. Es stellt sich daher nunmehr die Frage, ob eine Geltendmachung des Pflichtteilsanspruchs auch ohne konkrete Anspruchsbezifferung möglich ist. Nur in diesem Fall würde die Erhebung der Stufenklage zu einer wirksamen Geltendmachung des Pflichtteilsanspruchs führen.

a. Meinungsstand

Teile der Literatur halten eine Geltendmachung ohne Anspruchsbezifferung nicht für möglich.[127] Begründet wird dies zum einen dadurch, dass der Begriff der Geltendmachung zur Vermeidung einer vorschnellen Geltendmachung sehr eng ausgelegt werden müsse.[128] Zum anderen könne im Falle eines unbezifferten Anspruchsbegehrens die Steuerhöhe nicht bestimmt werden.[129]

Nach Ansicht der Rechtsprechung und anderen Teilen der Literatur stellt die Bezifferung der Anspruchshöhe hingegen keine notwendige

---

124 MüKo ZPO/*Becker-Eberhard*, § 254 Rn. 2.

125 MüKo ZPO/*Becker-Eberhard*, § 254 Rn. 1 ff.

126 FG Rheinland-Pfalz DStRE 2002, 459 (460).

127 Meincke/Hannes/Holtz/*Hannes/Holtz*, § 9 Rn. 34; BFH FR 1999, 663 (666) mit Anm. *Viskorf*; *Meincke* ZErb 2004, 1 (3).

128 BFH FR 1999, 663 (666) mit Anm. *Viskorf*.

129 *Meincke* ZErb 2004, 1 (3).

Voraussetzung für die Geltendmachung dar.[130] Eine andere Auslegung wäre mit dem Gesetzeszweck nicht vereinbar und auch zur Wahrung der berechtigten Interessen der Beteiligten nicht erforderlich. Aus § 38 AO ergebe sich lediglich die Notwendigkeit einer Tatbestandsverwirklichung, um die Steuer entstehen zu lassen, nicht jedoch das Erfordernis einer konkreten Anspruchsbezifferung.[131]

b. Stellungnahme

Der zuletzt genannten Auffassung ist jedenfalls im Ergebnis zuzustimmen mit der Folge, bereits in der Erhebung der Stufenklage eine Geltendmachung zu sehen. Bei der Stufenklage handelt es sich gerade nicht um eine – im Hinblick auf § 253 ZPO ohnehin unzulässige[132] – bedingte Klageerhebung, sondern letztlich um eine normale Leistungsklage, bei der eine Klageerhebung ebenfalls zur Geltendmachung führt.[133] Die fehlende Notwendigkeit einer Anspruchsbezifferung folgt jedoch nicht – wie durch die Rechtsprechung entschieden – aus § 38 AO, denn dieser knüpft zur Entstehung des Steueranspruchs an eine „Tatbestandsverwirklichung" an. Eine Tatbestandsverwirklichung kann in Bezug auf die Besteuerung von Pflichtteilsansprüchen jedoch erst mit der Geltendmachung angenommen werden, was die Frage unbeantwortet lässt, ob eine Geltendmachung des Pflichtteilsanspruchs eine Anspruchsbezifferung voraussetzt (Zirkelschlussargument). Der Rechtsprechung ist aber deshalb zuzustimmen, weil eine Bezifferung des Steueranspruchs an anderen Stellen im Erbschaftsteuerrecht im Zeitpunkt der Steuerentstehung ebenfalls noch nicht möglich ist. So hängt im Erbfall (Steuerentstehungszeitpunkt nach § 9 Abs. 1 Nr. 1 ErbStG) die Bemessungsgrundlage für die festzusetzende Erbschaftsteuer des Erben davon ab, ob Pflichtteilsberechtigte ihre Ansprüche geltend machen (§ 10 Abs. 5 Nr. 2 ErbStG) oder ob bzw. in welcher Höhe Bestattungs- oder Nachlassabwicklungskosten (§ 10 Abs. 5 Nr. 3 ErbStG) anfallen. Auch der Begriff der Geltendmachung legt kein anderes Verständnis nahe. Ein an den Schuldner gerichtetes ernsthaftes Erfüllungsverlangen kann nämlich auch dann vorliegen, wenn noch kein bestimmter Betrag gefordert

---

130 BFH NJW 2006, 3455; FG Rheinland-Pfalz DStRE 2002, 459; Troll/Gebel/Jülicher/Gottschalk/*Gebel*, § 3 Rn. 226.

131 BFH NJW 2006, 3455 (3456).

132 MüKo ZPO/*Becker-Eberhard*, § 253 Rn. 17.

133 FG Rheinland-Pfalz DStRE 2002, 459 (460).

wird. Obwohl eine Anspruchsbezifferung zum Zeitpunkt der Erhebung der Stufenklage gem. § 254 ZPO noch nicht möglich ist, führt diese gleichwohl zu einer Geltendmachung des Pflichtteilsanspruchs im Zeitpunkt der Klageerhebung.

3. Geltendmachung und Steuerentstehung bei der Pflichtteilsstundung

Um die erbschaftsteuerlichen Auswirkungen einer Pflichtteilsstundung – also einem Hinausschieben der Fälligkeit des Pflichtteilsanspruchs[134] – für den Pflichtteilsgläubiger[135] darzustellen, müssen zwei Fälle unterschieden werden. Zum einen ist dabei der Fall einer Stundung durch Parteivereinbarung (§ 311 Abs. 1 BGB)[136] zu nennen, zum anderen kann eine Stundung auch durch eine gerichtliche Stundungsanordnung (§ 2331a BGB) erreicht werden.

a. Stundung durch Parteivereinbarung

Die Stundung des Pflichtteilsanspruchs weist für den Pflichtteilsgläubiger zunächst keine Besonderheiten auf, wenn der Pflichtteilsanspruch zum Zeitpunkt der Stundungsvereinbarung bereits geltend gemacht ist. In diesem Fall ist die Steuer bereits zuvor durch die Geltendmachung entstanden (§§ 3 Abs. 1 Nr. 1 Alt. 3 iVm. 9 Abs. 1 Nr. 1 Buchst. b) ErbStG), woran auch die spätere Stundungsvereinbarung nichts mehr ändert.

Man könnte nun davon ausgehen, dass eine Stundungsvereinbarung notwendigerweise eine vorherige Geltendmachung des Pflichtteilsanspruchs voraussetzt. Dies ist jedoch nicht der Fall. Denkbar sind vielmehr auch Fälle, in denen sich der Pflichtteilsgläubiger zum Zeitpunkt des Erbfalls noch nicht sicher ist, ob er seinen Pflichtteil tatsächlich einfordern möchte oder nicht. Möchte sich der Pflichtteilsgläubiger eine Geltendmachung für die Zukunft offenhalten, kann sich eine Stundungsvereinbarung für ihn sinnvoll darstellen, da der Pflichtteilsberechtigte andernfalls

134 Vgl. BGH NJW 1998, 2060 (2061) und MüKo BGB/*Krüger*, § 271 Rn. 22.

135 Eine Stundungsvereinbarung kann auch Auswirkungen für die Frage haben, ob der Erbe den Pflichtteil von seiner eigenen Steuerbemessungsgrundlage nach § 10 Abs. 5 Nr. 2 ErbStG abziehen kann. Hierzu wird auf die Ausführungen in E. I. verwiesen.

136 Vgl. OLG Karlsruhe ZEV 2016, 88 (89); MüKo BGB/*Grothe*, § 205 Rn. 3 und § 271 Rn. 22.

Gefahr läuft, seinen Anspruch nach Eintritt der dreijährigen Verjährung (§§ 195, 199 Abs. 1 BGB) nicht mehr durchsetzen zu können. Eine Stundungsvereinbarung hingegen führt zu einer Hemmung der Verjährung für die Stundungsdauer (§ 205 BGB), sodass der Gläubiger die Entscheidung über die Einforderung des Pflichtteils in die Zukunft verlagern kann, ohne einen Verjährungseintritt befürchten zu müssen.[137] Aus steuerlicher Sicht stellt sich dann die Frage, ob bereits die bloße Stundungsvereinbarung zwischen Pflichtteilsgläubiger und -schuldner zu einer Geltendmachung des Pflichtteilsanspruchs führt und welche Auswirkungen eine solche Vereinbarung auf den Steuerentstehungszeitpunkt hat.

aa. Stundung bis zum Tod des Pflichtteilsschuldners

Eine Stundungsvereinbarung über den Pflichtteilsanspruch stellt zunächst unstreitig dann keine Geltendmachung dar, wenn die Fälligkeit auf den Zeitpunkt des Ablebens des Pflichtteilsschuldners hinausgeschoben wird. Die Ursache dafür ist im Begriff der Geltendmachung zu finden. Während die Geltendmachung das ernsthafte, an den Schuldner gerichtete Erfüllungsverlangen beschreibt, bringt die bis zum Ableben des Pflichtteilsschuldners getroffene Stundungsvereinbarung zum Ausdruck, dass eine Erfüllung des Pflichtteilsanspruchs jedenfalls durch den Schuldner gerade nicht mehr erfolgen soll. Eine Geltendmachung kann in einer derartigen Stundung daher keinesfalls liegen.[138] Auch nach der Stundungsvereinbarung ist eine Geltendmachung durch den Pflichtteilsgläubiger nicht mehr möglich. Ein ernsthaftes Erfüllungsverlangen im Sinne einer Geltendmachung kann nämlich nur dann wirksam geäußert werden, wenn auch tatsächlich ein fälliger Erfüllungsanspruch besteht.[139] Dieser besteht im Moment der Stundung aber gerade nicht mehr.

---

137 Schlitt/Müller/*Lohr/Otto*, Handbuch Pflichtteilsrecht, § 12 Rn. 51.

138 BFH DStR 2010, 1330 (1331), der in derartigen Fällen von einer fehlenden „wirtschaftlichen Belastung“ des Pflichtteilsschuldners spricht; Troll/Gebel/Jülicher/Gottschalk/*Gebel*, § 3 Rn. 229.

139 So jedenfalls bei der testamentarischen Stundungsanordnung Schlitt/Müller/*Lohr/Otto*, Handbuch Pflichtteilsrecht, § 12 Rn. 57.

bb. Stundung in sonstigen Fällen

Denkbar sind zudem Fälle, in denen der Anspruch auf einen Zeitpunkt vor dem voraussichtlichen Ableben des Pflichtteilsschuldners gestundet wird. Umstritten ist, ob die Vereinbarung in diesen Fällen einer Geltendmachung gleichsteht.

(1) Meinungsstand

Teilweise wird eine Geltendmachung unter Hinweis auf ein in Stundung enthaltenes konkludentes Erfüllungsverlangen des Pflichtteilsgläubigers angenommen.[140] Diese Annahme bedeute jedoch nicht, dass gleichsam der gegen den Pflichtteilsgläubiger gerichtete Steueranspruch ebenfalls im Zeitpunkt der Stundung gem. § 9 Abs. 1 Nr. 1 Buchst. b) ErbStG entstehe, vielmehr müsse differenziert werden. Solle der Anspruch mit Eintritt eines bisher noch unbestimmten Ereignisses fällig werden, handele es sich bei dem Pflichtteilsanspruch um einen betagten Anspruch, sodass nicht § 9 Abs. 1 Nr. 1 Buchst. b), sondern Buchst. a) ErbStG einschlägig sei.[141] Folglich entstehe die Steuer abweichend von § 9 Abs. 1 Nr. 1 Buchst. b) ErbStG nicht mit dem Zeitpunkt der Geltendmachung, sondern mit dem Zeitpunkt des Eintritts des Ereignisses. Enthalte die Stundungsvereinbarung hingegen einen bereits kalendermäßig bestimmten oder bestimmbaren Fälligkeitszeitpunkt, scheide die Anwendung des § 9 Abs. 1 Nr. 1 Buchst. a) ErbStG aus. Begründen lasse sich das dadurch, dass eine Ungewissheit, die ein Aufschieben des Entstehungszeitpunkts des Steueranspruchs rechtfertigt, nicht gegeben sei.[142] In solchen Fällen entstehe die Steuer daher gem. § 9 Abs. 1 Nr. 1 Buchst. b) ErbStG bereits im Zeitpunkt der Stundungsvereinbarung.

Nach der Gegenansicht setzt die Stundungsvereinbarung keine Geltendmachung des Pflichtteilsanspruchs voraus. Durch die Stundung bringe der Pflichtteilsberechtigte gerade zum Ausdruck, den Pflichtteilsanspruch (derzeit) noch nicht einzufordern.[143] Stundung und Geltendmachung

---

140 Mayer/Süß/Tanck/Bittler/Wälzholz/*Griesel*, Handbuch Pflichtteilsrecht, § 17 Rn. 44; Fischer/Pahlke/Wachter/*Fischer*, § 3 Rn. 418.

141 Schlitt/Müller/*Lohr/Otto*, Handbuch Pflichtteilsrecht, § 12 Rn. 54 ff.

142 BFH DStRE 2006, 1012 (1014); BFH ZEV 2004, 35 (36); Troll/Gebel/Jülicher/Gottschalk/*Gottschalk*, § 9 Rn. 42.

143 Viskorf/Schuck/Wälzholz/*Wälzholz*, § 3 Rn. 152; *Mayer* DStR 2004, 1541 (1547).

schließen sich daher bereits begrifflich aus. Die Frage einer Steuerentstehung im Falle der Stundung stelle sich daher nicht.

(2) Stellungnahme

Ob in einer Stundungsvereinbarung eine Geltendmachung des Pflichtteils zu sehen ist, kann nur unter Berücksichtigung der Einzelfallumstände festgestellt werden.[144] Grundsätzlich ist in einer schlichten Stundungsvereinbarung ein ernsthaftes Erfüllungsverlangen im Sinne einer Geltendmachung noch nicht zu sehen, vielmehr ist das genaue Gegenteil der Fall. Die Vereinbarung einer Stundung macht nämlich gerade einen Verzicht des Gläubigers auf die derzeitige Einforderung des Anspruchs deutlich. Daraus gleichsam den Umkehrschluss zu ziehen, dass der Pflichtteilsanspruch in jedem Fall später zu erfüllen sei, ist unzutreffend, denn die Stundung eines Pflichtteilsanspruchs kann auch einzig aus dem Grund erfolgen, sich im Hinblick auf die nach drei Jahren eintretende Verjährung eine spätere Geltendmachung des Pflichtteilsanspruchs offen zu halten (vgl. § 205 BGB).[145] Wird daher eine schlichte Stundungsvereinbarung auf einen bestimmten oder unbestimmten Zeitraum getroffen, entsteht die Steuer erst bei späterer Geltendmachung nach Ende der Stundungsdauer (§ 9 Abs. 1 Nr. 1 Buchst. b) ErbStG). Anders muss dies jedoch dann beurteilt werden, wenn der Schuldner im Rahmen der Stundungsvereinbarung zum Ausdruck bringt, den Pflichtteilsanspruch nach Ende der Stundungsdauer sicher einzufordern, dem Gläubiger also lediglich einen Zahlungsaufschub gewährt. Erfasst sind dabei auch solche Fälle, in denen ein Pflichtteilsanspruch gestundet und über einen längeren Zeitraum ratierlich erfüllt werden soll. In derartigen Konstellationen stellt die Stundungsvereinbarung gleichzeitig eine Geltendmachung des Pflichtteils dar, da der Gläubiger in jedem Fall deutlich macht, dass er eine Erfüllung des Anspruchs – wenn auch über einen längeren Zeitraum – begehrt.

Fraglich ist allerdings der Steuerentstehungszeitpunkt in solchen Fällen. In diesem Zusammenhang vermag die von Teilen der Literatur vorgenommene Differenzierung danach, ob der Fälligkeitszeitpunkt bereits bestimmt oder noch unbestimmt ist, nicht zu überzeugen. Vielmehr sollte einheitlich auf den Stundungszeitpunkt – der gleichzeitig den Zeitpunkt

144 So im Ergebnis auch Mayer/Süß/Tanck/Bittler/Wälzholz/*Griesel*, Handbuch Pflichtteilsrecht, § 17 Rn. 44.

145 Viskorf/Schuck/Wälzholz/*Wälzholz*, § 3 Rn. 152; *Mayer* DStR 2004, 1541 (1547).

der Geltendmachung markiert – abgestellt werden, sodass die Steuer in allen Fällen nach § 9 Abs. 1 Nr. 1 Buchst. b) ErbStG entsteht.[146] Der Grund dafür ist darin zu sehen, dass die Konzeption des Erbschaftsteuerrechts in Bezug auf Pflichtteilsansprüche für die Frage der Steuerentstehung nicht auf die spätere Erfüllung, sondern auf die Geltendmachung der Ansprüche abstellt. Ist die Erfüllung für die Frage der Steuerentstehung aber irrelevant, kann auch der Fälligkeit der Pflichtteilsansprüche keine Relevanz beigemessen werden. Bringt der Schuldner klar zum Ausdruck, eine Erfüllung des Anspruchs – zu welchem Zeitpunkt auch immer – zu begehren, rechtfertigt die damit einhergehende Geltendmachung eine Steuerentstehung bereits im Zeitpunkt der Stundungsvereinbarung (§ 9 Abs. 1 Nr. 1 Buchst. b) ErbStG).

cc. Exkurs: Zinslose Stundung als freigebige Zuwendung der Zinsen

Treffen Gläubiger und Schuldner eine zinslose Stundungsvereinbarung des Pflichtteilsanspruchs, stellt sich über die Fragen der Geltendmachung und der Steuerentstehung hinaus ein weiteres steuerliches Problem. Fraglich ist nämlich, ob in der Gewährung der unentgeltlichen Nutzungsmöglichkeit des Kapitals durch den Pflichtteilsgläubiger eine steuerpflichtige freigebige Zuwendung iSd. § 7 Abs. 1 S. 1 Nr. 1 ErbStG zu sehen ist. Zur Untersuchung dieser Problematik muss unterschieden werden zwischen der unentgeltlichen Stundung geltend gemachter und der unentgeltlichen Stundung noch nicht geltend gemachter Pflichtteilsansprüche.

(1) Stundung eines noch nicht geltend gemachten Pflichtteilsanspruchs

Die Frage, ob eine unentgeltliche Stundung eines noch nicht geltend gemachten Pflichtteilsanspruchs zu einer steuerpflichtigen freigebigen Zuwendung iSd. § 7 Abs. 1 S. 1 Nr. 1 ErbStG führt, stellt sich in allen Fällen, in denen die Stundung einer Geltendmachung des Anspruchs nicht gleichsteht. Nach hier vertretener Auffassung ist dies zum einen dann der Fall, wenn der Pflichtteilsanspruch bis zum Tod des Pflichtteilsschuldners gestundet wird. Zum anderen führt die Stundung auch dann nicht zur Geltendmachung des Pflichtteilsanspruchs, wenn der Pflichtteilsgläubiger zum Zeitpunkt der Stundungsvereinbarung ein Erfüllungsverlangen nicht

---

146 So jedenfalls im Ergebnis *Muscheler* ZEV 2001, 377 (379).

erkennen lässt, sondern sich schlichtweg eine spätere Geltendmachung im Hinblick auf eine andernfalls eintretende Verjährung offenhalten möchte.

Keine freigebige Zuwendung iSd. § 7 Abs. 1 S. 1 Nr. 1 ErbStG kann in der unentgeltlichen Stundung eines noch nicht geltend gemachten Pflichtteilsanspruchs liegen.[147] Dies lässt sich zunächst damit begründen, dass ein gesetzlicher Anspruch auf eine Verzinsung des Pflichtteilsanspruchs nach bürgerlich-rechtlichen Grundsätzen (mit Ausnahme von § 288 und § 291 BGB) nicht besteht. Da ein Pflichtteilsgläubiger auf einen rechtlich nicht existenten Zinsanspruch nicht verzichten kann, kommt unter diesem Aspekt eine steuerpflichtige freigebige Zuwendung nicht in Betracht.[148] Dies beantwortet jedoch noch nicht die Frage, ob der Pflichtteilsgläubiger aus steuerlichen Gesichtspunkten auf einer Verzinsung des Anspruchs bestehen muss, um die Stundung im Hinblick auf § 7 Abs. 1 S. 1 Nr. 1 ErbStG steuerneutral zu gestalten. Bei der Stundung eines Anspruchs handelt es sich nämlich grundsätzlich um eine Kapitalüberlassung des Gläubigers an den Schuldner auf Zeit.[149] Aufgrund der Kapitalüberlassung stehen die Nutzungsvorteile (Zinsen) des Kapitals dem Schuldner zu, während der Gläubiger zugunsten des Schuldners auf diese verzichtet. Unterbleibt aufgrund der Unentgeltlichkeit der Stundungsvereinbarung eine Auskehrung der Nutzungsvorteile an den Gläubiger der Forderung, liegt hierin eine steuerpflichtige freigebige Zuwendung (§ 7 Abs. 1 S. 1 Nr. 1 ErbStG) des Gläubigers an den Schuldner.[150] Diese Grundsätze gelten allerdings nicht, wenn es sich beim gestundeten Anspruch um einen noch nicht geltend gemachten Pflichtteilsanspruch handelt. Begründen lässt sich dies insbesondere damit, dass abweichend vom Zivilrecht (vgl. § 2317 Abs. 1 BGB) dem Pflichtteilsanspruch ein steuerlicher Wert erst ab dem Moment der Geltendmachung beigemessen wird (§ 3 Abs. 1 Nr. 1 Alt. 3 ErbStG). Wenn schon der Verzicht auf die Geltendmachung an sich steuerfrei ist (vgl. § 13 Abs. 1 Nr. 11 ErbStG), kann einem Verzicht auf eine Verzinsung erst recht keine steuerliche Relevanz beigemessen werden.[151] Wird daher ein noch nicht geltend gemachter Pflichtteilsanspruch unentgeltlich gestundet, liegt

147 BFH DStR 2010, 1330; Troll/Gebel/Jülicher/Gottschalk/*Gebel*, § 3 Rn. 229.

148 BFH DStR 2010, 1330.

149 BFH DStR 2005, 1729 (1730); ZEV 2003, 216 (217 f.); DStR 1999, 21 (22); BFH Urt. v. 12.7.1979, II R 26/78, BeckRS 1979, 22004959 und v. 30.3.1994, II R 105/93, BeckRS 1994, 12148.

150 DStRE 2012, 154 (156); BFH DStR 2010, 1330 (1331) v. 31. 3. 2010; BFH Urt. v. 12.7.1979, II R 26/78, BeckRS 1979, 22004959.

151 Mayer/Süß/Tanck/Bittler/Wälzholz/*Griesel*, Handbuch Pflichtteilsrecht, § 17 Rn. 50; *Dressler* NJW 1997, 2848 (2851).

darin keine steuerpflichtige freigebige Zuwendung iSd. § 7 Abs. 1 S. 1 Nr. 1 ErbStG.

(2) Stundung eines geltend gemachten Pflichtteilsanspruchs

Anders stellt sich die Rechtslage dar, wenn entweder der Pflichtteilsanspruch zum Zeitpunkt der Stundung bereits geltend gemacht ist oder die Stundung einer Geltendmachung gleichsteht. In derartigen Fällen erfüllt der Pflichtteilsgläubiger durch die Gewährung der Stundung den Tatbestand einer steuerpflichtigen freigebigen Zuwendung iSd. § 7 Abs. 1 S. 1 Nr. 1 ErbStG. Ab der Geltendmachung des Pflichtteilsanspruchs weist das Erbschaftsteuerrecht diesem wie jedem anderen Anspruch einen steuerlichen Wert zu. Dies ergibt sich aus einer Gesamtschau verschiedener Regelungen des Erbschaftsteuerrechts, insbesondere den §§ 3 Abs. 1 Nr. 1 Alt. 3, 9 Abs. 1 Nr. 1 Buchst. b) und 10 Abs. 5 Nr. 2 Alt. 3 ErbStG. Bei der unentgeltlichen Überlassung eines bereits geltend gemachten – und damit werthaltigen – Pflichtteilsanspruchs auf Zeit handelt es sich daher um eine steuerpflichtige freigebige Zuwendung.[152] Gegenstand der Zuwendung ist dabei jedoch nicht ein konkreter, dem Pflichtteilsgläubiger entgehender Ertrag.[153] Vielmehr ist der Nutzungswert gem. § 15 Abs. 1 BewG mit jährlich 5,5 % des überlassenen Kapitals zu pauschalisieren.[154]

b. Gerichtliche Stundungsanordnung

Von der Stundung durch Parteivereinbarung sind die Fälle einer gerichtlichen Stundungsanordnung gem. § 2331a BGB zu unterscheiden, wonach der Erbe eine Stundung des Pflichtteils verlangen kann, wenn für diesen die sofortige Anspruchserfüllung eine besondere Härte darstellt. Einer derartigen Stundungsanordnung wird vielfach eine Einforderung des Pflichtteils durch den Pflichtteilsberechtigten vorangegangen sein, sodass die Steuer aufgrund einer Geltendmachung des Pflichtteils bereits zuvor nach § 9 Abs. 1 Nr. 1 Buchst. b) ErbStG entstanden ist. Die Frage, ob die gericht-

---

152 Schlitt/Müller/*Lohr/Otto*, Handbuch Pflichtteilsrecht, § 12 Rn. 60; *Muscheler* ZEV 2001, 377 (379); offen gelassen in BFH DStR 2010, 1330 (1331).

153 DStRE 2012, 154 (156); BFH Urt. v. 12.7.1979 – II R 26/78, BeckRS 1979, 22004959.

154 BFH Urt. v. 12.7.1979 – II R 26/78, BeckRS 1979, 22004959.

liche Stundungsanordnung einer Geltendmachung des Pflichtteils gleichsteht, stellt sich daher nicht.

Die gerichtliche Stundungsanordnung könnte allerdings aus Gründen der Steuergerechtigkeit eine Korrektur des Steuerentstehungszeitpunkts auf das Ende der Stundungsdauer zur Folge haben. Würde man nämlich weiterhin für die Frage der Steuerentstehung auf den Zeitpunkt der Geltendmachung abstellen, hätte dies zur Konsequenz, dass der Gläubiger eine Steuerlast zu tragen hätte, obwohl er das Steuersubstrat gegen seinen Willen aufgrund im Bereich des Pflichtteilsschuldners liegender Umstände („unbillige Härte“) noch nicht erhält. Fraglich ist allerdings, ob eine solche Korrektur des Steuerentstehungszeitpunkts auf Grundlage des geltenden Rechts möglich ist.

Teile der Literatur sehen die gesetzliche Grundlage einer derartigen Korrektur in § 9 Abs. 1 Nr. 1 Buchst. a) ErbStG verankert.[155] Die gerichtliche Stundungsanordnung führe zum Erwerb eines betagten Anspruchs, sodass gem. § 9 Abs. 1 Nr. 1 Buchst. a) ErbStG der Steuerentstehungszeitpunkt auf das Stundungsende verschoben werden müsse.

In derartigen Fällen die Vorschrift des § 9 Abs. 1 Nr. 1 Buchst. a) ErbStG zur Begründung einer Korrektur des Steuerentstehungszeitpunkts heranzuziehen, muss jedoch unter mehreren Aspekten kritisch betrachtet werden. Problematisch ist zum einen, dass die Steuer bereits zuvor mit der Geltendmachung des Pflichtteilsanspruchs nach § 9 Abs. 1 Nr. 1 Buchst. b) ErbStG entstanden ist. Zwar lässt § 9 Abs. 1 Nr. 1 Buchst. a) ErbStG die Steuer beim Erwerb betagter Ansprüche erst mit dem Eintritt des Ereignisses entstehen. Allerdings trifft die Norm keine Aussage darüber, ob die mit der Geltendmachung bereits zuvor entstandene Steuer nunmehr erlischt. Gegen ein solches Erlöschen spricht nämlich der bereits mehrfach erwähnte Grundsatz, dass spätere Ereignisse auf eine einmal entstandene Steuer keinen Einfluss ausüben können. Die Anwendung des § 9 Abs. 1 Nr. 1 Buchst. a) ErbStG hätte daher eine zweite Steuerentstehung zur Folge, ohne die bereits bei Geltendmachung entstandene Steuer zum Erlöschen zu bringen. Ohnehin muss nach hier vertretener Auffassung die Anwendung des § 9 Abs. 1 Nr. 1 Buchst. a) ErbStG in Bezug auf Pflichtteilsansprüche ausscheiden, um der Konzeption des Erbschaftsteuerrechts Rechnung zu tragen, das im Bereich des Pflichtteilsrechts ausschließlich auf die Geltendmachung und nicht auf die spätere Erfüllung (bzw. Fälligkeit) der Ansprüche abstellt. Selbst wenn man eine andere Auffassung vertritt und § 9 Abs. 1 Nr. 1 Buchst. a) ErbStG auch bei der Besteuerung von Pflichtteilsan-

155 Meincke/Hannes/Holtz/*Hannes/Holtz*, § 9 Rn. 35.

sprüchen für grundsätzlich anwendbar hält, wird diese Norm im Regelfall bei der gerichtlich angeordneten Stundung nicht einschlägig sein. Zu beachten ist nämlich, dass § 9 Abs. 1 Nr. 1 Buchst. a) ErbStG nur bei einem unbestimmten Zeitpunkt des für die Steuerentstehung maßgeblichen Ereignisses angewendet werden kann. Zwar ist das Gericht nicht gezwungen, gemeinsam mit der Stundungsanordnung einen bestimmten Fälligkeitszeitpunkt anzuordnen. Eine Stundung auf unbestimmte Zeit wird jedoch eher die Ausnahme darstellen.[156] Im Regelfall wird das Gericht einen bestimmten Fälligkeitszeitpunkt bestimmen, sodass die Anwendung des § 9 Abs. 1 Nr. 1 Buchst. a) ErbStG ausscheiden muss. Insgesamt ist daher festzuhalten, dass eine Korrektur des Steuerentstehungszeitpunkts nicht in Betracht kommt.

Den Zeitpunkt der Besteuerung beim Pflichtteilsberechtigten auf das Ende der Stundungsdauer zu verschieben, lässt sich jedoch unter Zuhilfenahme des allgemeinen Steuerverfahrensrechts erreichen. So können gem. § 222 AO die Finanzbehörden in bestimmten Fällen von einer sofortigen Erhebung der Steuer absehen und stattdessen den Steueranspruch stunden, wenn die sofortige Einziehung eine erhebliche Härte für den Steuerschuldner bedeutet und die Stundung die Realisierung des Anspruchs nicht gefährdet. Zwar handelt es sich bei § 222 AO um eine Ermessensnorm. Aus bereits dargestellten Gründen der Steuergerechtigkeit ist in Fällen einer gerichtlichen Stundungsanordnung gem. § 2331a BGB jedoch von einer Ermessensreduzierung auf Null auszugehen. Die gerichtliche Stundungsanordnung führt daher zwar noch nicht zu einer automatischen Korrektur des Steuerentstehungszeitpunkts der einmal durch die Geltendmachung entstandenen Steuer nach der Vorschrift des § 9 Abs. 1 Nr. 1 Buchst. a) ErbStG. Der Steuerpflichtige kann beim Finanzamt aber einen Antrag auf Steuerstundung stellen (vgl. § 222 S. 2 AO), welchem aufgrund der bereits erwähnten Ermessensreduktion auch stattzugeben ist.

4. Die Abtretung des Pflichtteilsanspruchs

Die Möglichkeit einer Übertragung des Pflichtteilsanspruchs im Wege der Abtretung wird von § 2317 Abs. 2 S. 2 BGB vorausgesetzt. Damit verbunden stellt sich zum einen die Frage, ob die Abtretung des Pflichtteilsanspruchs einer Geltendmachung durch den Pflichtteilsberechtigten gleich-

156 Vgl. MüKo BGB/*Lange*, § 2331a Rn. 17.

kommt. Weiterhin kann sich als problematisch erweisen, wer in diesem Fall Schuldner der entstandenen Steuer ist.

a. Meinungsstand

Teilweise wird in der Abtretung des Pflichtteilsanspruchs gleichzeitig eine Geltendmachung durch den Pflichtteilsberechtigten gesehen. Das Erfordernis der Geltendmachung sei vom Gesetzgeber vor allem zur Wahrung des Familienfriedens ins Gesetz aufgenommen worden, der ohne dieses Erfordernis gefährdet wäre (s.o.). Mit der Abtretung des Anspruchs – häufig an ein Nichtfamilienmitglied – übertrage der Pflichtteilsberechtigte die Entscheidung über die Einforderung des Anspruchs an einen Dritten und bringe dadurch bewusst zum Ausdruck, dass die Nichtgeltendmachung zur Wahrung des Familienfriedens nicht erforderlich sei. Eine ähnliche Wertung finde sich auch in der Regelung des § 852 Abs. 1 ZPO wieder, wonach Pflichtteilsansprüche nur dann gepfändet werden können, wenn sie rechtshängig oder vertraglich anerkannt sind. Durch das vertragliche Anerkenntnis, das ebenso wie die Abtretung ein Vertrag über das Bestehen der Forderung darstelle, mache der Pflichtteilsberechtigte deutlich, dass familiäre Interessen einer Anspruchsdurchsetzung (durch Dritte nach erfolgter Pfändung) nicht mehr entgegenstehen, eine Pfändung also nunmehr erfolgen könne. Weiterhin gebe der Pflichtteilsberechtigte insbesondere in Fällen, in denen er für die Abtretung eine Gegenleistung erhält, einen wirtschaftlichen Wert des Pflichtteilsanspruchs zu erkennen. Dies rechtfertige eine Besteuerung zum Zeitpunkt der Abtretung.[157]

Die Rechtsprechung[158] und Teile der Literatur[159] sehen in der Abtretung eines Pflichtteilsanspruchs hingegen keinen Zusammenhang mit dessen Geltendmachung. Eine Geltendmachung könne vielmehr erst dann angenommen werden, wenn der Zessionar auf die Erfüllung des Anspruchs bestehe. Steuerschuldner sei in diesem Fall allerdings nicht der Zessionar, sondern weiterhin der Zedent.

Eine differenzierende Auffassung hält für die Frage der Geltendmachung durch Abtretung des Pflichtteilsanspruchs die Einzelfallumstände

157 Schlitt/Müller/*Lohr/Otto*, Handbuch Pflichtteilsrecht, § 12 Rn. 21.
158 FG Hessen Urt. v. 7.3.1990 – 10 K 389/83, BeckRS 1990, 31148690.
159 *Bühring*, Pflichtteilsrecht und Erbschaftsteuer, S. 108.

für maßgeblich, da konkludentes Verhalten im Raum stehe.[160] Erfolge die Abtretung eindeutig zum Zweck der Anspruchsdurchsetzung und manifestiere sich der Wille zur Durchsetzung des Anspruchs bereits zum Zeitpunkt der Abtretung hinreichend – was dem Normalfall entsprechen sollte –, sei bereits in der Abtretung eine Geltendmachung des Anspruchs zu sehen.[161] Trete hingegen ein Wille zur Durchsetzung des Anspruchs nicht hinreichend nach außen hervor, führe die bloße Abtretung des Anspruchs nicht zu einer Geltendmachung. In solchen Fällen entstehe die Steuer auch dann noch nicht, wenn der Zessionar nach der Abtretung den Anspruch geltend macht, da das steuerbegründende Merkmal der Geltendmachung dem Zedenten nicht ohne Weiteres zugerechnet werden könne.[162] Erst die spätere Zahlung an den Zessionar könne dem Zedenten zugerechnet werden, sodass der gegen den Zedenten gerichtete Steueranspruch nunmehr entstehe.[163]

b. Stellungnahme

Damit eine Abtretung des Pflichtteilsanspruchs zu einer Geltendmachung führt, müsste beim Abschluss des Abtretungsvertrags (§ 398 BGB) ein ernsthaftes Erfüllungsverlangen des Pflichtteilsgläubigers in Erscheinung treten. Der Zedent als Altgläubiger bringt durch die Abtretung jedenfalls in keiner Weise zum Ausdruck, den Pflichtteil einzufordern. Er möchte diesen vielmehr gerade nicht einfordern und die Einforderung dem Zessionar überlassen. Die Frage, ob ein Erfüllungsverlangen durch den Zessionar zum Ausdruck gebracht wird, ist ebenfalls zu verneinen. Dies gilt selbst dann, wenn die Abtretung ausdrücklich zum Zweck der Forderungsdurchsetzung durch den Zessionar erfolgt. Entscheidend ist nämlich, dass das zur Geltendmachung erforderliche ernsthafte Erfüllungsverlangen gegenüber dem Pflichtteilsschuldner, also dem Erben geäußert werden muss. Die Abtretung hingegen stellt gem. § 398 BGB einen Vertrag zwi-

160 Troll/Gebel/Jülicher/Gottschalk/*Gebel*, § 3 Rn. 230; Mayer/Süß/Tanck/Bittler/Wälzholz/*Griesel*, Handbuch Pflichtteilsrecht, § 17 Rn. 43.

161 Mayer/Süß/Tanck/Bittler/Wälzholz/*Griesel*, Handbuch Pflichtteilsrecht, § 17 Rn. 43.

162 Troll/Gebel/Jülicher/Gottschalk/*Gebel*, § 3 Rn. 230; vgl. Mayer/Süß/Tanck/Bittler/Wälzholz/*Griesel*, Handbuch Pflichtteilsrecht, § 17 Rn. 43.

163 Troll/Gebel/Jülicher/Gottschalk/*Gebel*, § 3 Rn. 230, der in diesem Fall unter Verweis auf die Entscheidung BFH Urt. v. 18.7.1973 – II R 34/69, BeckRS 1973, 22002229 von einer „auf seine Rechnung gehende Leistung an Dritte“ ausgeht.

schen Zedent und Zessionar, also Alt- und Neugläubiger des Pflichtteilsanspruchs, dar. Der Schuldner des Pflichtteilsanspruchs ist demnach nicht Vertragspartei des Abtretungsvertrags, es ist nicht einmal gewährleistet, dass der Pflichtteilsschuldner überhaupt etwas von der Abtretung erfährt. Aus diesem Grund stellt allein der Abschluss des Abtretungsvertrags keine Geltendmachung des Pflichtteilsanspruchs dar. Eine Geltendmachung kann vielmehr erst dann angenommen werden, wenn der Zessionar nach der Abtretung die Erfüllung des Pflichtteilsanspruchs ernsthaft verlangt.

Damit ist jedoch noch nicht die Frage beantwortet, wer im Falle der Geltendmachung durch den Zessionar Steuerschuldner ist. Der Zessionar scheidet als Schuldner von vorneherein aus, da als Erwerber (vgl. § 20 Abs. 1 ErbStG) von Todes wegen iSd. § 3 ErbStG nur in Betracht kommt, wer den Pflichtteilsanspruch unmittelbar von Todes wegen erwirbt, nicht hingegen, wer als Dritter durch Rechtsgeschäft in die Position des Pflichtteilsgläubigers rückt.[164] Ob der Zedent auch bei der Geltendmachung durch den Zessionar als Steuerschuldner herangezogen werden kann, hängt davon ab, ob diesem die Geltendmachung als steuerbegründendes Merkmal zugerechnet werden kann. Der Wortlaut des § 3 Abs. 1 Nr. 1 Alt. 3 ErbStG sieht nicht zwingend vor, dass der Erwerber von Todes wegen zum Zeitpunkt der Geltendmachung noch Anspruchsgläubiger sein muss. Vielmehr ist mit dem Erwerb des Pflichtteilsanspruchs in der Person des Zedenten ein Großteil des Erwerbs bereits verwirklicht, die Steuerentstehung hängt einzig von der Geltendmachung des Anspruchs ab.[165] Den Erwerb dieser Position kann der Zedent auch durch die Abtretung des Anspruchs nicht mehr rückgängig machen. Eine Zurechnung der Geltendmachung an den Zedenten kann daher erfolgen, sodass dieser im Falle der Geltendmachung durch den Zessionar Steuerschuldner ist.

Macht der Zessionar den Pflichtteilsanspruch geltend, markiert die Geltendmachung zugleich den Zeitpunkt der Steuerentstehung. Eine Steuerentstehung erst im Zeitpunkt der Zahlung an den Zessionar und nicht bereits bei Geltendmachung des Anspruchs anzunehmen[166], widerspricht in eindeutiger Weise dem Wortlaut des § 9 Abs. 1 Nr. 1 Buchst. b) ErbStG und ist daher abzulehnen.

---

164 Meincke/Hannes/Holtz/*Hannes/Holtz*, § 3 Rn. 12.

165 FG Hessen Urt. v. 7.3.1990 – 10 K 389/83, BeckRS 1990, 31148690.

166 Vgl. im Meinungsstand die differenzierende Ansicht und Troll/Gebel/Jülicher/Gottschalk/*Gebel*, § 3 Rn. 230.

5. Die Überleitung des Pflichtteilsanspruchs auf den Sozialhilfeträger

a. Die Überleitung und Geltendmachung von Pflichtteilsansprüchen durch den Sozialhilfeträger im Sozialrecht

Handelt es sich bei dem Pflichtteilsberechtigten um einen Sozialhilfeempfänger, also eine leistungsberechtigte Person iSd. § 19 SGB XII, besteht für den Sozialhilfeträger gem. § 93 Abs. 1 SGB XII die Möglichkeit, Ansprüche der leistungsberechtigten Person auf sich überzuleiten.[167] In Bezug auf Pflichtteilsansprüche besteht für den Sozialhilfeträger die Möglichkeit zur Überleitung und anschließenden Geltendmachung jedenfalls dann, wenn der Pflichtteilsanspruch durch den Pflichtteilsberechtigten bereits geltend gemacht wurde oder iSd. § 852 Abs. 1 ZPO nunmehr geltend gemacht wird.[168]

Sollte der Pflichtteilsanspruch zum Zeitpunkt der Überleitung weder durch den Pflichtteilsberechtigten geltend gemacht noch vertraglich anerkannt worden sein, ist dies für eine wirksame Überleitung gem. § 93 Abs. 1 SGB XII unschädlich. Zwar können derartige Ansprüche zivilprozessual aufgrund von § 852 Abs. 1 ZPO nicht gepfändet werden. Zu beachten ist jedoch, dass ausweislich des § 93 Abs. 1 S. 4 SGB XII die Möglichkeit einer Überleitung des Anspruchs auch dann besteht, wenn der Anspruch nicht übertragen, gepfändet oder verpfändet werden kann. Der Pflichtteilsanspruch kann daher vom Sozialhilfeträger auch ohne Vorliegen der Voraussetzungen des § 852 Abs. 1 ZPO und bereits vor einer Entscheidung des Pflichtteilsberechtigten, den Anspruch geltend zu machen oder nicht, auf sich übergeleitet werden.[169]

Damit ist zunächst klar, dass der Sozialhilfeträger die Inhaberschaft über den Pflichtteilsanspruch durch die Überleitung gem. § 93 Abs. 1 SGB XII unabhängig von einer vorherigen Willensbetätigung des Pflichtteilsberechtigten erlangen kann. Ob die bloße Inhaberschaft über den Pflichtteilsanspruch den Sozialhilfeträger allerdings auch dazu berechtigt, den Anspruch ohne eine Entscheidung des Pflichtteilsberechtigten zur Einforderung geltend zu machen, ist eine davon zu unterscheidende Frage. Der BGH hält eine Geltendmachung des übergeleiteten Pflichtteilsanspruchs durch den Sozialhilfeträger auch ohne eine vorherige oder nunmehr erfolgende Willensbetätigung des Pflichtteilsberechtigten für möglich. Zur

167 BeckOK Sozialrecht/*Weber*, SGB XII § 93 Rn. 2.
168 *Muscheler*, Universalsukzession und Vonselbsterwerb, S. 235.
169 *Van de Loo* NJW 1990, 2852 (2856).

Begründung zieht dieser dabei in erster Linie die Regelung in § 93 Abs. 1 S. 4 SGB XII heran, die zwar vom Wortlaut her nur die bloße Überleitung des Anspruchs erfasse, jedoch nach dem Sinn und Zweck auch eine spätere Geltendmachung ohne Vorliegen der Voraussetzungen des § 852 Abs. 1 ZPO ermögliche. Könnte der übergeleitete Anspruch nur vorbehaltlich einer persönlichen Entscheidung des Pflichtteilsberechtigten zur Geltendmachung geltend gemacht werden, würde die Regelung des § 90 Abs. 1 SGB XII in Bezug auf Pflichtteilsansprüche weitgehend leerlaufen.[170]

Ob eine wortlautgetreue Anwendung des § 93 Abs. 1 S. 4 SGB XII, die nur eine Überleitung des Anspruchs, nicht jedoch eine spätere Geltendmachung durch den Sozialhilfeträger gegen den Willen des Pflichtteilsberechtigten ermöglicht, tatsächlich zu einem faktischen Leerlaufen der Vorschrift führt, muss allerdings bezweifelt werden. Die bloße Überleitung des Anspruchs stellt sich für den Sozialhilfeträger nämlich schon deshalb nicht als sinnlos dar, weil nach erfolgter Überleitung die Pfändung des Pflichtteilsanspruchs durch Dritte und Übertragung des Anspruchs auf Dritte ausgeschlossen ist.[171] Aus der Formulierung in § 2303 Abs. 1 BGB („so kann er") und der hinter § 852 Abs. 1 ZPO stehenden Wertung wird vielmehr deutlich, dass die Möglichkeit zur Einforderung des Pflichtteils ausschließlich dem Pflichtteilsberechtigten vorbehalten bleiben muss.[172] Alles andere würde zu einer unzulässigen Einschränkung der Rechte des Pflichtteilsberechtigten führen.[173] Mit der Möglichkeit zur Überleitung des Pflichtteilsanspruchs geht daher nicht gleichsam die Möglichkeit einher, diesen gegenüber dem Erben ohne Mitwirkung des Pflichtteilsberechtigten geltend zu machen.

b. Die Überleitung als Geltendmachung im Steuerrecht

Offen geblieben ist allerdings die Frage, ob für steuerliche Zwecke bereits die Überleitung des Pflichtteilsanspruchs eine Geltendmachung iSd. § 3 Abs. 1 Nr. 1 Alt. 3 bzw. § 10 Abs. 5 Nr. 2 ErbStG darstellt oder ob eine solche vielmehr erst dann angenommen werden kann, wenn der Sozial-

---

170 BGH RNotZ 2005, 176 (177 f.); Müko BGB/*Lange*, § 2317 Rn. 20.

171 BGH ZEV 2005, 117 (120) mit Anm. *Muscheler.*

172 BayOLG NJW-RR 2004, 1157 (1159); BGH ZEV 2005, 117 (120) mit Anm. *Muscheler*; *Muscheler*, Universalsukzession und Vonselbsterwerb, S. 235.

173 Vgl. Mayer/Süß/Tanck/Bittler/Wälzholz/*Griesel*, Handbuch Pflichtteilsrecht, § 17 Rn. 32.

hilfeträger ein ernsthaftes Erfüllungsverlangen gegenüber dem Pflichtteilsschuldner äußert.[174] Aufzuwerfen ist diese Frage auch nach den vorstehenden Überlegungen zur Überleitung und Geltendmachung im Sozialrecht deshalb, weil bereits die Überleitung des Pflichtteilsanspruchs durch den Sozialhilfeträger grundsätzlich die Merkmale eines ernsthaften Erfüllungsverlangens als Voraussetzung für eine Geltendmachung iSd. § 3 Abs. 1 Nr. 1 Alt. 3 ErbStG erfüllt. Zwar äußert der Pflichtteilsberechtigte ein solches Erfüllungsverlangen nicht, da die Überleitung nach § 93 Abs. 1 SGB XII keine gewollte Entscheidung des Pflichtteilsberechtigten darstellt, der Anspruch vielmehr auch gegen den Willen des Pflichtteilsberechtigten übergeleitet werden kann. Ein ernsthaftes Erfüllungsverlangen wird jedoch durch den Sozialhilfeträger zum Ausdruck gebracht. Dieser wird den Anspruch nämlich nicht etwa auf sich überleiten, um sich eine spätere Geltendmachung des Anspruchs offen zu halten. Vielmehr wird eine Überleitung auf den Sozialhilfeträger zum Zwecke der Forderungsdurchsetzung erfolgen. Auch wird der Erbe als Schuldner des Pflichtteilsanspruchs über die Überleitung nicht im Unklaren gelassen. Während eine Abtretung nach § 398 BGB auch erfolgen kann, ohne dass der Pflichtteilsschuldner etwas von der Abtretung erfährt – und deshalb nach hier vertretener Auffassung die Voraussetzungen einer Geltendmachung nicht erfüllt – ist dies bei der Überleitung nach § 93 Abs. 1 SGB XII nicht möglich. Maßgebliche Voraussetzung für eine Überleitung nach § 93 Abs. 1 SGB XII ist nämlich eine an den Schuldner gerichtete Überleitungsanzeige. Durch diese bringt der Sozialhilfeträger dem Schuldner des Pflichtteilsanspruchs gegenüber hinreichend deutlich zum Ausdruck, dass der Anspruch zum Zwecke der Forderungsdurchsetzung auf den Sozialhilfeträger übergeht. Zunächst spricht daher vieles dafür, bereits die Überleitung des Anspruchs für steuerliche Zwecke als Geltendmachung iSd. § 3 Abs. 1 Nr. 1 Alt. 3 ErbStG zu verstehen.

Die bloße Überleitung des Anspruchs für steuerliche Zwecke einer Geltendmachung gleichzusetzen, würde jedoch aus im Wesentlichen bereits genannten Gründen zu Wertungswidersprüchen führen. Wenn dem Sozialhilfeträger die Geltendmachung des Pflichtteilsanspruchs nach erfolgter Überleitung ohne den Willen des Pflichtteilsberechtigten aus bürgerlichrechtlichen Erwägungen her nicht möglich ist, kann auch aus steuerlicher Sicht die bloße Überleitung ohne den Willen des Pflichtteilsberechtigten nicht zur Geltendmachung des Pflichtteilsanspruchs führen. Andernfalls würde der Entscheidungsfreiheit des Pflichtteilsberechtigten, die im Steu-

174 BFH Beschl. v. 27.3.2006 – II B 151/05, BeckRS 2006, 25010108.

errecht gleichermaßen wie im bürgerlichen Recht durch das Tatbestandsmerkmal der Geltendmachung geschützt ist, nicht hinreichend Rechnung getragen. Die Entscheidung über die Einforderung des Pflichtteils soll allein dem Pflichtteilsberechtigten vorbehalten bleiben und nicht mittelbar vom Staat – etwa durch Auferlegen einer Steuerpflicht – beeinflusst werden. Die bloße Überleitung kann für steuerliche Zwecke daher keine Geltendmachung iSd. § 3 Abs. 1 Nr. 1 Alt. 3 ErbStG darstellen.

Macht der Sozialhilfeträger – im Einvernehmen mit dem Pflichtteilsberechtigten – den übergeleiteten Anspruch geltend, können für die Frage des Steuerschuldners die Ausführungen zur Abtretung[175] entsprechend herangezogen werden. Steuerschuldner bleibt daher auch bei der Geltendmachung durch den Sozialhilfeträger weiterhin der ursprünglich Pflichtteilsberechtigte.

IV. Bewertung des Pflichtteilsanspruchs und Anwendbarkeit sachlicher Steuerbefreiungsregelungen

1. Bewertung und Anwendbarkeit der Steuerbefreiungen de lege lata

Für die Bewertung des Pflichtteilsanspruchs ist die Ausgestaltung des Pflichtteilsanspruchs als Geldanspruch maßgeblich. Steuerrechtlich handelt es sich bei diesem daher um eine Kapitalforderung, die gem. § 12 Abs. 1 ErbStG iVm. § 12 Abs. 1 BewG mit dem Nennwert des Pflichtteilsanspruchs zum Todeszeitpunkt des Erblassers anzusetzen ist.[176] Der Nennwert bestimmt sich wiederum nach zivilrechtlichen Grundsätzen und besteht gem. § 2303 Abs. 1 S. 2 BGB in der Hälfte des gesetzlichen Erbteils.

Das geltende Erbschaftsteuerrecht sieht beim Erwerb bestimmter Vermögensgegenstände sachliche Steuerbefreiungen vor. Zu denken sind etwa an die Steuerbefreiungen für Betriebsvermögen (§§ 13a, 13b ErbStG), Mietwohnimmobilien (§ 13d ErbStG) oder das Familienheim (§ 13 Abs. 1 Nr. 4b, 4c ErbStG). Sind Teile der Erbmasse sachlich steuerbefreit, stellt sich für den Pflichtteilsberechtigten die Frage, ob auch dieser bei Geltendmachung seines Pflichtteilsanspruchs an derartigen Steuerbefreiungsregelungen partizipiert. Zur Beantwortung dieser Frage ist entscheidend, dass alle sachlichen Steuerbefreiungsregelungen an den Erwerb und die damit

175 Dazu unter D. III. 4. b.

176 Schlitt/Müller/*Lohr/Otto*, Handbuch Pflichtteilsrecht, § 12 Rn. 29 f.; Troll/Gebel/Jülicher/Gottschalk/*Gebel*, § 3 Rn. 233.

zusammenhängende Besteuerung bestimmter Vermögensgegenstände anknüpfen. Bei Geltendmachung des Pflichtteilsanspruchs unterliegt jedoch nicht der Erwerb bestimmter Vermögensgegenstände beim Pflichtteilsberechtigten, sondern vielmehr der auf Geldzahlung gerichtete Pflichtteilsanspruch der Besteuerung. Sachliche Steuerbefreiungen des Erben können daher dem Pflichtteilsberechtigten bei Geltendmachung seines Anspruchs nicht zu Gute kommen.[177]

2. Verfassungskonformität

Teile des Schrifttums halten die Bewertung des geltend gemachten Pflichtteilsanspruchs mit dem Nennwert und die Nichtanwendbarkeit sachlicher Steuerbefreiungen für verfassungsrechtlich bedenklich.[178] Der Pflichtteilsanspruch solle dem Berechtigten – verfassungsrechtlichen Vorgaben entsprechend – eine Mindestbeteiligung am Nachlass zusichern.[179] Diese Vorgabe werde zivilrechtlich konkretisiert, indem dem Pflichtteilsberechtigten eine Beteiligung in Höhe der Hälfte des gesetzlichen Erbteils (vgl. § 2303 Abs. 1 S. 2 BGB) zugesichert wird. Gehören zur angefallenen Erbschaft des Erben jedoch niedrig bewertete oder steuerbefreite Gegenstände, so kämen diese Vergünstigungen nur dem Erben zugute, während der Pflichtteilsberechtigte der vollen Besteuerung des Pflichtteilsanspruchs ungeachtet etwaiger Steuerbefreiungen unterliege. In derartigen Fällen habe der Pflichtteilsberechtigte eine verhältnismäßig höhere Steuerlast als der Erbe zu tragen, was zu einer Verschiebung der zivilrechtlich vorgegebenen Beteiligungshöhe in Höhe der Hälfte des Wertes des gesetzlichen Erbteils zulasten des Pflichtteilsberechtigten führen könne.[180] Gegenstand der folgenden Darstellung ist daher die Frage, ob die Bedenken des Schrifttums tatsächlich dazu führen, dass die Bewertung des Pflichtteilsanspruchs mit dem Nennwert und die Nichtanwendbarkeit sachlicher Steuerbefreiungsregelungen zulasten des Pflichtteilsberechtigten verfassungsrechtlichen Vorgaben nicht standhält.

---

177 Krätzschel/Falkner/Döbereiner/*Falkner*, Nachlassrecht, § 50 Rn. 84.

178 *Gebel* ZEV 1999, 85 (88 ff.); Röthel/*Hüttemann*, Reformfragen des Pflichtteilsrechts, 2007, S. 93 f.; Troll/Gebel/Jülicher/Gottschalk/*Gebel*, § 3 Rn. 235.

179 BVerfG NJW 2005, 1561 (1562).

180 *Gebel* ZEV 1999, 85 (88 ff.); Troll/Gebel/Jülicher/Gottschalk/*Gebel*, § 3 Rn. 235.

a. Verstoß gegen Art. 3 Abs. 1 GG

Zunächst ist dabei ein möglicher Verstoß gegen den in Art. 3 Abs. 1 GG niedergelegten allgemeinen Gleichheitssatz zu untersuchen. Hierbei ist zunächst das vom BVerfG aufgestellte Gebot der Folgerichtigkeit zu beachten, wonach eine „einmal getroffene Belastungsentscheidung folgerichtig iSd. Belastungsgleichheit umzusetzen“ ist.[181] Es handelt sich bei diesem Gebot letztlich um eine Konkretisierung des allgemeinen Gleichheitssatzes, wonach im Wesentlichen vergleichbare Sachverhalte durch ein bestimmtes staatliches Verhalten keine Ungleichbehandlung erfahren dürfen.[182] Als Vergleichsgruppen kommen vorliegend Erben und Pflichtteilsberechtigte in Betracht.

Hinsichtlich einer Ungleichbehandlung der Vergleichsgruppen und einer möglicherweise in Betracht kommenden sachlichen Rechtfertigung ist zu differenzieren. Ungleichbehandlungen können zum einen durch verschiedene Bewertungsansätze zwischen dem Erwerb durch Erbschaft und dem Pflichtteilserwerb (1.) und zum anderen dadurch entstehen, dass bestimmte sachliche Steuerbefreiungen nur dem Erben zugutekommen (2.).

aa. Ungleichbehandlung hinsichtlich der Bewertung des Erwerbs

Eine Ungleichbehandlung hinsichtlich der Bewertung des steuerpflichtigen Erwerbs kann – wie bereits dargelegt – daraus resultieren, dass beim Erwerb durch Erbanfall die Steuerwerte zum Ansatz kommen, während beim Pflichtteilserwerb der Nennwert des Geldanspruchs maßgeblich ist. Dies kann zu einer Verschiebung der Beteiligungsquote zulasten des Pflichtteilsberechtigten führen, wenn zur Erbschaft Gegenstände gehören, die einer niedrigen steuerlichen Bewertung (im Vergleich zum gemeinen Wert iSd. § 9 Abs. 1 BewG) unterliegen. Um festzustellen, ob die unterschiedlichen Bewertungsansätze verfassungsrechtlich gerechtfertigt sind, müssen zunächst die Rechtfertigungsanforderungen an eine derartige Ungleichbehandlung untersucht werden, wobei als maßgebliches Kriterium die Schwere der Ungleichbehandlung dient. An dieser Stelle ist zu beachten, dass seit der Erbschaftsteuerreform aus dem Jahr 2009 Anknüpfungs-

---

181 BVerfG DStR 2008, 2460 (2461); BVerfG DStR 2007, 235 (240); *Birk/Desens/Tappe*, Steuerrecht, § 2 Rn. 173.

182 BeckOK GG/*Kischel*, Art. 3 Rn. 14.

punkt steuerlicher Bewertung der gemeine Wert bzw. der Verkehrswert ist.[183] Die Problematik einer etwaigen Abweichung zwischen gemeinem Wert und Steuerwert wurde somit weitgehend entschärft.[184] Nach wie vor bestehende Bewertungsdifferenzen können lediglich eine geringe Ungleichbehandlung bedeuten, wodurch ein „vernünftiger, sich aus der Natur der Sache ergebender oder sonst wie sachlich einleuchtender Grund" zur Rechtfertigung ausreicht.[185] Als sachlicher Grund für eine im Vergleich zum Erben vergleichsweise höhere Steuerbelastung des Pflichtteilsberechtigten kann ins Feld geführt werden, dass diesem – anders als einem Erben beim Erwerb niedrig bewerteter Erbschaftsgegenstände – tatsächlich liquide Mittel in Form von Geld zufließen.[186] Dieser Zufluss liquider Mittel macht es für den Steuerpflichtigen potentiell leichter, den ebenfalls auf eine Geldzahlung gerichteten Steueranspruch des Staates zu befriedigen. Eine Ungleichbehandlung hinsichtlich der unterschiedlichen Bewertungsansätze beim Erwerb durch Erbschaft und dem Pflichtteilserwerb ist daher jedenfalls gerechtfertigt.

bb. Ungleichbehandlung hinsichtlich der Nichtanwendung von Steuerbefreiungsregelungen

Zu einer Verschiebung der Beteiligungsquote kann führen, dass beim Erben hinsichtlich bestimmter Erbschaftsgegenstände Steuerbefreiungsregelungen angewendet werden, die dem Pflichtteilsberechtigten nicht zugutekommen. Um zu einer Rechtfertigung jener Quotenverschiebung zu gelangen, ist zunächst erforderlich, den Sinn und Zweck der Befreiungsregelungen näher zu beleuchten. Sinn und Zweck der Steuerbefreiungen betrieblicher Einheiten (§§ 13a, 13b ErbStG) ist die Tatsache, dass diese als „Garant von Produktivität und Arbeitsplätzen" in besonderem Maße gemeinwohlgebunden sind und ein unbeschränkter Steuerzugriff des Staates den Bestand derartiger Unternehmen erheblich gefährden kann.[187] Die Steuerbefreiung für Mietwohnimmobilien (§ 13d ErbStG) findet ihren Grund in einer Abmilderung eines Wettbewerbsnachteils privater Vermie-

183 BT-Drs. 16/11107, S. 2: „Die Bewertung (…) orientiert sich am gemeinen Wert (Verkehrswert)".

184 Troll/Gebel/Jülicher/Gottschalk/*Gebel*, § 3 Rn. 235.

185 Vgl. BeckOK GG/*Kischel*, Art. 3 Rn. 24 ff.

186 *Bühring*, Pflichtteilsrecht und Erbschaftsteuer, S. 174 f.

187 BVerfG DNotZ 1995, 758 (761); BT-Drs. 13/4839, S. 67; Meincke/Hannes/Holtz/*Hannes/Holtz*, § 13a Rn. 6.

ter gegenüber der institutionellen Konkurrenz, bei der keine Erbschaftsteuer anfällt. Auf diese Weise wird dazu beigetragen, eine angemessene Wohnraumversorgung für die Bevölkerung auch zukünftig zu sichern.[188] Familienheime (§ 13 Abs. 1 Nr. 4b, 4c) sind zum „Schutz des gemeinsamen familiären Lebensraums" steuerbefreit.[189] Den Befreiungsregelungen ist allesamt gemeinsam, dass diese an den Erwerb ganz bestimmter Wirtschaftsgüter anknüpfen und die – häufig gemeinwohlorientierte – Nutzung durch den Steuerpflichtigen „belohnen".[190] Der Pflichtteilsberechtigte erhält diese Wirtschaftsgüter aber gerade nicht, es entsteht in seiner Person vielmehr einzig ein auf Geldzahlung gerichteter Anspruch. Aus diesem Grund verdient dieser die steuerliche „Belohnung" auch nicht. Gleichsam ist er nämlich auch keinen Pflichten ausgesetzt, die mit der Sozialgebundenheit des Wirtschaftsguts einhergehen (z.B. Behaltensfristen, vgl. § 13a Abs. 6 ErbStG).[191] Hinsichtlich der Nichtanwendung etwaiger Steuerbefreiungsregelungen beim Erwerb des Pflichtteilsberechtigten ist eine Ungleichbehandlung daher ebenfalls gerechtfertigt.

b. Verstoß gegen Art. 6 Abs. 1 GG

Auch ein Verstoß gegen Art. 6 Abs. 1 GG kann durch die unterschiedlichen Bewertungsansätze und die Nichtanwendbarkeit sachlicher Steuerbefreiungen beim Pflichtteilsberechtigten nicht angenommen werden. Zwar bringt das BVerfG in seiner Entscheidung vom 19.4.2005[192] zum Ausdruck, dass aus der Pflicht zur gegenseitigen Fürsorge innerhalb der Familie (Art. 6 Abs. 1 GG) auch eine Mindestbeteiligung am Nachlass folgt. Eine bestimmte Mindestbeteiligungsquote geht jedoch weder aus der Entscheidung des BVerfG noch aus Art. 6 Abs. 1 GG hervor. Lediglich die zivilrechtliche Ausgestaltung, wonach dem Pflichtteilsberechtigten eine Beteiligung in Höhe der Hälfte des gesetzlichen Erbteils zusteht, kann durch die steuerlichen Bewertungsregelungen und Befreiungsregelungen beeinträchtigt sein. Daraus kann sich jedoch kein Verfassungsverstoß ergeben. Zum einen ergibt sich dies bereits daraus, dass in der Normenhierarchie kein Vorrangverhältnis des Bürgerlichen Gesetzbuches gegenüber

188 BT-Drs. 4/08 S. 57 f.
189 BFH DNotZ 2014, 691 (693); BT-Drs. 16/11107 S. 8.
190 *Bühring*, Pflichtteilsrecht und Erbschaftsteuer, S. 174.
191 Vgl. auch *Bühring*, Pflichtteilsrecht und Erbschaftsteuer, S. 176 f.
192 BVerfG, Beschluss vom 19.4.2005 – 1 BvR 1644/00, 1 BvR 188/03.

dem Erbschaftsteuer- und Bewertungsgesetz besteht, diese vielmehr gleichrangig nebeneinanderstehen. Zum anderen findet die in § 2303 Abs. 1 S. 2 BGB niedergelegte Verteilungsquote auch im Steuerrecht insofern Berücksichtigung, als diese die Grundlage der späteren Besteuerung bildet. Unerheblich ist dabei, dass das Steuerrecht durch unterschiedliche Bewertungsansätze oder die Nichtanwendbarkeit sachlicher Steuerbefreiungsregelungen beim Pflichtteilserwerb leichte Modifikationen dieser Verteilung vornimmt, da sich ein abschließender Charakter der Regelung des § 2303 Abs. 1 S. 2 BGB nicht entnehmen lässt. Eine abweichende Verteilung der Quote kann sich nämlich im Übrigen ungeachtet etwaiger dem Erben zugutekommender Steuervergünstigungen auch daraus ergeben, dass der geltend gemachte Pflichtteilsanspruch nach § 19 Abs. 1 ErbStG einer anderen Progression unterliegt als die angefallene Erbschaft beim Erben.

E. Abzug der Pflichtteilslast als Nachlassverbindlichkeit

Die Wirkung der Geltendmachung des Pflichtteilsanspruchs erschöpft sich nicht in einer Besteuerung des geltend gemachten Pflichtteilsanspruchs beim Pflichtteilsberechtigten gem. § 3 Abs. 1 Nr. 1 Alt. 3 ErbStG. Vielmehr führt die Geltendmachung des Pflichtteilsanspruchs ebenfalls dazu, dass dem Erben nunmehr ein Abzug der geltend gemachten Pflichtteilslast als Nachlassverbindlichkeit gem. § 10 Abs. 5 Nr. 2 ErbStG zusteht. Die Abzugsmöglichkeit der Pflichtteilslast für den Erben ist primär durch das dem Erbschaftsteuerrecht zugrundeliegende Bereicherungsprinzip legitimiert. Die gegen den Erben gerichtete Pflichtteilsverbindlichkeit führt bei diesem zu einer Bereicherungsminderung, die auch steuerlich berücksichtigt werden muss. Zwar würde unter Hinweis auf das Bereicherungsprinzip naheliegen, dem Erben einen Abzug nach § 10 Abs. 5 Nr. 2 ErbStG bereits im Zeitpunkt des Erbfalls zu gewähren, da dieser gleichzeitig den Zeitpunkt der Entstehung des Pflichtteilsanspruchs markiert (§ 2317 Abs. 1 BGB). Stattdessen für einen Abzug jedoch auf die Geltendmachung abzustellen, ist auf einen im Bereich des Pflichtteilsrechts geltenden Grundsatz der korrespondierenden Besteuerung zurückzuführen. Auch wenn Literatur und Rechtsprechung dem Erbschaftsteuergesetz kein allgemeines Korrespondenzprinzip entnehmen[193], so beansprucht dieses aber jedenfalls im Bereich des Pflichtteilsrechts Geltung.[194] Dies folgt zunächst aus der Wortlautgleichheit zwischen § 3 Abs. 1 Nr. 1 Alt. 3 und § 10 Abs. 5 Nr. 2 ErbStG, wonach der jeweils geltend gemachte Pflichtteil(sanspruch) der Besteuerung unterliegt bzw. Gegenstand eines Abzugs darstellt. Zudem markiert der Zeitpunkt der Geltendmachung den Besteuerungszeitpunkt (§ 9 Abs. 1 Nr. 1 Buchst. b) ErbStG) und den Zeitpunkt des Abzugs. Hintergrund des im Bereich des Pflichtteilsrecht geltenden Korrespondenzprinzips ist die Sicherstellung einer genau einmaligen Besteuerung des Pflichtteils – entweder beim Pflichtteilsberechtigten oder beim Erben.[195]

193 BFH DStR 2016, 2095 (2097); DStR 2013, 1783 (1784); BFH ZEV 2017, 283 (286) mit Anm. *Wachter*.

194 Kapp/Ebeling/*Geck*, § 10 Rn. 95 f.; *Bühring*, Pflichtteilsrecht und Erbschaftsteuer, S. 137 f.; *Schindler* ZEV 2018, 60 (65).

195 Vgl. Kapp/Ebeling/*Geck*, § 10 Rn. 95; Meincke/Hannes/Holtz/*Hannes/Holtz*, § 10 Rn. 49; Moench/Weinmann/*Weinmann*, § 10 Rn. 67.

Erfolgt eine Besteuerung beim Pflichtteilsberechtigten im Zeitpunkt der Geltendmachung (§ 3 Abs. 1 Nr. 1 Alt. 3 ErbStG), kann der Erbe die geltend gemachte Pflichtteilsverbindlichkeit gleichsam von seiner eigenen Steuerbemessungsgrundlage bereicherungsmindernd abziehen. Bleibt eine Geltendmachung des Anspruchs durch den Pflichtteilsberechtigten hingegen aus, muss zur Sicherung des staatlichen Steueranspruchs ein Abzug der Pflichtteilsverbindlichkeit nach § 10 Abs. 5 Nr. 2 ErbStG beim Erben unterbleiben. Logische Konsequenz des Korrespondenzprinzips ist daher, dass der im Rahmen von § 3 Abs. 1 Nr. 1 Alt. 3 und § 10 Abs. 5 Nr. 2 ErbStG verwendete Begriff der Geltendmachung in gleicher Weise zu verstehen ist.[196]

In einigen Fällen ist eine Veranlagung des Erben zur Erbschaftsteuer im Zeitpunkt der Geltendmachung des Pflichtteilsanspruchs bereits erfolgt, sodass der gegen den Erben erlassene Steuerbescheid berichtigt werden muss. Dies kann sich dann als problematisch darstellen, wenn der Steuerbescheid bereits bestandskräftig ist. Als verfahrensrechtliche Korrekturvorschriften kommen sowohl § 175 Abs. 1 Nr. 2 AO als auch § 172 Abs. 1 Nr. 2 Buchst. d) AO iVm. §§ 6 Abs. 2, 5 Abs. 2 BewG in Betracht. Die Geltendmachung stellt zum einen ein auf den Todeszeitpunkt des Erblassers (Steuerentstehungszeitpunkt iSd. § 9 Abs. 1 Nr. 1 ErbStG) zurückwirkendes Ereignis iSd. § 175 Abs. 1 Nr. 2 AO dar[197], zum anderen bedingt die Geltendmachung den Abzug der Pflichtteilsschuld als Nachlassverbindlichkeit beim iSd. §§ 6 Abs. 2, 5 Abs. 2 BewG aufschiebend. Die genannten Vorschriften unterscheiden sich jedoch auf Tatbestandsseite maßgeblich dadurch, dass § 5 Abs. 2 BewG ein Antragserfordernis des Steuerpflichtigen statuiert, während ein solches nach §§ 175 Abs. 1 Nr. 2 AO nicht vorgesehen ist. Für den Steuerpflichtigen stellt sich daher die Frage, ob eine Korrektur von Amts wegen erfolgen kann oder ob dieser vielmehr einen Berichtigungsantrag beim zuständigen Finanzamt stellen muss. Die Lösung ist im Konkurrenzverhältnis zwischen beiden Vorschriften zu finden. Zu beachten ist nämlich, dass die Vorschrift des § 172 Abs. 1 Nr. 2 Buchst. d) AO iVm. §§ 6 Abs. 2, 5 Abs. 2 BewG eine die Vorschrift des § 175 Abs. 1 Nr. 2 AO verdrängende Spezialregelung darstellt[198]. Ein Berichtigungsantrag des Steuerpflichtigen ist demnach erforderlich. Dieser

196 Zum Begriff der Geltendmachung kann daher auf die Ausführungen unter D. verwiesen werden.

197 BFH DStR 2013, 523 (524).

198 Tipke/Kruse/*Loose*, § 175 Rn. 57; vgl. Hübschmann/Hepp/Spitaler/*von Groll*, § 172 Rn. 205.

ist dabei bis zum Ablauf des auf den Eintritt der Bedingung folgenden Jahres zu stellen (§ 5 Abs. 2 S. 2 BewG). Für eine die Berichtigung nach § 172 Abs. 1 Nr. 2 Buchst. d) AO iVm. §§ 6 Abs. 2, 5 Abs. 2 BewG ausschließende Festsetzungsverjährung (§ 169 Abs. 1 AO) ist zu beachten, dass für den Beginn der Festsetzungsfrist § 175 Abs. 1 S. 2 AO entsprechend gilt und diese somit erst mit Ablauf des Kalenderjahrs beginnt, in dem die Bedingung (= Geltendmachung) eintritt.[199]

I. Wirtschaftliche Belastung

Der Begriff der wirtschaftlichen Belastung ist nach Auffassung von Rechtsprechung[200] und Teilen der Literatur[201] als ungeschriebenes Tatbestandsmerkmal Voraussetzung für die Abzugsfähigkeit von Nachlassverbindlichkeiten. Bereits in seinen grundlegenden Entscheidungen aus den Jahren 1936 und 1938[202] steht der Reichsfinanzhof auf dem Standpunkt, dass nicht allein das bürgerlich-rechtliche Bestehen einer Verbindlichkeit für deren Abzug als Nachlassverbindlichkeit ausreiche. Vielmehr könne ein Abzug nur dann gewährt werden, „wenn (die Verbindlichkeit) wirtschaftlich eine Last bedeute(...), ihre Bezahlung also vom Gläubiger verlangt (werde)".[203] Müsse hingegen zu Lebzeiten des Schuldners mit einer Durchsetzung der Forderung nicht mehr gerechnet werden, komme bei diesem ein Abzug als Nachlassverbindlichkeit nicht in Betracht.[204] Das zusätzliche Korrektiv der wirtschaftlichen Belastung als ungeschriebenes Tatbestandsmerkmal sei auf das dem Erbschaftsteuerrecht zugrunde liegende Bereicherungsprinzip zurückzuführen.[205] Wenn dem Grundsatz nach ein

---

199 Rössler/Troll/*Halaczinsky*, § 5 Rn. 5.

200 Dies ist jedenfalls die Ansicht der Rechtsprechung bei Erblasserschulden, vgl. BFH DStR 2010, 1330 (1331); BFH MittBayNot 2008, 324 (325 f.); BFH DStRE 1999, 717 (718); RFH RStBl 1938, 496; 1936, 543; FG Schleswig-Holstein DStRE 2016, 1443 (1446); FG Hessen DStRE 2017, 545 (546); FG München v. 24.7.2002, 4 K 1286/00, EFG 2002, 1625 (1626).

201 Meincke/Hannes/Holtz/*Hannes*/Holtz, § 10 Rn. 40; Moench/Weinmann/*Weinmann*, § 10 Rn. 46; bzgl. Erblasserschulden vgl. Troll/Gebel/Jülicher/Gottschalk/*Gebel*, § 10 Rn. 129.

202 RFH RStBl 1938, 496; 1936, 543.

203 RFH RStBl 1936, 543.

204 BFH DStRE 1999, 717 (718); FG München v. 24.7.2002, 4 K 1286/00, EFG 2002, 1625 (1626); Meincke/Hannes/Holtz/*Hannes/Holtz*, § 10 Rn. 40; Moench/Weinmann/*Weinmann*, § 10 Rn. 46.

205 Vgl. *Schuck*, FS Spiegelberger, 2009, 409.

steuerpflichtiger Erwerb nur dann angenommen werden könne, wenn der Erwerber durch einen Vermögenszufluss bereichert wird (vgl. § 10 Abs. 1 ErbStG), bedeute dies gleichzeitig, dass eine Nachlassverbindlichkeit die steuerliche Bemessungsgrundlage nur bei einer tatsächlichen (wirtschaftlichen) Bereicherungsminderung mindern könne.

Hielte man eine wirtschaftliche Belastung beim Abzug von Erbfallschulden iSd. § 10 Abs. 5 Nr. 2 ErbStG, also etwa beim Abzug geltend gemachter Pflichtteilsschulden, für zwingend, könnte sich der Abzug insbesondere in zwei Fällen als problematisch erweisen. Zum einen ist dabei der Fall zu nennen, dass die Pflichtteilsschuld bei der Geltendmachung bereits verjährt ist, da der Schuldner ab diesem Zeitpunkt die Erfüllung verweigern kann (§ 214 Abs. 1 BGB). So hegt das Hessische FG „erhebliche Zweifel, ob nach Eintritt der Verjährung geltend gemachte Pflichtteilsansprüche überhaupt geeignet sind, zu Nachlassverbindlichkeiten zu führen“, da die Erfüllung derartiger Ansprüche allein auf moralischen, nicht aber auf rechtlich verpflichtenden Motiven beruhe.[206] Zum anderen muss der Schuldner die Pflichtteilsschuld auch dann nicht erfüllen, wenn diese bis zu seinem Ableben gestundet wurde.

Ob tatsächlich im Rahmen der Erbfallschulden, insbesondere beim Abzug geltend gemachter Pflichtteilsverbindlichkeiten, ein Korrektiv im Sinne einer wirtschaftlichen Belastung angezeigt ist, muss bezweifelt werden.[207] Gegen die Notwendigkeit einer wirtschaftlichen Belastung kann zunächst das der Besteuerung von Pflichtteilsansprüchen zugrunde liegende Korrespondenzprinzip (dazu siehe bereits oben) angeführt werden, das dem Abzug der Pflichtteilsschuld beim Pflichtteilsschuldner nach § 10 Abs. 5 Nr. 2 ErbStG eine gleichzeitige Steuerpflicht des Pflichtteilsberechtigten nach § 3 Abs. 1 Nr. 1 Var. 3 ErbStG gegenüber stellt, sobald ein Pflichtteilsanspruch wirksam geltend gemacht wurde. Auch ohne zusätzliches Korrektiv einer wirtschaftlichen Belastung ist der Steueranspruch des Staates daher ausreichend sichergestellt, da bei Gewährung eines Abzugs gleichzeitig eine Besteuerung beim Pflichtteilsberechtigten erfolgen kann.[208] Der eigentliche Grund dafür, dass ein Abzug der Pflichtteilslast als Erbfallschuld auch ohne das zusätzlicher Korrektiv der wirtschaftlichen Belastung erfolgen kann, ist aber im Begriff der Geltendmachung zu se-

206 FG Hessen DStRE 2017, 545 (547).

207 Troll/Gebel/Jülicher/Gottschalk/*Gebel*, § 10 Rn. 173; Meincke/Hannes/Holtz/*Hannes/Holtz*, § 10 Rn. 40.

208 Troll/Gebel/Jülicher/Gottschalk/*Gebel*, § 10 Rn. 173; Meincke/Hannes/Holtz/*Hannes/Holtz*, § 10 Rn. 40.

hen, ohne die ein Abzug nach § 10 Abs. 5 Nr. 2 ErbStG ohnehin nicht erfolgen kann. Dabei ist zu beachten, dass notwendige Voraussetzung für eine wirksame Geltendmachung die Ernsthaftigkeit des Erfüllungsverlangens ist. Ernsthaft kann ein Gläubiger einer Pflichtteilsforderung deren Erfüllung aber nur dann verlangen, wenn er auch zu Lebzeiten des Schuldners mit einer Erfüllung rechnet. Ist eine Erfüllung der Forderung vom Schuldner hingegen ohnehin nicht zu erwarten, kann schwerlich davon ausgegangen werden, dass der Gläubiger seine Forderung „ernsthaft" geltend macht. Die wirtschaftliche Belastung ist dem Begriff der Geltendmachung daher insofern immanent, als die wirtschaftliche Belastung zwangsläufig Folge der Geltendmachung ist, sodass neben der Geltendmachung keine Notwendigkeit für ein zusätzliches einschränkendes Korrektiv verbleibt.[209] Besonders deutlich wird dies, wenn man die bereits erwähnten Beispiele des verjährten und des bis zum Ableben gestundeten Pflichtteilsanspruchs heranzieht. Ein verjährter Anspruch kann nur dann wirksam geltend gemacht werden, wenn der Schuldner auf die Verjährungseinrede verzichtet.[210] Der Verzicht auf die Verjährungseinrede bewirkt aber gleichsam die Durchsetzbarkeit des Anspruchs, sodass auch die Erwartung, den Anspruch zu Lebzeiten erfüllen zu müssen, zwangsläufig gegeben ist. Über die Geltendmachung hinaus ist eine zusätzliche Prüfung der wirtschaftlichen Belastung daher überflüssig. Bei Pflichtteilsansprüchen, die aufgrund einer Vereinbarung zwischen Gläubiger und Schuldner bis zum Ableben des Schuldners gestundet wurden, muss bereits die Möglichkeit einer Geltendmachung aufgrund einer fehlenden Ernsthaftigkeit des Erfüllungsverlangens abgesprochen werden. Die Frage einer wirtschaftlichen Belastung des Schuldners stellt sich in derartigen Fällen nicht.

II. Sonderfall: Steuerbefreite Gegenstände als Teile der Erbmasse

Gehören zur Erbschaft steuerbegünstigte Gegenstände, stellt sich für den Erben die Frage, ob dieser den geltend gemachten Pflichtteil dennoch in voller Höhe von seiner eigenen Steuerbemessungsgrundlage abziehen kann. Hintergrund der Problematik ist die einen Abzug als Nachlassverbindlichkeit beschränkende Regelung des § 10 Abs. 6 ErbStG. Nach die-

---

209 BFH DStR 2010, 1330 (1331); Troll/Gebel/Jülicher/Gottschalk/*Gebel*, § 10 Rn. 173; Meincke/Hannes/Holtz/*Hannes/Holtz*, § 10 Rn. 40; Mayer/Süß/Tanck/Bittler/Wälzholz/*Griesel*, Handbuch Pflichtteilsrecht, § 17 Rn. 47.

210 Siehe dazu unter D. II. 2.

ser Vorschrift sind Schulden und Lasten nicht abzugsfähig, „soweit sie im wirtschaftlichen Zusammenhang mit Vermögensgegenständen stehen, die nicht der Besteuerung nach diesem Gesetz unterliegen." Besteht ein wirtschaftlicher Zusammenhang der Schulden und Lasten mit teilweise steuerbefreiten Gegenständen, sieht § 10 Abs. 6 S. 3 ErbStG ein teilweises Abzugsverbot vor. Im wirtschaftlichen Zusammenhang mit steuerbefreitem Betriebsvermögen iSd. § 13a ErbStG stehende Schulden und Lasten sind nur in dem Verhältnis abziehbar, das dem Verhältnis des nach § 13a ErbStG anzusetzenden Werts zu dem vor Anwendung des § 13a ErbStG anzusetzenden Werts des Vermögens entspricht (§ 10 Abs. 6 S. 4 ErbStG). Allen Regelungen ist eines gemeinsam: Wenn ein Erbe in den Genuss steuerlicher Begünstigungen kommt, würde es einen ungerechtfertigten Steuervorteil zugunsten des Erben darstellen, wollte man gleichzeitig auch damit zusammenhängende Schulden und Lasten in vollem Umfang zum Abzug zulassen.[211] Ob diese Regelungen dazu führen, dass ein Erbe bei Erwerb von (teilweise) steuerbefreitem Betriebsvermögen den Pflichtteil nur eingeschränkt als Nachlassverbindlichkeit abziehen kann, wird unterschiedlich beurteilt. Entscheidend hierbei ist, ob der Pflichtteil „wirtschaftlich" mit einzelnen Vermögensgegenständen im Zusammenhang steht.

Die Vertreter, die sich für die eine lediglich beschränkte Abzugsfähigkeit des Pflichtteils aussprechen, begründen ihre Ansicht damit, dass notwendige Bedingung für das Entstehen eines Pflichtteilsanspruchs die gleichzeitige Erbeinsetzung eines Erben darstelle. Diese notwendige Verknüpfung rechtfertige es, von einer wirtschaftlichen Abhängigkeit des Pflichtteils zum Gesamtnachlass und damit auch allen Nachlassgegenständen auszugehen. Auch handele es sich um eine unmittelbare Verknüpfung, da Bemessungsgrundlage für den Pflichtteilsanspruch ausgehend von § 2311 Abs. 1 BGB der Bestand und Wert des Nachlasses zur Zeit des Erbfalls ist. Durch eine solche Sichtweise würden gleichzeitig doppelte Steuervorteile vermieden, denn andernfalls würde die Erbschaftsteuerbelastung einerseits durch die Gewährung einer Steuerbefreiung, andererseits durch die vollständige Abzugsfähigkeit des Pflichtteils gemindert.[212] Ein wirtschaftlicher Zusammenhang zwischen Pflichtteilsansprüchen und einzelnen Vermögensgegenständen bestehe daher „unabhängig davon, inwieweit sie steuerbar oder steuerbefreit sind, sodass diese Last von der Beschränkung des Abzugs erfasst wird."[213]

211 Troll/Gebel/Jülicher/Gottschalk/*Gebel*, § 10 Rn. 242.
212 FG RLP DStRE 2004, 1157; *Stempel* UVR 2001, 136.
213 R E 10.10 Abs. 2 ErbStR 2011.

Dieser Sichtweise ist der BFH in einer neueren Entscheidung entgegengetreten.[214] Die Entscheidung betraf konkret den Abzug eines geltend gemachten Pflichtteilsanspruchs beim Erwerb steuerbefreiten Betriebsvermögens gem. § 13a ErbStG. Der BFH führt zunächst aus, dass ein wirtschaftlicher Zusammenhang einer Schuld oder Last mit Teilen des erworbenen Vermögens dann bestehe, wenn die Entstehung der Schuld unmittelbar auf Vorgängen beruhe, die das Betriebsvermögen betreffen. Dies sei insbesondere dann der Fall, wenn die Schuld zum Erwerb, zur Sicherung oder zur Erhaltung des Vermögens eingegangen wird. Der BFH folgert daraus in Übereinstimmung mit Teilen der Literatur[215], dass Schulden und Lasten nur mit bestimmten Vermögensgegenständen in wirtschaftlichem Zusammenhang stehen können. Die Pflichtteilsschuld stehe allerdings nicht mit einzelnen Vermögensgegenständen im Zusammenhang, sondern mit dem Gesamtnachlass. Die Tatsache, dass Bemessungsgrundlage für die Berechnung des Pflichtteils der Wert des Gesamtnachlasses ist, begründe zu sämtlichen Nachlassgegenständen allenfalls einen rechtlichen, nicht jedoch einen wirtschaftlichen Zusammenhang. Auch bei Geldvermächtnissen handele es sich um allgemeine Nachlassverbindlichkeiten, die keinen wirtschaftlichen Bezug zu einzelnen Nachlassgegenständen aufweisen. Den mit einem Vermächtnisanspruch durchaus vergleichbaren Pflichtteilsanspruch anders zu behandeln, leuchte im Hinblick auf den allgemeinen Gleichheitssatz des Art. 3 Abs. 1 GG nicht ein.

Letztgenannter Auffassung ist vollständig zuzustimmen. Der Ausgestaltung des Pflichtteilsanspruchs als in Geld zu leistendem Anspruch ist geschuldet, dass dieser in keinem wirtschaftlichen Zusammenhang mit einzelnen Nachlassgegenständen stehen kann. Der Pflichtteilsberechtigte partizipiert nicht etwa wie ein Erbe an konkreten Nachlassgegenständen, diese stellen vielmehr in ihrer Gesamtheit eine bloße Berechnungsgröße für die Höhe des Pflichtteilsanspruchs dar. Besonders deutlich wird dies, wenn man sich vor Augen führt, dass der Pflichtteilsanspruch in exakt der gleichen Höhe entsteht, wenn zum Erwerb des Erben nicht steuerbefreite, sondern steuerpflichtige Gegenstände gleichen Werts gehören. Entscheidend ist nämlich einzig die Höhe des Nachlasswerts, vollkommen unabhängig davon, woraus genau sich der Nachlass zusammensetzt. Aus diesem Grund kann ein wirtschaftlicher Zusammenhang mit einzelnen „Vermögensgegenständen" nicht angenommen werden, allenfalls mit dem

214 BFH DStR 2015, 2015.

215 Z.B. *Meincke* ZEV 2006, 199 (200).

Gesamtnachlass. Auch sollte ein Folgeproblem[216] bedacht werden: Eine eingeschränkte Abzugsfähigkeit des Pflichtteils als Nachlassverbindlichkeit auf Seiten des Erben müsste nämlich genau genommen auch eine eingeschränkte Steuerbarkeit des Pflichtteilsanspruchs auf Seiten der Pflichtteilsberechtigten zur Folge haben. Dies jedenfalls würde dem vom Gesetzgeber bezweckten Korrespondenzprinzip zwischen § 3 Abs. 1 Nr. 1 Alt. 3 und § 10 Abs. 5 Nr. 2 ErbStG entsprechen. Dass dies jedoch nicht der Fall ist, der Pflichtteilsberechtigte seinen Anspruch also auch dann in voller Höhe versteuern muss, wenn zur Erbmasse steuerbefreite Gegenstände gehören, wurde bereits dargestellt.[217] Vor diesem Hintergrund ist es konsequent, in derartigen Fällen auch die Pflichtteilslast vollständig zum Abzug zuzulassen und keine Kürzung nach § 10 Abs. 6 ErbStG vorzunehmen.

---

216 So bereits *Meincke* ZEV 2006, 199 (201).

217 Siehe dazu unter D. IV. 1.

F. Pflichtteilsverbindlichkeit und Pflichtteilsanspruch als Teil der Erbmasse

Die vorstehenden Grundsätze – Besteuerung des geltend gemachten Pflichtteilsanspruchs beim Pflichtteilsberechtigten nach § 3 Abs. 1 Nr. 1 Alt. 3 ErbStG und damit korrespondierende Abzugsfähigkeit beim Erben nach § 10 Abs. 5 Nr. 2 ErbStG – gelten in Fällen, in denen der originär Pflichtteilsberechtigte seinen Anspruch zu Lebzeiten des Erben geltend macht. Als problematisch können sich jedoch Konstellationen darstellen, in denen zum ersten Erbfall ein zweiter hinzutritt. Gegenstand der folgenden Darstellung ist daher zunächst die Frage, welche Auswirkungen der Tod des Pflichtteilsschuldners (Erbe des ersten Erbfalls) auf die Abzugsfähigkeit des Pflichtteils als Nachlassverbindlichkeit bei dessen Erben (Erbe des zweiten Erbfalls) hat. Im Anschluss daran wird der Fall beleuchtet, dass der Pflichtteilsberechtigte stirbt und seine Pflichtteilsforderung in den Nachlass fällt. Es stellt sich dann die Frage, unter welchen Voraussetzungen der Erbe des Pflichtteilsberechtigten den beim Erbfall erworbenen Pflichtteilsanspruch zu versteuern hat.

I. In den Nachlass fallende Pflichtteilsverbindlichkeit

Zur Einführung in die Problematik mag folgender Beispielsfall dienen:

> *Der Ehemann (M) und seine Ehefrau (F) haben ein gemeinsames Kind (K). Als M stirbt (erster Erbfall), wird F zur testamentarischen Alleinerbin. Auch F stirbt anschließend (zweiter Erbfall), wobei diese von einem Dritten (D) beerbt wird.*

Hier entsteht beim ersten Erbfall zunächst ein Pflichtteilsanspruch des gemeinsamen Kindes K nach § 2303 Abs. 1 BGB, da dieses testamentarisch von der Erbfolge ausgeschlossen ist. F als testamentarische Alleinerbin ist Schuldnerin des entstandenen Pflichtteilsanspruchs.

Macht K nun seinen Pflichtteilsanspruch geltend, ergeben sich keine Besonderheiten: K hat einen steuerpflichtigen Erwerb nach § 3 Abs. 1 Nr. 1 Alt. 3 ErbStG zu versteuern, während der geltend gemachte Pflichtteil die Bemessungsgrundlage der F mindert (§ 10 Abs. 5 Nr. 2 ErbStG).

Problematisch wird es jedoch dann, wenn F stirbt bevor der Pflichtteilsanspruch durch K geltend gemacht wurde.[218] In einem derartigen Fall fällt die beim ersten Erbfall bereits entstandene (vgl. § 2317 Abs. 1 BGB) Pflichtteilsschuld als Nachlassverbindlichkeit in den Nachlass der F, was zu einem Übergang der Verbindlichkeit auf D führt (§§ 1922, 1967 BGB). Fraglich ist nun, ob D die auf ihn übergegangene Pflichtteilsverbindlichkeit nach § 10 Abs. 5 Nr. 1 ErbStG als Nachlassverbindlichkeit in Abzug bringen kann.

1. Abzugsfähigkeit der geerbten Pflichtteilsschuld nach § 10 Abs. 5 Nr. 1 ErbStG ohne vorherige Geltendmachung

Zivilrechtlichen Grundsätzen folgend müsste D die erworbene Pflichtteilsverbindlichkeit als Erblasserschuld nach § 10 Abs. 5 Nr. 1 ErbStG von seiner eigenen Steuerbemessungsgrundlage abziehen können. Darauf, dass der Pflichtteilsanspruch zum Zeitpunkt des Erbfalls bereits geltend gemacht worden ist, sollte es ausweislich des Wortlauts der Vorschrift („vom Erblasser herrührende Schulden“) eigentlich nicht ankommen. Dennoch stehen Literatur[219] und Rechtsprechung seit einer Entscheidung des BFH vom 19.02.2013[220] nunmehr auf dem Standpunkt, dass „die Verpflichtung zur Zahlung des Pflichtteils [...] abweichend vom Zivilrecht erbschaftsteuerrechtlich nur dann eine vom Pflichtteilsberechtigten als Erblasser herrührende Schuld und somit eine gemäß § 10 Abs. 1 Satz 2 i.V.m. Abs. 5 Nr. 1 ErbStG abziehbare Nachlassverbindlichkeit [darstelle], wenn der Pflichtteilsberechtigte den Pflichtteilsanspruch zu Lebzeiten des Verpflichteten geltend gemacht hatte“.[221]

Die Sichtweise, die einen Abzug als Erblasserschuld nach § 10 Abs. 5 Nr. 1 ErbStG nur bei Geltendmachung des Pflichtteilsanspruchs zulässt, mag man zunächst kritisch sehen, weil diese im Widerspruch zum Wortlaut des § 10 Abs. 5 Nr. 1 ErbStG und zivilrechtlichen Grundsätzen steht, wonach der bereits entstandene Pflichtteilsanspruch unabhängig von dessen Geltendmachung in den Nachlass der F fällt. Dennoch ist der Ent-

218 Der Pflichtteilsanspruch, der beim zweiten Erbfall – Tod der F – entsteht, wird im Folgenden ausgeklammert, da diesbezüglich keine Besonderheiten gelten.

219 Kapp/Ebeling/*Geck*, § 10 Rn. 78.1; Meincke/Hannes/Holtz/*Hannes/Holtz*, § 10 Rn. 49.

220 BFH DStR 2013, 523 (524).

221 BFH DStR 2020, 1496; BFH DStR 2013, 523 (524).

scheidung im Ergebnis zuzustimmen. In Fällen, in denen es sich bei der geerbten Nachlassverbindlichkeit um Pflichtteilsschulden handelt, muss bedacht werden, dass auch der Erbe des ersten Erbfalls seine Pflichtteilsschuld aufgrund fehlender Geltendmachung nicht als Nachlassverbindlichkeit in Abzug hätte bringen können (§ 10 Abs. 5 Nr. 2 ErbStG). Warum dieses Recht nun seinem Erben (Erbe des zweiten Erbfalls) zustehen soll, erschließt sich nicht. Vielmehr würde dies einerseits zu einer ungerechtfertigten Besserstellung des (zweiten) Erben führen, andererseits würde dadurch die eigentlich geltende Korrespondenz zwischen Besteuerung des Pflichtteilsanspruchs und Abzug desselben als Nachlassverbindlichkeit missachtet. Bliebe eine Geltendmachung nämlich endgültig aus, wäre die Pflichtteilsverbindlichkeit einzig als Nachlassverbindlichkeit nach § 10 Abs. 5 Nr. 1 ErbStG abziehbar, während eine Besteuerung des Pflichtteilsanspruchs ausbliebe. Aus diesen Gründen muss der Rechtsgedanke des § 10 Abs. 5 Nr. 2 ErbStG, der zum Ausdruck bringt, dass die Schuld beim originären Pflichtteilsschuldner nur bei Geltendmachung des Pflichtteilsanspruchs abziehbar ist, in § 10 Abs. 5 Nr. 1 ErbStG hineingelesen werden. § 10 Abs. 5 Nr. 1 ErbStG muss in derartigen Konstellationen deshalb teleologisch reduziert werden, sodass beim derivativen Erwerb der Pflichtteilsschuld ein Abzug nach § 10 Abs. 5 Nr. 1 ErbStG ausscheiden muss, wenn der Pflichtteilsanspruch noch nicht geltend gemacht wurde.

2. Auswirkungen bei Geltendmachung nach dem zweiten Erbfall

Macht der Pflichtteilsberechtigte seinen Pflichtteil nach dem zweiten Erbfall geltend, entsteht zunächst unproblematisch die Steuer auf den geltend gemachten Pflichtteilsanspruch beim Pflichtteilsberechtigten (im Beispielsfall K) nach § 3 Abs. 1 Nr. 1 Alt. 3 ErbStG. Es stellt sich allerdings die Frage, ob der Erbe des zweiten Erbfalls den Pflichtteilsanspruch nunmehr von seiner eigenen Steuerbemessungsgrundlage abziehen kann. Der BFH lässt einen Abzug nach § 10 Abs. 5 Nr. 1 ErbStG zu, wenn der Pflichtteilsberechtigte seinen Anspruch „nunmehr geltend macht".[222] Es mag zunächst verwundern, weshalb der BFH die Abzugsfähigkeit des geltend gemachten Pflichtteils auf die Vorschrift des § 10 Abs. 5 Nr. 1 ErbStG und nicht auf die für den Abzug von geltend gemachten Pflichtteilen eigentlich einschlägige Vorschrift des § 10 Abs. 5 Nr. 2 ErbStG stützt. Der Wortlaut des § 10 Abs. 5 Nr. 2 ErbStG lässt nämlich zunächst keinerlei

222 BFH DStR 2013, 523 (524).

Einschränkungen in Bezug auf geerbte Pflichtteilsverbindlichkeiten erkennen. Die Nichtanwendbarkeit der Vorschrift folgt jedoch daraus, dass § 10 Abs. 5 Nr. 2 ErbStG den Abzug von Erbfallschulden regelt. Erbfallschulden sind nur solche, die aus dem jeweiligen Erbfall herrühren, nicht hingegen solche aus früheren Erbfällen.[223] Entsteht die Pflichtteilslast daher nicht bei Eintritt des zweiten Erbfalls, sondern rührt aus einem früheren – dem ersten – Erbfall her, muss ein Abzug als Erbfallschuld nach § 10 Abs. 5 Nr. 2 ErbStG ausscheiden. Allerdings handelt es sich wie bereits dargestellt bei der Geltendmachung um ein rückwirkendes Ereignis iSd. § 175 Abs. 1 S. 1 Nr. 2 AO, diese wirkt also auf den Zeitpunkt des ersten Erbfalls zurück. Aufgrund der Rückwirkung ist der Fall daher so zu behandeln, dass zum Nachlass des zweiten Erbfalls die bereits geltend gemachte Pflichtteilsschuld gehört. Für diese wiederum muss ein Abzug nach § 10 Abs. 5 Nr. 1 ErbStG möglich sein, da eine teleologische Reduktion in derartigen Fällen nicht geboten ist. Weder droht in derartigen Fällen nämlich eine ungerechtfertigte Besserstellung des zweiten Erben, schließlich hätte der erste Erbe aufgrund der Rückwirkung der Geltendmachung ebenfalls einen Abzug nach § 10 Abs. 5 Nr. 2 ErbStG erreichen können, noch droht eine Verletzung des Korrespondenzprinzips, da bei Geltendmachung auch eine Besteuerung des Pflichtteilsanspruchs nach § 3 Abs. 1 Nr. 1 Alt. 3 ErbStG erfolgt.

Der Erbe des ersten Erbfalls hätte aufgrund der Geltendmachung des Pflichtteilsanspruchs – sein Weiterleben vorausgesetzt – einen Abzug des Pflichtteilsanspruchs als Erbfallschuld bei seiner eigenen Erbschaftsteuerbemessungsgrundlage nach § 10 Abs. 5 Nr. 2 ErbStG erwirken können. Ein bereits bestandskräftiger Steuerbescheid wäre nach § 175 Abs. 1 S. 1 Nr. 2 AO zu seinen Gunsten zu ändern gewesen mit der Folge, dass dem Erben des ersten Erbfalls nunmehr ein Steuererstattungsanspruch nach § 37 Abs. 2 AO in Höhe der zu viel gezahlten Steuer zugestanden hätte. Da der Erbe des zweiten Erbfalls beim Tod des ersten Erblassers in dessen verfahrensrechtliche Position einrückt (vgl. § 45 AO) und somit den bereits bestandskräftigen Steuerbescheid gegen sich gelten lassen muss[224], kann dieser auch nach dem Tod des ersten Erblassers noch auf eine rückwirkende Änderung des Bescheids nach § 175 Abs. 1 S. 1 Nr. 2 AO hinwirken. Die zu viel gezahlte Steuer kann vom Erben des zweiten Erbfalls anschließend im Wege eines Erstattungsanspruchs nach § 37 Abs. 2 AO zurückgefordert werden. Zu berücksichtigen ist allerdings, dass der rückwirkend

223 BeckOK BGB/*Lohmann*, § 1967 Rn. 17.

224 Klein/*Ratschow*, § 45 Rn. 9; Koenig/*Koenig*, § 45 Rn. 13.

entstehende und mit dem Nennwert (§ 12 BewG) zu bewertende Steuererstattungsanspruch den Nachlass des zweiten Erbfalls erhöht.[225] Dies ist entsprechend beim Erwerb des D durch Erbanfall (§ 3 Abs. 1 Nr. 1 Alt. 1 ErbStG) zu berücksichtigen.

3. Konfusion (§ 10 Abs. 3 ErbStG)

Gegenstand der bisherigen Darstellung war lediglich der Fall, dass der Schlusserbe nicht gleichzeitig Gläubiger des Pflichtteilsanspruchs ist. Noch nicht geklärt ist allerdings, ob eine Geltendmachung als Voraussetzung für einen Abzug nach § 10 Abs. 5 Nr. 1 ErbStG noch möglich ist, wenn sich Schlusserben- und Gläubigerstellung hinsichtlich des Pflichtteilsanspruchs beim zweiten Erbfall in einer Person vereinen. Eine solche Konstellation kann sich ergeben, wenn man den Ausgangsfall dahingehend abwandelt, dass F nicht vom Dritten D, sondern vom gemeinsamen Kind K beerbt wird. In der Praxis liegt einer derartigen Fallkonstellation in der Regel ein Berliner Testament (§ 2269 BGB) zugrunde, bei dem Ehegatten sich zunächst gegenseitig als Alleinerben einsetzen und als Schlusserben einen gemeinsamen Abkömmling bestimmen.[226] Dem Abkömmling steht beim ersten Erbfall gegen den überlebenden Ehegatten ein Pflichtteilsanspruch zu. Diese in Person des überlebenden Ehegatten bestehende Pflichtteilsverbindlichkeit geht im Todesfall (= zweiter Erbfall) auf den Abkömmling nach §§ 1922, 1967 BGB über. Handelt es sich beim Schlusserben lediglich um einen Abkömmling, vereinigen sich mit dem zweiten Erbfall Pflichtteilsanspruch und Pflichtteilsschuld in einer Person (Konfusion). Keine Konfusion tritt hingegen ein, wenn Schlusserbe eine Erbengemeinschaft ist.[227] In diesem Fall ist nämlich nicht der einzelne Erbe, sondern die Erbengemeinschaft Schuldner der Pflichtteilsansprüche, während Gläubiger die Abkömmlinge jeweils einzeln sind.[228] Hinsichtlich mehrerer Abkömmlinge als Schlusserben ergeben sich daher keine Besonderheiten.

225 *Muscheler* ZEV 2001, 377 (381).

226 Vgl. z.B. die Entscheidungen BFH DStR 2020, 1496 und BFH DStR 2013, 523.

227 *Billig* UVR 2017, 345; *Dressler* NJW 1997, 2848 (2853); *Muscheler* ZEV 2001, 377 (382).

228 *Billig* UVR 2017, 345.

a. Steuerliche Relevanz einer Geltendmachung gegen sich selbst

Die Sinnhaftigkeit einer Geltendmachung des Pflichtteilsanspruchs gegen sich selbst würde sich zum einen daraus ergeben, dass für den Pflichtteilsberechtigten des ersten Erbfalls ein zweiter Steuerfreibetrag nach dem ersten Erbfall generiert werden könnte, da der Pflichtteilsanspruch noch aus diesem Erbfall herrührt.[229] Durch die Geltendmachung gegen sich selbst könnte demnach in steueroptimierender Weise die mit dem zweiten Erbfall angefallene Erbschaft auf mehrere Steuerfreibeträge aufgeteilt werden. Zum anderen stellt die Geltendmachung eine notwendige Voraussetzung dafür dar, dass der Nachlass des zweiten Erbfalls durch die Möglichkeit eines Abzugs nach § 10 Abs. 5 Nr. 1 ErbStG minimiert werden kann.[230] In Zahlen ausgedrückt würde dies Folgendes bedeuten: Hat der Pflichtteilsberechtigte einen Pflichtteilsanspruch nach dem ersten Erbfall in Höhe von EUR 200.000 und erbt im zweiten Erbfall ein Vermögen von EUR 600.000, müsste dieser ohne die Geltendmachung bei einem pauschalen Abzugsbetrag iHv. EUR 10.300 (§ 10 Abs. 5 Nr. 3 ErbStG) und einem Freibetrag von EUR 400.000 (§ 16 Abs. 1 Nr. 2 ErbStG) einen steuerpflichtigen Erwerb nach dem zweiten Erblasser iHv. EUR 189.700 versteuern. In der Steuerklasse I ergibt sich ein Steuersatz von 11 %, sodass ein Steueranspruch iHv. EUR 20.867 entsteht. Würde er hingegen seinen Pflichtteilsanspruch nunmehr gegen sich selbst geltend machen, so würde dies zunächst zu einem steuerbaren Erwerb nach dem ersten Erblasser iHv. EUR 200.000 führen. Steuerpflichtig wäre dieser Erwerb aber nicht, da die Freibetragsgrenze des § 16 Abs. 1 Nr. 2 ErbStG nicht überschritten würde. Weiterhin könnte vom Erwerb durch Erbanfall nach dem zweiten Erblasser iHv. EUR 600.000 der geltend gemachte Pflichtteilsanspruch iHv. EUR 200.000 und der Pauschbetrag iHv. EUR 10.300 bereicherungsmindernd abgezogen werden, sodass ein Erwerb nach dem zweiten Erblasser iHv. EUR 389.700 verbliebe. Auch dieser Erwerb würde – da eine Zusammenrechnung beider Erwerbe nach § 14 Abs. 1 ErbStG ausscheidet (kein Erwerb „von derselben Person") – die Freibetragsgrenze des § 16 Abs. 1 Nr. 2 ErbStG nicht überschreiten. Insgesamt fiele bei Geltendmachung nach dem zweiten Erbfall für den Pflichtteilsberechtigten somit keine Steuer an.

---

229 *Billig* UVR 2014, 314 (316).

230 Ob daneben die wirtschaftliche Belastung des Erben als weitere Voraussetzung für eine Aufteilung auf mehrere Freibeträge und einen Abzug nach § 10 Abs. 5 Nr. 1 ErbStG hinzutritt, wird an späterer Stelle noch dargestellt.

b. Möglichkeit einer Geltendmachung trotz Konfusion

Zivilrechtlich führt die mit dem Erbfall eingetretene Konfusion grundsätzlich zum Erlöschen der Pflichtteilsforderung[231], sodass eine Geltendmachung des bereits erloschenen Pflichtteilsanspruchs an sich ausscheiden müsste. Im Steuerrecht ist allerdings eine Besonderheit zu beachten. Gem. § 10 Abs. 3 ErbStG gelten die „infolge des Anfalls durch Vereinigung von Recht und Verbindlichkeit (…) erloschenen Rechtsverhältnisse (…) als nicht erloschen". § 10 Abs. 3 ErbStG fingiert in Fällen der Konfusion demnach einen Fortbestand der Pflichtteilsverbindlichkeit im Erbgang dergestalt, dass diese trotz des zivilrechtlichen Erlöschens grundsätzlich als Erblasserschuld nach § 10 Abs. 5 Nr. 1 ErbStG abgezogen werden kann.[232] Dies gilt aber – sollte der Pflichtteilsanspruch vor dem zweiten Erbfall noch nicht geltend gemacht worden sein – nur dann, wenn der Pflichtteilsgläubiger (Erbe des zweiten Erbfalls) den Anspruch nunmehr geltend macht.[233] Da dieser gleichzeitig auch Schuldner des Pflichtteilsanspruchs ist, stellt sich die Frage, ob dieser seinen Anspruch nunmehr gegen sich selbst geltend machen kann. Ob die Regelung des § 10 Abs. 3 ErbStG so weit reicht, dem zweiten Erben eine Geltendmachung des Pflichtteilsanspruchs gegen sich selbst zu gestatten, wird in Rechtsprechung und Literatur unterschiedlich beurteilt.

aa. Meinungsstand

Gegen die Möglichkeit einer Geltendmachung gegen sich selbst wird zunächst vorgebracht, dass bereits die Regelung des § 10 Abs. 3 ErbStG auf beim Todesfall nicht geltend gemachte Pflichtteilsansprüche unanwendbar sei. Solche Ansprüche seien aufgrund der Wertungen des Erbschaftsteuerrechts rechtlich als nicht existent zu betrachten, sodass diese mit

---

231 BGH NJW-RR 2009, 1059 (1060); NJW 1995, 2287 (2288); 1982, 2381 (2382); 1967, 2399.

232 Vgl. Meincke/Hannes/Holtz/*Hannes/Holtz*, § 10 Rn. 34; *Muscheler* ZEV 2001, 377 (381) und *Bühring*, Pflichtteilsrecht und Erbschaftsteuer, S. 144 ziehen § 10 Abs. 3 ErbStG lediglich analog heran, da die Vereinigung von Recht und Verbindlichkeit nicht durch den Vermögensanfall erfolgt, der Gegenstand der Besteuerung ist (Pflichtteil nach dem ersten Erbfall), sondern erst durch den zweiten Erbfall.

233 Siehe dazu oben unter F. I. 2.

dem Erbfall erlöschen.[234] Selbst wenn man die Regelung des § 10 Abs. 3 ErbStG für anwendbar hielte, handele es sich bei dieser lediglich um eine Fortbestandsfiktion für steuerliche Zwecke, die an dem zivilrechtlichen Erlöschen der Ansprüche aufgrund eingetretener Konfusion nichts ändere. Eine Geltendmachung eines zivilrechtlich erloschenen Anspruchs sei nicht mehr möglich, da das Objekt der Geltendmachung durch den zweiten Erbfall weggefallen sei.[235] Zudem sei ein Adressat der Geltendmachung bei eingetretener Konfusion nicht ersichtlich, da ein gegen sich selbst gerichtetes ernsthaftes Erfüllungsverlangen bereits begrifflich ausscheide.[236]

Überwiegend wird hingegen – insbesondere auch von der neueren Rechtsprechung – vertreten, dass die Fiktion in § 10 Abs. 3 ErbStG auch das „Recht des Pflichtteilsberechtigten (umfasse), der der Alleinerbe des Pflichtteilsverpflichteten ist, die Geltendmachung des Pflichtteils fiktiv nachzuholen".[237] Dem Problem eines fehlenden Adressaten der Geltendmachung wird durch die Möglichkeit der Abgabe einer entsprechenden Erklärung vor dem Finanzamt begegnet.[238]

bb. Stellungnahme

Eine Geltendmachung eines Pflichtteilsanspruchs gegen sich selbst muss aufgrund mehrerer Umstände möglich sein. Zum einen hat der Gesetzgeber mit der Regelung des § 10 Abs. 3 ErbStG das Prinzip einer Fortbestandsfiktion von Forderung und Verbindlichkeit in Konfusionsfällen eingeführt. Mit dieser Anordnung wird zum Ausdruck gebracht, dass sich Konfusionsfälle für steuerliche Zwecke nicht von sonstigen Fällen unterscheiden, in denen mit dem zweiten Erbfall keine Konfusion eintritt. Daraus ergibt sich aber gleichzeitig, dass die Fiktion nicht lediglich auf einen Fortbestand der Forderung beschränkt sein kann, sondern vielmehr

---

234 *Dressler* NJW 1997, 2848 (2852).

235 FG München Beschl. v. 27.7.1990 – 10 V 3806/89, BeckRS 1990, 07343.

236 FG München Beschl. v. 27.7.1990 – 10 V 3806/89, BeckRS 1990, 07343; Mayer/Süß/Tanck/Bittler/Wälzholz/*Griesel*, Handbuch Pflichtteilsrecht, § 17 Rn. 57.

237 BFH DStR 2020, 1496 (1497); BFH DStR 2013, 523 (525); *Muscheler* ZEV 2001, 377 (382); *Viskorf*, FS Crezelius, 2018, 617 (622); Schlitt/Müller/*Lohr/Otto*, Handbuch Pflichtteilsrecht, § 12 Rn. 24; Meincke/Hannes/Holtz/*Hannes/Holtz*, § 10 Rn. 35.

238 BFH DStR 2013, 523 (525).

auch die Möglichkeit zu ihrer Geltendmachung bestehen muss.[239] Alles andere hätte nämlich eine ungerechtfertigte Benachteiligung desjenigen Erben zur Folge, der gleichzeitig Gläubiger der ererbten Verbindlichkeit ist, da diesem im Vergleich zu sonstigen Erben ein Abzug nach § 10 Abs. 5 Nr. 1 ErbStG aufgrund fehlender Möglichkeit zur Geltendmachung durch den Pflichtteilsgläubiger verwehrt bleiben müsste. Der Erbe in Konfusionsfällen hätte demnach einen höheren Erwerb nach dem zweiten Erblasser zu versteuern als der Erbe, der nicht gleichzeitig Gläubiger der ererbten Verbindlichkeit wird, wenn der Pflichtteilsanspruch im letzteren Fall durch den Pflichtteilsgläubiger geltend gemacht wird. Zwar müsste der Konfusionserbe aufgrund fehlender Geltendmachung auch keinen Pflichtteilsanspruch nach dem ersten Erblasser versteuern (§ 3 Abs. 1 S. 1 Nr. 3 ErbStG). Aus der fehlenden Steuerbarkeit des Pflichtteilsanspruchs ergibt sich aber insbesondere dann kein zur fehlenden Abzugsmöglichkeit des Pflichtteils nach dem zweiten Erblasser korrespondierender Steuervorteil, wenn der Pflichtteilsanspruch – was häufig der Fall sein wird – unter der Steuerfreibetragsgrenze liegt. Ein Ergebnis, das den Konfusionserben gegenüber einem sonstigen Erben steuerlich benachteiligt, wollte der Gesetzgeber mit der Einführung des § 10 Abs. 3 ErbStG gerade vermeiden. Weiterhin kann auch ein Vergleich zwischen einem Alleinerben und einer Erbengemeinschaft herangezogen werden. Da bei letzterer keine Personenidentität zwischen Gläubiger und Schuldner besteht, ist eine Geltendmachung des Pflichtteilsanspruchs gegenüber der Erbengemeinschaft unproblematisch möglich.[240] Allein aus der Tatsache, dass es sich um einen Alleinerben handelt, etwas anderes zu folgern, überzeugt nicht.[241] Auch aus dem Sinn und Zweck der Geltendmachung ergibt sich nichts Abweichendes. Durch die Einführung dieses Tatbestandsmerkmals wollte der Gesetzgeber unter anderem eine Gleichstellung des Pflichtteils- mit einem Vermächtnisgläubiger erreichen. Eine derartige Gleichstellung kann aber nur dann sinnvoll erreicht werden, wenn auch dem Pflichtteilsgläubiger ein Abzug als Nachlassverbindlichkeit – und somit als notwendige Vor-

---

239 *Muscheler* ZEV 2001, 377 (382); *Viskorf*, FS Crezelius, 2018, 617 (622); Schlitt/Müller/*Lohr/Otto*, Handbuch Pflichtteilsrecht, § 12 Rn. 24; Meincke/Hannes/Holtz/*Hannes/Holtz*, § 10 Rn. 35.

240 A.A. *Dressler* NJW 1997, 2848 (2852), der auch die Möglichkeit einer Geltendmachung gegenüber der Erbengemeinschaft abspricht, da es an einer Mitwirkungshandlung des ersten Erben (dieser ist inzwischen gestorben) fehlt. Dies überzeugt jedoch nicht, da die Geltendmachung keiner Mitwirkungshandlung des Schuldners bedarf.

241 *Muscheler* ZEV 2001, 377 (381 f.).

stufe eine Geltendmachung des Anspruchs gegen sich selbst – gestattet wird. Dieses Recht steht dem Schuldner einer derivativ erworbenen Vermächtnisverbindlichkeit nämlich ebenfalls zu.[242] Zuletzt kann vorgebracht werden, dass sich Pflichtteilsgläubiger andernfalls genötigt sehen könnten, den Pflichtteilsanspruch kurz vor dem Tod des Zweitversterbenden noch geltend zu machen, um einen Abzug als Nachlassverbindlichkeit nach § 10 Abs. 5 Nr. 1 ErbStG erreichen zu können. Dies hätte allerdings einen „unwürdigen Wettlauf mit dem Tod“ zur Folge.[243]

c. Geltendmachung des verjährten Pflichtteilsanspruchs trotz Konfusion

Ob die Möglichkeit der Geltendmachung eines Anspruchs gegen sich selbst auch dann noch besteht, wenn der Pflichtteilsanspruch zum Zeitpunkt der Geltendmachung bereits verjährt ist, war längere Zeit aufgrund divergierender finanzgerichtlicher Entscheidungen ungeklärt.[244] Da für die Geltendmachung verjährter Pflichtteilsansprüche nicht allein das an den Schuldner gerichtete ernsthafte Erfüllungsverlangen ausreichend ist, sondern vielmehr zur Steuerbarkeit und Abziehbarkeit des Pflichtteilsanspruchs ein Verzicht des Schuldners auf die Erhebung der Verjährungseinrede hinzutreten muss[245], lautete die entscheidende Frage, ob ein Verzicht auf die Verjährungseinrede durch den Erben auch in Konfusionsfällen noch möglich ist.

aa. Meinungsstand

Für die Möglichkeit der Geltendmachung eines verjährten Anspruchs gegen sich selbst sprachen sich das Schleswig-Holsteinische FG und ein Teil des Schrifttums aus.[246] Da die Einrede der Verjährung im Wege der Universalsukzession auf den Erben übergegangen sei, müsse es dem Konfusionserben möglich sein, auf diese Einrede gegen sich selbst wie auch jedem Dritten gegenüber steuerwirksam zu verzichten. Das Hessische FG

242 *Muscheler* ZEV 2001, 377 (382).

243 *Muscheler* ZEV 2001, 377 (382).

244 FG Hessen DStRE 2017, 545; FG Schleswig-Holstein DStRE 2016, 1443.

245 Dazu siehe bereits oben unter D. II. 2.

246 FG Schleswig-Holstein DStRE 2016, 1443 (1445 ff.); Troll/Gebel/Jülicher/Gottschalk/*Gebel*, § 10 Rn. 98; *Billig* UVR 2017, 346; *Viskorf*, FS Crezelius, 2018, 617 (624); *Muscheler* ZEV 2001, 377 (384).

und ein anderer Teil des Schrifttums[247] standen demgegenüber auf dem Standpunkt, dass der gegenüber sich selbst erklärte Verzicht auf die Verjährungseinrede im Wesentlichen mangels eines natürlichen Interessengegensatzes ausgeschlossen sei.

In einer neuen Entscheidung hat sich der BFH[248] der zuletzt genannten Auffassung angeschlossen und dem Konfusionserben die Geltendmachung des verjährten Pflichtteilsanspruchs gegen sich selbst versagt. Zwar hindere das bloße Bestehen der Verjährungseinrede grundsätzlich nicht die Geltendmachung der Forderung, sondern berechtige den Schuldner nur zur Verweigerung der Leistung. Dies gelte jedoch nicht in Fällen, in denen Konfusion eintritt. Alles andere hätte zur Folge, dass "allein aufgrund der Fiktion des § 10 Abs. 3 ErbStG die Funktion der Verjährung, Rechtsfrieden herbeizuführen, insoweit aufgehoben" würde.

bb. Stellungnahme

Die Entscheidung des BFH ist insgesamt wenig überzeugend, sodass in Konfusionsfällen auch die Geltendmachung eines bereits verjährten Pflichtteilsanspruch gegen sich selbst möglich sein sollte. Durch seine Entscheidung aus dem Jahr 2013[249] hat der BFH die Möglichkeit der Geltendmachung eines Pflichtteilsanspruchs gegen sich selbst bejaht. Weshalb dies anders in Fällen sein soll, in denen der Pflichtteilsanspruch zum Zeitpunkt der Geltendmachung bereits verjährt ist, erschließt sich nicht. Wie der BFH selbst in seiner neuesten Entscheidung zutreffend festgestellt hat, handelt es bei der Einrede der Verjährung lediglich um ein Leistungsverweigerungsrecht. Der Pflichtteilsschuldner ist jedoch nicht zur Ausübung dieses Rechts gezwungen, sondern kann sich auch gegen die Erhebung der Einrede entscheiden. Das Recht zum Verzicht auf die Einrede geht gleichermaßen wie das Recht zur Ausübung mit dem zweiten Erbfall im Wege der Universalsukzession auf den Pflichtteilsberechtigten über.[250] Entgegen der Auffassung des BFH muss dies auch in Konfusionsfällen gelten. Das vom BFH ins Feld geführte Argument des fehlenden Rechtsfriedens über-

---

247 FG Hessen DStRE 2017, 545 (547); vgl. *Dressler* NJW 1997, 2848 (2853); vgl. *Moench* DStR 1987, 139 (144).

248 BFH DStR 2020, 1496.

249 BFH DStR 2013, 523.

250 so im Ergebnis bereits die Vorinstanz, FG Schleswig-Holstein DStRE 2016, 1443 ff.

zeugt jedenfalls nicht. Es ist nämlich nicht ersichtlich, weshalb ein Bedürfnis nach Rechtsfrieden in Konfusionsfällen überhaupt besteht. Interessen schutzwürdiger Dritter in dem Sinne, nach einer bestimmten Zeit nicht mehr in Anspruch genommen zu werden, sind nicht betroffen, da sämtliche Interessen in einer Person kumulieren.[251] Auch erschließt sich vor dem Wortlaut des § 10 Abs. 3 ErbStG nicht, weshalb gerade die Verjährung als entscheidendes Abgrenzungskriterium dafür dienen soll, ob eine Geltendmachung gegen sich selbst möglich ist oder nicht.[252] Vielmehr ist davon auszugehen, dass der Gesetzgeber mit Einführung der Regelung des § 10 Abs. 3 ErbStG die zivilrechtlichen Folgen der Konfusion – das Erlöschen von Forderung und Verbindlichkeit – unterbinden und derartige Fälle für steuerliche Zwecke sonstigen, Nicht-Konfusionsfällen, gleichstellen wollte. Tritt mit dem zweiten Erbfall keine Konfusion ein, wäre ein Verzicht auf die Einrede der Verjährung (gegenüber einem Dritten) unzweifelhaft möglich. Diese Möglichkeit muss deshalb auch bestehen, wenn sich mit dem zweiten Erbfall Pflichtteilsschuldner und -gläubiger in einer Person vereinigen.[253] Jede andere Lösung hätte eine ungerechtfertigte Benachteiligung des Konfusionserben zur Folge.

cc. Kautelartaktische Überlegungen

Trotz dargestellter Kritik hat sich die kautelarjuristische Praxis an der Entscheidung des BFH zu orientieren. Insbesondere bei Berliner Testamenten dürfte die Zeitspanne zwischen dem ersten und zweiten Erbfall im Regelfall die regelmäßige Verjährungsdauer von drei Jahren (§§ 195, 199 BGB) übersteigen, sodass eine steuerwirksame Geltendmachung durch den Schlusserben häufig ausscheiden wird. Zu denken ist in diesem Zusammenhang an verjährungsverlängernde Maßnahmen. Umstritten ist, ob der Erblasser diese durch eine zusätzliche einseitige Verfügung von Todes wegen verlängern kann. Eine Ansicht hält dies aufgrund der Testierfreiheit für möglich.[254] Eine andere Ansicht hält Verjährungsverlängerungen durch einseitiges Rechtsgeschäft nur dann für möglich, wenn auch der streitgegenständliche Anspruch ein durch Rechtsgeschäft begründeter sei. Dies sei beim Pflichtteilsanspruch als gesetzlichem Anspruch jedoch nicht

---

251 Wachter BB 2020, 2135 (2140).
252 Wachter BB 2020, 2135 (2138).
253 So auch *Viskorf*, FS Crezelius, 2018, 617 (624).
254 Wachter BB 2020, 2135 (2142).

der Fall.[255] Aufgrund der in diesem Zusammenhang bestehenden Rechtsunsicherheit sollten die Ehegatten neben der Errichtung des Berliner Testaments eine Verjährungsverlängerungsvereinbarung mit dem Erben des zweiten Erbfalls in den Grenzen des § 202 Abs. 2 BGB treffen. Ob eine derartige Gestaltung vor dem Hintergrund der neuen Entscheidung vom BFH auch steuerlich anerkannt wird[256] oder die dreijährige Verjährungsfrist des § 195 BGB für steuerliche Zwecke als starre Ausschlussfrist zu sehen ist[257], bleibt abzuwarten.

4. Wirtschaftliche Belastung

Wie bereits dargelegt ist eine wirtschaftliche Belastung des Schuldners dann nicht erforderlich, wenn dieser einen Abzug einer geltend gemachten Pflichtteilsverbindlichkeit als Erbfallschuld (§ 10 Abs. 5 Nr. 2 ErbStG) begehrt.[258] Dass die Frage der Notwendigkeit einer wirtschaftlichen Belastung an dieser Stelle erneut aufgeworfen werden muss, ist darauf zurückzuführen, dass bei Hinzutreten eines zweiten Erbfalls, der den Übergang der Pflichtteilsverbindlichkeit zur Folge hat, bei Geltendmachung beim zweiten Erben kein Abzug als Erbfall-, sondern als Erblasserschuld nach § 10 Abs. 5 Nr. 1 ErbStG im Raum steht. Problematisch kann sich das Merkmal der wirtschaftlichen Belastung insbesondere bei verjährten Pflichtteilsverbindlichkeiten erweisen oder solchen, die zu Lebzeiten des zweiten Erblassers deshalb nicht erfüllt werden mussten, weil sie bis zu dessen Ableben gestundet wurden. In derartigen Fällen stellt sich die Frage, ob einem Abzug der Pflichtteilsverbindlichkeit als Erblasserschuld nach § 10 Abs. 5 Nr. 1 ErbStG die fehlende wirtschaftliche Belastung des Schuldners entgegensteht.

255 Palandt/*Ellenberger*, § 202 Rn. 6; *Lange* ZEV 2003, 433 (436).
256 Wachter BB 2020, 2135 (2142).
257 BFH MittBayNot 2021, 83 (86) mit Anm. *Ihle*.
258 Siehe dazu unter E. I.

a. Meinungsstand

aa. Keine Notwendigkeit einer wirtschaftlichen Belastung

Eine Mindermeinung in der Literatur geht davon aus, dass es eines einschränkenden Korrektivs im Sinne einer wirtschaftlichen Belastung auch im Rahmen der Erblasserschulden nicht bedarf. Vielmehr sei der Wortlaut des § 10 Abs. 5 Nr. 1 ErbStG erschöpfend und biete keinen Raum für weitere, ungeschriebene Tatbestandsmerkmale.[259]

bb. Notwendigkeit einer wirtschaftlichen Belastung

Demgegenüber stehen Rechtsprechung und überwiegende Teile der Literatur für den Abzug von Erblasserschulden iSd. § 10 Abs. 5 Nr. 1 ErbStG auf dem Standpunkt, dass ein solcher nur bei bestehender wirtschaftlicher Belastung des Schuldners erfolgen kann. Dies gelte auch dann, wenn es sich bei der Erblasserschuld um eine geltend gemachte Pflichtteilsverbindlichkeit aus einem früheren Erbfall handele.[260] Sei mit einer Durchsetzung der Forderung nicht mehr zu rechnen, könne ein Abzug als Erblasserschuld nicht erreicht werden.[261] Hinsichtlich der Frage, auf welchen Schuldner – zweiter Erblasser oder zweiter Erbe – für die Frage der wirtschaftlichen Belastung abzustellen sei, wird differenziert zwischen Fällen, in denen Erbe des zweiten Erbfalls und Gläubiger der Pflichtteilsanspruchs personenverschieden sind und solchen, in denen mit dem zweiten Erbfall Konfusion eintritt.

---

259 *Schuck*, FS Spiegelberger, 2009, 409 (414); Viskorf/Schuck/Wälzholz/*Schuck*, § 10 Rn. 62.

260 BFH DStR 2013, 523 (524); BFH MittBayNot 2008, 324 (325 f.); BFH DStRE 1999, 717 (718); RFH RStBl 1938, 496; 1936, 543; FG Schleswig-Holstein DStRE 2016, 1443 (1446); FG Hessen DStRE 2017, 545 (546); FG München v. 24.7.2002, 4 K 1286/00, EFG 2002, 1625 (1626); Moench/Weinmann/*Weinmann*, § 10 Rn. 46; Troll/Gebel/Jülicher/Gottschalk/*Gebel*, § 10 Rn. 129.

261 BFH DStRE 1999, 717 (718); FG München v. 24.7.2002, 4 K 1286/00, EFG 2002, 1625 (1626); Meincke/Hannes/Holtz/*Hannes/Holtz*, § 10 Rn. 40; Moench/Weinmann/*Weinmann*, § 10 Rn. 46.

(1) Personenverschiedenheit zwischen Erbe und Pflichtteilsgläubiger

Sind Erbe des zweiten Erbfalls und Gläubiger des Pflichtteilsanspruchs personenverschieden, tritt mit dem zweiten Erbfall demnach keine Konfusion ein, müsse für die Frage der wirtschaftlichen Belastung auf die Person des zweiten Erben abgestellt werden.[262] Sei davon auszugehen, dass dieser die Pflichtteilsschuld zu Lebzeiten erfüllen müsse, könne dieser auch einen Abzug nach § 10 Abs. 5 Nr. 1 ErbStG erreichen. Derivativ erworbene, verjährte Pflichtteilsverbindlichkeiten seien daher bei Geltendmachung[263] immer dann als Erblasserschuld abzugsfähig, wenn der zweite Erbe auf die Verjährungseinrede verzichte und die Verbindlichkeit gleichwohl erfülle.[264] Auch die Tatsache, dass eine Verbindlichkeit bis zum Tod des zweiten Erblassers gestundet werde, stehe einer wirtschaftlichen Belastung des zweiten Erben und damit einem Abzug nach § 10 Abs. 5 Nr. 1 ErbStG nicht entgegen. Zu fordern sei nämlich nicht, dass die wirtschaftliche Belastung im Zeitpunkt des Erbfalls bereits bestehe, vielmehr könne ein Abzug auch dann gewährt werden, „wenn die wirtschaftliche Belastung des Erben durch die Schuld mit dem Tod des Erblassers (eintrete) oder zu diesem Zeitpunkt (feststehe), dass sie eintreten (werde)."[265] Da die mit dem Tod des Erblassers nunmehr fällig gewordene Forderung vom zweiten Erben zu erfüllen sei, müsse diesem auch ein Abzug nach § 10 Abs. 5 Nr. 1 ErbStG zustehen.

(2) Personengleichheit zwischen Erbe und Pflichtteilsgläubiger (Konfusion)

Anders seien jedoch solche Konstellationen zu behandeln, in denen der (zweite) Erblasser als Schuldner der Verbindlichkeit vom Gläubiger des Pflichtteilsanspruchs beerbt werde und sich somit Gläubiger- und Schuldnerstellung hinsichtlich des Pflichtteilsanspruchs in einer Person vereinen. Die damit eintretende Konfusion führt abweichend vom Zivilrecht nicht zum Erlöschen von Forderung und Verbindlichkeit, vielmehr werden diese für steuerliche Zwecke gem. § 10 Abs. 3 ErbStG als fortbestehend

262 Vgl. BFH DStRE 1999, 717 (718); RFH RStBl 1938, 496; 1936, 543.

263 Die Verjährung steht einer Geltendmachung nicht entgegen, wenn auf die Einrede verzichtet wird, vgl. dazu unter D. II. 2.

264 *Schuck*, FS Spiegelberger, 2009, 409 (413); vgl. Kapp/Ebeling/*Geck*, § 10 Rn. 71.

265 BFH Urt. v. 2.3.2011 – II R 5/09, BeckRS 2011, 95372.

behandelt. Die Besonderheit derartiger Fallgestaltungen – wie sie insbesondere beim Berliner Testament anzutreffen sind – liege darin, dass mit Eintritt des zweiten Erbfalls die wirtschaftliche Last eo ipso erlösche, da die Verbindlichkeit von diesem Zeitpunkt an vom zweiten Erben nur noch virtuell erfüllt werden könne.[266] Um dem Umstand der fehlenden wirtschaftlichen Belastung in der Person des zweiten Erben – dieser muss niemals damit rechnen, die Schuld sich selbst gegenüber erfüllen zu müssen – Rechnung zu tragen, wird hinsichtlich der Frage der wirtschaftlichen Belastung stattdessen auf den (zweiten) Erblasser abgestellt. Ein Abzug der Verbindlichkeit nach § 10 Abs. 5 Nr. 1 ErbStG könne immer dann erfolgen, wenn die Verbindlichkeit rechtlich bestehe und den (zweiten) Erblasser im Todeszeitpunkt (Stichtag iSd. § 11 ErbStG) wirtschaftlich belastet habe.[267] Entscheidend sei also, ob dieser im Todeszeitpunkt damit rechnen müsse, die Forderung (sein Weiterleben unterstellt) noch selbst erfüllen zu müssen.[268] Ob allerdings der (zweite) Erblasser im Todeszeitpunkt hypothetisch auch dann noch davon ausgehen müsse, den Pflichtteil selbst erfüllen zu müssen, wenn der Anspruch bis zu seinem Ableben gestundet wird oder im Zeitpunkt seines Ablebens bereits verjährt ist, wird wiederum nicht ganz eindeutig beantwortet. Da der Erblasser bei solchen Verbindlichkeiten, die bis zu seinem Ableben gestundet werden, mit einer Erfüllung im Zeitpunkt seines Todes nicht mehr rechnen musste, wird ein Abzug derartiger Verbindlichkeiten beim (zweiten) Erben mangels wirtschaftlicher Belastung versagt.[269] Dasselbe galt zunächst für im Todeszeitpunkt verjährte Pflichtteilsverbindlichkeiten. Zwar handele es sich bei der Verjährung nur um eine Einrede, deren Erhebung dem Schuldner grundsätzlich freistehe. Allerdings sei regelmäßig – sollte nicht ausnahmsweise ein anderer Wille des Erblassers erkennbar sein – davon auszugehen, dass diese vom Erblasser auch erhoben worden wäre.[270] Inzwischen steht jedoch das Merkmal der wirtschaftlichen Belastung einem Abzug im Todeszeitpunkt verjährter Pflichtteilsverbindlichkeiten nach einer Rechtsprechungsänderung des BFH aus dem Jahr 2013 nicht mehr entgegen.[271]

---

266 FG Hessen DStRE 2017, 545 (547); vgl. Kapp/Ebeling/*Geck*, § 10 Rn. 78.1.

267 Vgl. BFH DStR 2013, 523 (524); BFH MittBayNot 2008, 324 (325 f.); FG Schleswig-Holstein DStRE 2016, 1443 (1446); FG Saarland ZEV 2013, 635; Troll/Gebel/Jülicher/Gottschalk/*Gebel*, § 10 Rn. 129; Moench/Weinmann/*Weinmann*, § 10 Rn. 46; *Berresheim* ZErb 2007, 436 (439).

268 BFH DStR 2013, 523 (524); BFH MittBayNot 2008, 324 (326).

269 BFH MittBayNot 2008, 324.

270 Vgl. FG München v. 24.7.2002, 4 K 1286/00, EFG 2002, 1625 (1626).

271 BFH DStR 2013, 523 und bestätigend BFH DStR 2020, 1496.

Zwar bedürfe es auch in Bezug auf Pflichtteilsschulden weiterhin einer wirtschaftlichen Belastung des Erblassers im Todesfall. Allerdings sei eine solche jedenfalls bei Pflichtteilsschulden auch dann gegeben, wenn der ursprünglich Verpflichtete im Todeszeitpunkt nicht mit einer Erfüllung der Ansprüche rechnen musste.[272] Erklären lasse sich dies dadurch, dass die Geltendmachung ein Ereignis darstelle, das auf den Eintritt des ersten Erbfalls zurückwirke (§ 175 Abs. 1 S. 1 Nr. 2 AO). Aus diesem Grund müsse für die Frage der wirtschaftlichen Belastung ausnahmsweise nicht auf den Stichtag (= Zeitpunkt des zweiten Erbfalls), sondern auf den Zeitpunkt des ersten Erbfalls abgestellt werden. Da zu diesem Zeitpunkt der Anspruch noch unverjährt bestanden habe, wäre eine wirtschaftliche Belastung zu diesem Zeitpunkt gegeben gewesen. Die wirtschaftliche Belastung werde durch die Geltendmachung daher rückwirkend begründet.[273]

b. Stellungnahme

Um die Auswirkungen des Merkmals der wirtschaftlichen Belastung in Fällen der derivativ erworbenen Pflichtteilsverbindlichkeit festzustellen, muss zunächst die generelle Notwendigkeit des Korrektivs der wirtschaftlichen Belastung im Bereich der Erblasserschulden untersucht werden. Im Anschluss ist zu klären, ob ein abweichendes Verständnis dann geboten ist, wenn es sich bei der Erblasserschuld um eine Pflichtteilsverbindlichkeit handelt.

aa. Grundsätzliches Erfordernis einer wirtschaftlichen Belastung bei Erblasserschulden

Zutreffend ist zunächst, dass die generelle Notwendigkeit des Korrektivs der wirtschaftlichen Belastung für die Abzugsfähigkeit von Erblasserschulden besteht. Dies ergibt sich zum einen aus dem Bereicherungsprinzip als Grundprinzip des Erbschaftsteuerrechts (vgl. § 10 Abs. 1 ErbStG).[274] Kann eine Besteuerung nur erfolgen, wenn der Schuldner tatsächlich bereichert

---

272 A.A. noch die Vorinstanz FG Berlin-Brandenburg v. 22.9.2010 – 14 K 14203/07, BeckRS 2011, 97019, die eine wirtschaftliche Belastung des Erblassers im Todeszeitpunkt verneinte.

273 BFH DStR 2020, 1496 (1497); DStR 2013, 523 (524).

274 *Schindler* ZEV 2018, 60 (63); *Schuck*, FS Spiegelberger, 2009, 409.

ist (§ 10 Abs. 1 ErbStG), sollte gleichsam – in Abweichung vom Zivilrecht – ein Abzug einer Verbindlichkeit als Erblasserschuld (§ 10 Abs. 5 Nr. 1 ErbStG) nur dann zugelassen werden, wenn Vermögen des Schuldners tatsächlich abfließt oder zumindest mit einem Vermögensabfluss zu rechnen ist. Zum anderen kann bei Erblasserschulden – im Unterschied zu den Erbfallschulden nach § 10 Abs. 5 Nr. 2 ErbStG – bei Gewährung eines Abzugs regelmäßig kein korrespondierender Steuerschuldner in Anspruch genommen werden.[275] Um den staatlichen Steueranspruch zu sichern, ist das Korrektiv der wirtschaftlichen Belastung beim Abzug von Erblasserschulden daher angezeigt.

Warum Rechtsprechung und überwiegende Literaturvertreter in Konfusionsfällen auf die wirtschaftliche Belastung des (zweiten) Erblassers im Todeszeitpunkt und nicht auf eine solche des (zweiten) Erben abstellen, erschließt sich hingegen nicht. Vielmehr sollte in allen Fällen – also auch in Konfusionsfällen – maßgeblich für die Gewährung eines Abzugs nach § 10 Abs. 5 Nr. 1 ErbStG sein, dass der (zweite) Erbe einer wirtschaftlichen Belastung ausgesetzt ist. Zum einen ist der zur Begründung durch die Rechtsprechung angeführte Verweis[276] auf die Grundsatzentscheidungen des Reichsfinanzhofs aus den Jahren 1936 und 1938 insoweit unzutreffend, als diesen Entscheidungen Sachverhaltskonstellationen zugrunde lagen, in denen mit dem zweiten Erbfall keine Konfusion eingetreten war und dementsprechend auf eine wirtschaftliche Belastung des (zweiten) Erben abgestellt wurde. Zum anderen muss auch deshalb für die Abzugsfähigkeit als Erblasserschuld nach § 10 Abs. 5 Nr. 1 ErbStG eine wirtschaftliche Belastung des (zweiten) Erben maßgeblich sein, weil dieser und nicht der Erblasser einen Abzug als Erblasserschuld begehrt. Zwar erweist sich das Korrektiv der wirtschaftlichen Belastung in Konfusionsfällen zur Bestimmung, ob eine durch Erbfall erworbene Pflichtteilsschuld als Erblasserschuld abgezogen werden kann, tatsächlich als wenig hilfreich. Denn eine solche kann unabhängig von der zugrunde liegenden Fallkonstellation – betrachtet man die durch Konfusion erloschene Verbindlichkeit[277] isoliert – naturgemäß nicht mehr eintreten oder ist – erachtet man den Verlust des Anspruchs als maßgeblich – sogar zwangsläufig. Dies bedeutet jedoch nicht, dass automatisch auf eine wirtschaftliche Belastung des Erblassers

---

275 Vgl. bereits oben bei den Erbfallschulden, E. I.

276 So zum Beispiel in der Entscheidung BFH MittBayNot 2008, 324.

277 § 10 Abs. 3 ErbStG fingiert nur den Fortbestand von Forderung und Verbindlichkeit für steuerliche Zwecke, ändert aber nichts am zivilrechtlichen Erlöschen.

abgestellt werden müsste. Vielmehr ist in diesen Fällen eine hypothetische Betrachtungsweise angezeigt, im Rahmen derer folgende Frage aufgeworfen werden muss: Wäre der Erbe auch dann wirtschaftlich belastet – und könnte einen Abzug nach § 10 Abs. 5 Nr. 1 ErbStG erreichen –, wenn mit dem Erbfall keine Konfusion eingetreten, er also nicht gleichzeitig auch Gläubiger der Forderung geworden wäre? Bejaht man dies, so muss dem Erben auch ein Abzug der Schuld nach § 10 Abs. 5 Nr. 1 ErbStG zustehen. Dies ergibt sich aus dem bereits an anderer Stelle angesprochenen Gleichstellungsargument, das aus der gesetzlichen Anordnung der Fortbestandsfiktion in § 10 Abs. 3 ErbStG folgt. Würde man in Konfusionsfällen auf eine wirtschaftliche Belastung des Erblassers, in sonstigen Fällen hingegen auf eine wirtschaftliche Belastung des Erben abstellen, hätte dies eine ungerechtfertigte Benachteiligung des Konfusionserben zur Folge. Denn letzterer könnte verjährte oder bis zum Ableben des zweiten Erblassers gestundete Verbindlichkeiten mangels einer wirtschaftlichen Belastung des Erblassers im Todeszeitpunkt nicht abziehen, wohingegen der Erbe in Nicht-Konfusionsfällen einen Abzug erreichen kann (bei verjährten Ansprüchen jedenfalls dann, wenn er auf die Einrede verzichtet[278]). Die oben gezeigte hypothetische Betrachtungsweise führt hingegen zu einer Gleichbehandlung beider Fälle und demzufolge auch in Konfusionsfällen zur Abzugsfähigkeit verjährter oder bis zum Ableben des Erblassers gestundeter Verbindlichkeiten. Macht der (zweite) Erbe nämlich seine derivativ erworbene verjährte Verbindlichkeit nunmehr gegenüber sich selbst geltend, so liegt darin konkludent ein Verzicht auf die Verjährungseinrede. Da auch ein Erbe, der nicht gleichzeitig Gläubiger der Verbindlichkeit ist, in derartigen Fällen einen Abzug erreichen kann, muss das gleiche Recht auch dem Erben bei eingetretener Konfusion zustehen. Selbiges gilt hinsichtlich eines bis zum Ableben des zweiten Erblassers gestundeten Anspruchs. Da ein solcher mit dem Tod des zweiten Erblassers nunmehr – einen Nicht-Konfusionsfall unterstellt – fällig und damit als Nachlassverbindlichkeit abziehbar ist, muss gleiches auch dann gelten, wenn im zweiten Erbfall Konfusion eintritt.

Zusammenfassend lässt sich daher festhalten, dass eine wirtschaftliche Belastung des Schuldners für die Abzugsfähigkeit von Erblasserschulden iSd. § 10 Abs. 5 Nr. 1 ErbStG grundsätzlich erforderlich ist. Für die Frage der wirtschaftlichen Belastung muss dabei ausnahmslos auf die Person des (zweiten) Erben abgestellt werden. Entscheidend ist also, ob dieser mit einer Erfüllung der Schuld zu Lebzeiten rechnen muss. In Konfusionsfäl-

278 Siehe oben unter D. II. 2.

len muss dabei der Umstand der Personengleichheit von Erbe des zweiten Erbfalls und Gläubiger des Pflichtteilsanspruchs ausgeblendet werden. Ein Abzug als Erblasserschuld nach § 10 Abs. 5 Nr. 1 ErbStG muss in solchen Fällen immer dann gewährt werden, wenn er auch (hypothetisch betrachtet) bei fehlender Personengleichheit gewährt worden wäre.

bb. Abweichendes Verständnis bei Pflichtteilsansprüchen

Zwar wurde die generelle Notwendigkeit des Erfordernisses der wirtschaftlichen Belastung bei Erblasserschulden iSd. § 10 Abs. 5 Nr. 1 ErbStG soeben bejaht. Fraglich ist allerdings, ob es eines derartigen Korrektivs auch dann bedarf, wenn es sich bei der Erblasserschuld um eine Pflichtteilsverbindlichkeit handelt, oder ob in derartigen Fällen nicht vielmehr ein abweichendes Verständnis geboten ist. Nach hier vertretener Auffassung können die Grundsätze, die allgemein für den Abzug von Erblasserschulden gelten, nicht auf den Abzug geltend gemachter Pflichtteilsverbindlichkeiten aus einem früheren Erbfall übertragen werden. Denn auch dann, wenn ein Abzug der Pflichtteilsverbindlichkeit als Erblasserschuld erfolgen soll, müssen – ebenso wie bei einem Abzug dieser als Erbfallschuld – zwei Gesichtspunkte berücksichtigt werden. Zum einen ist das Korrektiv der wirtschaftlichen Belastung zur Sicherung des staatlichen Steueranspruchs auch dann nicht notwendig, wenn die Pflichtteilsverbindlichkeit als Erblasserschuld abgezogen werden soll, da dem Abzug in diesen Fällen gleichsam eine gleichzeitige Steuerpflicht des Pflichtteilsberechtigten nach § 3 Abs. 1 Nr. 1 Alt. 3 ErbStG gegenübergestellt wird. Zum anderen kann auch ein Abzug der Pflichtteilsverbindlichkeit als Erblasserschuld nur dann erfolgen, wenn der Pflichtteilsanspruch wirksam geltend gemacht wurde. Da der Begriff der wirtschaftlichen Belastung dem Begriff der Geltendmachung jedoch immanent ist, ein ernsthaftes Erfüllungsverlangen vom Gläubiger folglich nur dann wirksam geäußert werden kann, wenn auch mit einer Erfüllung durch den Schuldner zu rechnen ist[279], bedarf es über die Geltendmachung hinaus keines zusätzlichen Korrektivs. Das Merkmal der wirtschaftlichen Belastung ist daher auch dann nicht gesondert zu prüfen, wenn Pflichtteilsverbindlichkeiten als Erblasserschulden nach § 10 Abs. 5 Nr. 1 ErbStG abgezogen werden sollen. Einzige Voraus-

279 Siehe oben unter E. I.

setzung für einen Abzug in derartigen Fällen ist die wirksame Geltendmachung der rechtlich bestehenden Pflichtteilsverbindlichkeit.[280]

II. In den Nachlass fallender Pflichtteilsanspruch

Von der Konstellation der in den Nachlass fallenden Pflichtteilsverbindlichkeit sind Fälle zu unterscheiden, in denen der Pflichtteilsanspruch in den Nachlass fällt. Auch hier soll zur Einführung folgender Beispielsfall dienen:

> *Der Ehemann (M) und seine Ehefrau (F) haben ein gemeinsames Kind (K). Als M stirbt (erster Erbfall), wird F zur testamentarischen Alleinerbin. Anschließend stirbt jedoch nicht F, sondern K (zweiter Erbfall), wobei dieses von einem Dritten (D) beerbt wird.*

Aufgrund des Ausschlusses des gemeinsamen Kindes K von der Erbfolge entsteht beim ersten Erbfall zunächst ein gegen die Ehefrau F gerichteter Pflichtteilsanspruch des Kindes K nach § 2303 Abs. 1 BGB. Macht dieses nun seinen Pflichtteilsanspruch geltend, ergeben sich keinerlei Besonderheiten. Der Pflichtteilsanspruch ist bei K nach § 3 Abs. 1 Nr. 1 Alt. 3 ErbStG zu versteuern, bei der F nach § 10 Abs. 5 Nr. 2 ErbStG als Nachlassverbindlichkeit bereicherungsmindernd zum Abzug zu bringen. Doch was geschieht, wenn K vor der Geltendmachung des Pflichtteilsanspruchs stirbt? Der bereits entstandene Pflichtteilsanspruch fällt unabhängig von einer Geltendmachung desselben in den Nachlass des K, wodurch der Anspruch auf den Erben übergeht (§ 1922 BGB). Dies könnte eine Besteuerung des bereits im ersten Erbfall entstandenen Pflichtteilsanspruchs nach § 3 Abs. 1 Nr. 1 Alt. 1 ErbStG zur Folge haben.

1. Besteuerung des geerbten Pflichtteilsanspruchs nach § 3 Abs. 1 Nr. 1 Alt. 1 ErbStG

Ob tatsächlich eine Besteuerung des derivativ erworbenen Pflichtteilsanspruchs nach § 3 Abs. 1 Nr. 1 Alt. 1 ErbStG erfolgen kann, wenn dieser zuvor nicht geltend gemacht wurde, und in welcher Weise sich eine spä-

280 Vgl. Mayer/Süß/Tanck/Bittler/Wälzholz/*Griesel*, Handbuch Pflichtteilsrecht, § 17 Rn. 46; *Schuck*, FS Spiegelberger, 2009, 409 (414).

tere Geltendmachung auswirkt, wird in Rechtsprechung und Literatur kontrovers diskutiert.

a. Ansicht der Rechtsprechung

Mit der Frage, ob der durch Erbanfall erworbene und noch nicht geltend gemachte Pflichtteilsanspruch zu einer Besteuerung nach § 3 Abs. 1 Nr. 1 Alt. 1 ErbStG führt, hat sich der BFH in einer Entscheidung vom 07.12.2016[281] befasst. Dieser steht auf dem Standpunkt, dass es auf die Geltendmachung dann nicht ankomme, wenn der Pflichtteilsanspruch nicht originär erworben wird, sondern ein bereits bestehender Pflichtteilsanspruch in die Erbmasse fällt. In diesen Fällen komme es in Person des Erben unabhängig von einer Geltendmachung des Pflichtteilsanspruchs zu einer Besteuerung des Pflichtteils nach § 3 Abs. 1 Nr. 1 Alt. 1 ErbStG.[282]

Der BFH begründet seine Sichtweise in erster Linie damit, dass § 3 Abs. 1 Nr. 1 Alt. 1 ErbStG den Erwerb durch Erbanfall besteuere und § 1922 BGB in Bezug nehme. § 1922 BGB statuiere den Grundsatz der Gesamtrechtsnachfolge, wonach jegliches vererbbare Vermögen als Ganzes auf den Erben übergehe. Ein Anspruch stelle dann einen Vermögensbestandteil dar, wenn er entstanden ist. Zivilrechtlich entstehe der Pflichtteilsanspruch jedoch nicht erst mit der Geltendmachung, sondern bereits mit dem Erbfall (§ 2317 Abs. 1 BGB). Die Vererbbarkeit des Anspruchs stelle § 2317 Abs. 2 klar. Der Pflichtteilsanspruch fiele somit in die Erbmasse und unterläge einer Besteuerung nach § 3 Abs. 1 Nr. 1 Alt. 1 ErbStG, ohne dass es – so der eindeutige Wortlaut des § 3 Abs. 1 Nr. 1 Alt. 1 ErbStG – auf eine Geltendmachung desselben ankomme. Die Frage, ob eine solche Sichtweise Wertungswidersprüche im Hinblick auf die in § 3 Abs. 1 Nr. 1 Alt. 3 ErbStG enthaltene Wertung mit sich bringe, verneint der BFH unter Hinweis auf den Sinn und Zweck der Geltendmachung. Diese bezwecke zum einen, dem fehlenden Ausschlagungsrecht bei derartigen Ansprüchen Rechnung zu tragen, und zum anderen die Vermeidung von Familienkonflikten, die daraus entstehen können, dass der Pflichtteilsberechtigte zulasten des Erben gezwungen werde, auf einer Erfüllung des Anspruchs zu beharren. Der letztgenannte Zweck der Geltendmachung – Vermeidung von Familienkonflikten – stehe einer Besteuerung nach § 3 Abs. 1 S. 1 Nr. 1 ErbStG ohne vorherige Geltendmachung des Pflichtteilsanspruchs nicht

281 BFH DStR 2017, 724.
282 So auch *Muscheler* ZEV 2001, 377 (379).

entgegen, da beim derivativen Erwerb (Erwerb des Pflichtteilsanspruchs durch Erbanfall) ein Näheverhältnis zwischen Pflichtteilsschuldner und Pflichtteilsgläubiger nicht mehr zwangsläufig bestehe. Die Frage, ob ein solches auch beim derivativen Erwerb bestehe, hänge nämlich maßgeblich davon ab, durch wen der ursprünglich Pflichtteilsberechtigte beerbt werde und ob dieser Erbe eine persönliche Bindung zum Pflichtteilsschuldner habe. Sei ein solches auch nach dem Tod des ursprünglich Pflichtteilsberechtigten noch gegeben, so stelle dies eine bloße Zufälligkeit dar, die als solche „unerheblich" sei. Im Hinblick auf die Wahrung des Familienfriedens sei das Erfordernis der Geltendmachung jedenfalls nicht mehr zwingend erforderlich. Auch dem fehlenden Ausschlagungsrecht werde hinreichend Rechnung getragen. Da der Pflichtteilsanspruch derivativ als Teil der Erbmasse erworben werde, stehe es dem Erben frei, die gesamte Erbschaft – und damit auch den Pflichtteilsanspruch – auszuschlagen. Insgesamt sei daher das Entstehen der Steuer im Fall des derivativen Pflichtteilserwerbs unabhängig von einer Geltendmachung des Anspruchs zu beurteilen. Mache der Pflichtteilserbe den Pflichtteilsanspruch im Anschluss an seinen Erwerb geltend, bestehe trotz der Vorschrift des § 3 Abs. 1 Nr. 1 Alt. 3 ErbStG keine Gefahr einer Doppelbesteuerung des Pflichtteils (Besteuerung beim Erwerb und zusätzlich bei der Geltendmachung). Vielmehr löse eine spätere Geltendmachung keine Besteuerung nach § 3 Abs. 1 Nr. 1 Alt. 3 ErbStG mehr aus, sondern führe lediglich zur Abzugsmöglichkeit des Erben nach § 10 Abs. 5 Nr. 2 ErbStG.

b. Ansichten in der Literatur

aa. Differenzierung zwischen verjährten und unverjährten Pflichtteilsansprüchen

Einige Literaturstimmen teilen im Grundsatz die Sichtweise des BFH, differenzieren allerdings zusätzlich[283] danach, ob der Pflichtteilsanspruch zum Zeitpunkt des Erbfalls bereits verjährt war oder nicht. So entstehe beim derivativen Pflichtteilserwerb die Steuer unabhängig von einer vorherigen Geltendmachung des Anspruchs jedenfalls dann nach § 3 Abs. 1 Nr. 1 Alt. 1 ErbStG, wenn der Pflichtteilsanspruch zum Zeitpunkt des zweiten Erbfalls noch nicht verjährt war.[284] Anders sei der Fall einer

283 Die Entscheidung des BFH lässt eine derartige Differenzierung nicht erkennen.
284 *Muscheler* ZEV 2001, 377 (379).

zum Zeitpunkt des zweiten Erbfalls bereits eingetretenen Verjährung des Pflichtteilsanspruchs zu behandeln. In dieser Konstellation wird überwiegend davon ausgegangen, dass mit dem Eintritt der Verjährung der Pflichtteilsanspruch uneinbringlich iSd. § 12 Abs. 2 BewG geworden sei, da ohne besondere Umstände von der Erhebung der Verjährungseinrede ausgegangen werden könne.[285] Der verjährte Pflichtteilsanspruch fiele dann zwar in die Erbmasse, die Bemessungsgrundlage würde durch einen derartigen Anspruch aber nicht erhöht.

bb. Bewertungsrechtliche Lösungsansätze

Andere Literaturvertreter sehen eine Lösung des Problems nicht im Erbschaftsteuer-, sondern im Bewertungsrecht verankert. Das „Ob“ der Besteuerung richte sich zunächst – insoweit im Einklang mit der Linie des BFH – nach zivilrechtlichen Grundsätzen. Die Steuer müsse daher dem Grunde nach auch beim derivativen Pflichtteilserwerb gem. § 3 Abs. 1 Nr. 1 Alt. 3 ErbStG entstehen. Allerdings müsse eine bewertungsrechtliche „Korrektur“ des Ergebnisses vorgenommen werden, die zur Folge habe, dass dem nicht geltend gemachten Pflichtteilsanspruch kein steuerlicher Wert beigemessen werden dürfe. Der Pflichtteilsanspruch sei zwar als Kapitalforderung gem. § 12 Abs. 1 BewG grundsätzlich mit dem Nennwert anzusetzen. Allerdings müsse in Fällen der fehlenden Geltendmachung der Rechtsgedanke des § 4 BewG beachtet werden, wonach eine Berücksichtigung solcher Wirtschaftsgüter, die unter einer aufschiebenden Bedingung erworben werden, erst mit Eintritt der Bedingung dann erfolgen kann.[286] Die Steuer entstehe daher zwar dem Grunde nach gem. § 3 Abs. 1 S. 1 Nr. 1 ErbStG, zu einer Erhöhung der Bemessungsgrundlage führe der derivative Pflichtteilserwerb in Fällen fehlender Geltendmachung aber nicht. Werde der Anspruch später geltend gemacht, entstehe die Steuer nach § 3 Abs. 1 Nr. 1 Alt. 3 ErbStG in Person des Erben des Pflichtteilsberechtigten und könne gem. § 10 Abs. 5 Nr. 2 ErbStG vom Pflichtteilsschuldner als Nachlassverbindlichkeit abgezogen werden.[287]

285 So auch *Billig* UVR 2017, 345 (347); Rössler/Troll/*Eisele*, § 12 Rn. 14.
286 BFH ZEV 2017, 283 (286) mit Anm. *Wachter*.
287 BFH ZEV 2017, 283 (286) mit Anm. *Wachter*.

cc. Besteuerung des geerbten Pflichtteilsanspruchs nur bei Geltendmachung

Für andere Vertreter in der Literatur steht die Entscheidung des BFH deshalb in der Kritik[288], weil diese den Erben des Pflichtteilsberechtigten schlechter stelle als den Pflichtteilsberechtigten selbst.[289] Voraussetzung für die Erbschaftsteuerentstehung sei daher auch beim derivativen Erwerb (§ 3 Abs. 1 Nr. 1 Alt. 1 ErbStG) – ebenso wie beim originären – die Geltendmachung des Anspruchs.[290] Eine spätere Geltendmachung durch den Pflichtteilserben wirke sich zum einen dergestalt aus, dass der Steueranspruch nach § 3 Abs. 1 Nr. 1 Alt. 1 ErbStG nunmehr entstehe. Weiterhin stelle die Geltendmachung ein auf den Zeitpunkt des ersten Erbfalls zurückwirkendes Ereignis dar und führe somit zum rückwirkenden Entstehen einer Steuerpflicht beim bereits Verstorbenen (im Beispielsfall K) aus § 3 Abs. 1 Nr. 1 Alt. 3 ErbStG, die als Nachlassverbindlichkeit nach §§ 1967 BGB, 45 AO auf den Erben des Pflichtteilsberechtigten übergehe. Im Ergebnis müsse der Pflichtteilserbe bei späterer Geltendmachung den erworbenen und geltend gemachten Pflichtteilsanspruch daher doppelt versteuern.

c. Stellungnahme

aa. Besteuerung des derivativ erworbenen Pflichtteilsanspruchs ohne vorherige Geltendmachung

Die Sichtweise des BFH, beim derivativen Pflichtteilserwerb eine Geltendmachung für Besteuerungszwecke für entbehrlich zu halten, kann insgesamt nicht überzeugen. Vielmehr sollte auch für die Besteuerung des derivativ erworbenen Pflichtteilsanspruchs entscheidend sein, ob dieser geltend gemacht wurde oder nicht. Zu folgen ist daher der zuletzt genannten Literaturansicht. Zwar stellt der BFH zunächst dogmatisch einleuchtend den Zusammenhang zwischen dem Erbschaftsteuerrecht und

---

288 BFH NZG 2017, 552 (554 f.) mit Anm. *Wälzholz*; BFH ZErb 2017, 175 (177 f.) mit Anm. *Daragan*.

289 Mayer/Süß/Tanck/Bittler/Walzholz/*Griesel*, Handbuch Pflichtteilsrecht, § 17 Rn. 66; *Schindler* ZEV 2018, 60 (66).

290 BFH MittBayNot 2018, 81 (85) mit Anm. *Selbherr*; BFH ZErb 2017, 175 (177 f.) mit Anm. *Daragan*.

Zivilrecht her, indem er klarstellt, dass der Pflichtteilsanspruch unabhängig von einer Geltendmachung Teil der Erbmasse iSd. § 1922 BGB ist. Folgerichtig müsste der Pflichtteilsanspruch als Teil der Erbmasse an sich auch dem Besteuerungstatbestand des § 3 Abs. 1 Nr. 1 Alt. 1 ErbStG unterliegen, der explizit die Vorschrift des § 1922 BGB in Bezug nimmt. Allerdings führt die Ansicht der Rechtsprechung tatsächlich zu einer ungerechtfertigten Schlechterstellung des Pflichtteilserben gegenüber seinem Erblasser (ursprünglicher Pflichtteilsberechtigter, im Beispielsfall K), der seinen originär erworbenen Pflichtteilsanspruch nur bei Geltendmachung nach § 3 Abs. 1 Nr. 1 Alt. 3 ErbStG hätte versteuern müssen.[291] Das Erfordernis der Geltendmachung erhält seinen Sinn darin, dass auf den Pflichtteilsberechtigten aufgrund der familiären Verbundenheit zum Erben kein Druck zur Geltendmachung ausgeübt werden soll, nur um daraus die Erbschaftsteuer zahlen zu können. Die Begründung des BFH, weshalb eine Geltendmachung nach ihrem Sinn und Zweck für die Fälle des derivativen Pflichtteilserwerbs keine Steuerpflicht auslösen soll, ist nicht überzeugend. Zum einen äußert der BFH schlicht, dass ein persönliches Näheverhältnis zwischen dem Erben des Pflichtteilsberechtigten und dem Erben aus dem ersten Erbfall als „unerheblich" anzusehen sei. Zur Frage, warum ein derartiges Näheverhältnis unerheblich sein soll, äußert sich der BFH hingegen nicht. Im Gegenteil ist eher davon auszugehen, dass die familiäre Verbundenheit in der Regel auch noch zwischen dem Erben des Pflichtteilsberechtigten und dem Erben aus dem ersten Erbfall besteht, da die Einsetzung familienfremder Personen eher die Ausnahme bildet.[292] Zum anderen überzeugt die Aussage, dem fehlenden Ausschlagungsrecht werde durch die Möglichkeit, „die Erbschaft nach § 1942 BGB auszuschlagen und damit den Rechtsanfall – einschließlich des erworbenen Pflichtteilsanspruchs – insgesamt rückwirkend zu beseitigen", nicht. Erstens ist die Möglichkeit der Erbschaftsausschlagung im Ganzen dem Pflichtteilsberechtigten insbesondere in Fällen unzumutbar, in denen auch andere (unter Umständen wertvolle) Vermögenswerte zur Erbschaft gehören. Zweitens zeigt auch ein Vergleich mit einem derivativ erworbenen Vermächtnisanspruch, weshalb auf das Erfordernis der Geltendmachung in Fällen des derivativ erworbenen Pflichtteilsanspruchs nicht verzichtet werden kann. Zu bedenken ist nämlich, dass auch das derivativ erworbene

291 So auch Mayer/Süß/Tanck/Bittler/Wälzholz/*Griesel*, Handbuch Pflichtteilsrecht, § 17 Rn. 66; *Schindler* ZEV 2018, 60 (66).

292 BFH ZEV 2017, 283 (286) mit Anm. *Wachter*; BFH ZErb 2017, 175 (178) mit Anm. *Daragan*.

Vermächtnis noch ausgeschlagen werden kann (§§ 2180 Abs. 3, 1952 Abs. 1 BGB), was ein Erlöschen der bereits entstandenen Steuer zur Folge hat. Wenn dem Erben des Vermächtnisnehmers die Möglichkeit verbleibt, die für das Vermächtnis entstandene Steuer rückwirkend zum Erlöschen zu bringen, muss auch der Erbe des Pflichtteilsberechtigten die Möglichkeit haben, auf das Entstehen der Steuer für den Pflichtteil Einfluss zu nehmen. Diese Möglichkeit hat er aber nur dann, wenn man die Geltendmachung als notwendige Voraussetzung für eine Steuerentstehung ansieht. Widersprüchlich und mit dem vom Gesetzgeber bezweckten Korrespondenzprinzip unvereinbar ist zusätzlich, dass eine spätere Geltendmachung durch den Pflichtteilsberechtigten zwar keine erneute Besteuerung nach § 3 Abs. 1 Nr. 1 Alt. 3 ErbStG auslösen, gleichzeitig aber für den Abzug nach § 10 Abs. 5 Nr. 2 ErbStG relevant sein soll. Wenn der BFH einer Geltendmachung aufgrund der fehlenden familiären Verbindung und der Möglichkeit zur Ausschlagung der gesamten Erbschaft in der Konstellation des derivativen Pflichtteilserwerbs für die Frage der Besteuerung nach § 3 Abs. 1 Nr. 1 Alt. 1 ErbStG keine Bedeutung beimisst, sollte er auch einen Abzug der Pflichtteilsverbindlichkeit unabhängig von einer Geltendmachung zulassen. Indem der BFH einen Abzug beim Erben aber erst bei späterer Geltendmachung des Pflichtteilsanspruchs akzeptiert, bringt er gleichzeitig zum Ausdruck, dass auf das Erfordernis der Geltendmachung beim derivativen Pflichtteilserwerb doch nicht gänzlich verzichtet werden kann. Er stellt demnach seine eigene Argumentation in Frage. Insgesamt sollte daher auch beim derivativ erworbenen Pflichtteilsanspruch eine Besteuerung nur dann erfolgen, wenn der Pflichtteilsanspruch bereits geltend gemacht wurde.

Hinsichtlich der Frage, ob dieses Ergebnis durch eine Bewertung des erworbenen Pflichtteilsanspruchs mit Null (§§ 12 Abs. 1, 4 BewG) oder durch eine teleologische Reduktion des § 3 Abs. 1 Nr. 1 Alt. 3 ErbStG zu erreichen ist, sollte von letzterem ausgegangen werden. Zu folgern ist dies daraus, dass dem bewertungsrechtlichen Lösungsansatz der eindeutige Wortlaut des § 12 Abs. 1 BewG entgegensteht, wonach der Pflichtteilsanspruch als Kapitalforderung mit dem gemeinen Wert und nicht mit Null anzusetzen ist.[293] Alleine die Tatsache, dass es sich beim erworbenen Anspruch um eine Pflichtteilsforderung handelt, sollte für die Annahme „besonderer Umstände“ iSd. § 12 Abs. 1 BewG nicht ausreichen. Auch kann die Geltendmachung nicht als Bedingung iSd. § 4 BewG qualifiziert

293 BFH StuB 2017, 821 (823) mit Anm. *Rohde/Hoffmann*; *Schindler* ZEV 2018, 60 (66).

werden, da beim derivativ erworbenen Pflichtteilsanspruch nicht der „Erwerb“, sondern die Besteuerung von der Geltendmachung abhängt. Besser ist deshalb, in derartigen Fällen von einer teleologischen Reduktion des § 3 Abs. 1 Nr. 1 Alt. 1 ErbStG auszugehen. Auf diese Weise kann ein Gleichlauf zur bereits besprochenen Konstellation der in den Nachlass fallenden und noch nicht geltend gemachten Pflichtteilsverbindlichkeit hergestellt werden. Wenn in jenem „umgekehrten“ Fall der Abzugstatbestand des § 10 Abs. 5 Nr. 1 teleologisch reduziert werden muss und ein Abzug daher nicht erfolgen kann[294], muss selbiges gelten, wenn nicht die Pflichtteilsverbindlichkeit, sondern ein nicht geltend gemachter Pflichtteilsanspruch durch Erbanfall erworben wird.

bb. Auswirkungen bei Geltendmachung nach dem zweiten Erbfall

Damit steht zunächst fest, dass der derivative Pflichtteilserwerb ohne Geltendmachung des Anspruchs nicht zu einer Steuerpflicht nach § 3 Abs. 1 Nr. 1 Alt. 1 ErbStG führt. Noch nicht beantwortet ist jedoch die Frage, welche Steuerfolgen durch eine spätere Geltendmachung des Pflichtteilsanspruchs ausgelöst werden. Zunächst kann dabei unstreitig auch der Erbe des Pflichtteilsberechtigten seinen durch Erbanfall erworbenen Pflichtteilsanspruch noch geltend machen, denn dieser tritt als Gesamtrechtsnachfolger (§ 1922 BGB) vollständig in die Rechtsposition des originär Pflichtteilsberechtigten ein. Etwas anderes würde nur dann gelten, wenn das Recht zur Geltendmachung ein persönlich vom originär Pflichtteilsberechtigten wahrzunehmendes Recht wäre. Dagegen spricht jedoch bereits, dass sich ein persönlicher Charakter des Rechts zur Geltendmachung aus dem Gesetz nicht ergibt.[295] Darüber hinaus ist die Besteuerung des Pflichtteilsanspruchs – trotz des Charakters der Erbschaftsteuer als Subjektsteuer – ohnehin personenunabhängig. Diese erfolgt nämlich entweder beim Pflichtteilsberechtigten bei Geltendmachung seines Anspruchs oder sie erfolgt beim Erben, der den Pflichtteilsanspruch immer dann als Teil seines Nachlasses versteuern muss, wenn der Pflichtteilsberechtigte seinen Anspruch nicht geltend macht.[296] Insgesamt ist daher davon auszugehen,

294 Siehe oben unter F. I. 1.
295 *Schindler* ZEV 2018, 60 (65).
296 BFH ZErb 2017, 175 (178) mit Anm. *Daragan*.

dass das Recht zur Geltendmachung dem Anspruch folgt und nicht an die Person des originär Pflichtteilsberechtigten geknüpft ist.[297]

Um die Steuerfolgen einer späteren Geltendmachung zu untersuchen, muss die Konstellation der in den Nachlass fallenden Pflichtteilsverbindlichkeit vergleichend herangezogen werden. Wie bereits dargelegt, führt in diesem Fall eine spätere Geltendmachung des Pflichtteilsanspruchs dazu, dass dieser nach § 3 Abs. 1 Nr. 1 Alt. 3 ErbStG zu besteuern ist, der Erbe des Pflichtteilsschuldners einen Abzug von seiner Bemessungsgrundlage nach § 10 Abs. 5 Nr. 1 ErbStG vornehmen kann und ein bereits gegen den ursprünglichen Pflichtteilsschuldner (Erbe des ersten und Erblasser des zweiten Erbfalls) erlassener Steuerbescheid zu korrigieren ist, da diesem nunmehr ein Abzug der Pflichtteilsverbindlichkeit nach § 10 Abs. 5 Nr. 2 ErbStG zugestanden hätte.

Fällt nicht die Pflichtteilsverbindlichkeit, sondern der Pflichtteilsanspruch in den Nachlass und wird dieser anschließend geltend gemacht, müssen gewissermaßen „umgekehrte" Steuerfolgen eintreten. Dies bedeutet zunächst, dass der Erbe des ersten Erbfalls (Pflichtteilsschuldner) die Pflichtteilsverbindlichkeit von seiner eigenen Steuerbemessungsgrundlage nach § 10 Abs. 5 Nr. 2 ErbStG bereicherungsmindernd abziehen kann. Weiterhin bleibt zu klären, wie sich die Geltendmachung auf Seiten des Pflichtteilserben auswirkt. Ausgehend vom insoweit einschlägigen Wortlaut des § 3 Abs. 1 Nr. 1 Alt. 3 ErbStG („Erwerb (...) aufgrund eines geltend gemachten Pflichtteilsanspruchs"), der nicht danach unterscheidet, ob der originär Pflichtteilsberechtigte oder der Pflichtteilserbe seinen Pflichtteilsanspruch geltend macht, sollte man zunächst meinen, dass dieser die Grundlage für die Besteuerung des geltend gemachten Pflichtteilsanspruchs beim Pflichtteilserben bildet. Dies wird jedoch durch einen Vergleich mit der Vorschrift des § 10 Abs. 5 Nr. 2 ErbStG widerlegt. Ein bereicherungsmindernder Abzug des geltend gemachten Pflichtteilsanspruchs nach dieser Vorschrift steht nur dem Verpflichteten zu, dessen Verpflichtung unmittelbar durch den Erbfall begründet wurde (Erbfallschuld). Beruht die Verpflichtung hingegen auf einer Haftung des Verpflichteten als Gesamtrechtsnachfolger für die bereits entstandene und geltend gemachte Pflichtteilsverbindlichkeit (§§ 1922, 1967 BGB), ist für einen bereicherungsmindernden Abzug nicht § 10 Abs. 5 Nr. 2 ErbStG, sondern § 10 Abs. 5 Nr. 1 ErbStG einschlägig.[298] Für die Vorschrift des § 3 Abs. 1 Nr. 1 Alt. 3 ErbStG bedeutet dies, dass umgekehrt auch nur die Person einer

297 *Schindler* ZEV 2018, 60 (65); BFH ZErb 2017, 175 (178) mit Anm. *Daragan*.
298 Siehe oben unter F. I. 2.

Steuerpflicht ausgesetzt ist, die den Anspruch auf Auszahlung des Pflichtteils (originär) beim Erbfall erworben hat. Wird der Pflichtteilsanspruch hingegen derivativ als Teil der Erbmasse erworben und anschließend geltend gemacht, kann eine Steuerpflicht jedenfalls nicht unmittelbar in Person des Pflichtteilserben nach § 3 Abs. 1 Nr. 1 Alt. 3 ErbStG entstehen.

Zu beachten ist vielmehr, dass die Geltendmachung auf den Zeitpunkt des ersten Erbfalls – einen Zeitpunkt, in dem der ursprünglich Pflichtteilsberechtigte noch gelebt hat – zurückwirkt. Daraus folgen mehrere Konsequenzen. Zum einen entsteht nach §§ 3 Abs. 1 Nr. 1 Alt. 3 iVm. 9 Abs. 1 Nr. 1 Buchst. b) ErbStG mit der Geltendmachung rückwirkend ein Steueranspruch gegen den inzwischen verstorbenen ursprünglichen Pflichtteilsberechtigten, für dessen Steuerschulden der Pflichtteilserbe nach § 1967 BGB, § 45 AO haftet. Zum anderen muss davon ausgegangen werden, dass der Pflichtteilsanspruch zum Zeitpunkt des zweiten Erbfalls bereits geltend gemacht worden war. Fällt ein bereits geltend gemachter Pflichtteilsanspruch in den Nachlass, führt dies zum Entstehen eines zweiten Steueranspruchs – diesmal direkt gegen den Pflichtteilserben – nach §§ 3 Abs. 1 Nr. 1 Alt. 1 iVm. 9 Abs. 1 Nr. 1 ErbStG. Von der Bemessungsgrundlage des letzteren Erwerbs (§ 3 Abs. 1 Nr. 1 Alt. 1 ErbStG) kann wiederum die rückwirkend in Person des ursprünglich Pflichtteilsberechtigten entstandene Steuerschuld, für die der Pflichtteilserbe haften muss, als Erblasserschuld nach § 10 Abs. 5 Nr. 1 ErbStG abgezogen werden.[299]

Im Ergebnis führt die Geltendmachung somit zu einer doppelten Steuerpflicht des Pflichtteilserben. Die Richtigkeit dieses Ergebnisses zeigt ein Vergleich mit der Konstellation, in der ein ursprünglich Pflichtteilsberechtigter seinen Pflichtteilsanspruch noch zu Lebzeiten geltend macht und anschließend stirbt.[300] Auch in diesem Fall müsste der Pflichtteilserbe einerseits für die Steuerschulden seines Erblassers nach § 1967, § 45 AO haften und wäre andererseits einer eigenen Steuerpflicht nach § 3 Abs. 1 Nr. 1 Alt. 1 ErbStG (Erwerb des geltend gemachten Pflichtteilsanspruchs durch den Erbfall) ausgesetzt. Insgesamt muss daher der dritten Literaturansicht uneingeschränkt gefolgt werden.

299 *Schindler* ZEV 2018, 60 (65).

300 Einen Vergleich mit der Geltendmachung noch zu Lebzeiten führt *Schindler* in ZEV 2018, 60 (65) an.

2. Steuerliche Relevanz einer späteren Geltendmachung in Fällen der Konfusion

In Fällen des in den Nachlass fallenden Pflichtteilsanspruchs kann – wie auch in Fällen der in den Nachlass fallenden Pflichtteilsverbindlichkeit – gleichermaßen die Konstellation auftreten, dass der Pflichtteilsschuldner aus dem ersten Erbfall (= Erbe des ersten Erbfalls) Gesamtrechtsnachfolger des Pflichtteilsgläubigers wird, mit dem zweiten Erbfall also Konfusion eintritt. Die Vorschrift des § 10 Abs. 3 ErbStG bewirkt auch hier einen Fortbestand von Forderung und Verbindlichkeit dergestalt, dass der Erbe des Pflichtteilsgläubigers den derivativ erworbenen Anspruch nunmehr gegen sich selbst geltend machen kann. Eine Geltendmachung des Pflichtteilsanspruchs nach dem zweiten Erbfall kann sich insbesondere dann als steuerlich günstig erweisen, wenn die Erbmasse des ersten Erbfalls die des zweiten Erbfalls deutlich übersteigt. Aufgrund der Abzugsmöglichkeit des geltend gemachten Pflichtteilsanspruchs von der Bemessungsgrundlage des ersten Erbfalls nach § 10 Abs. 5 Nr. 2 ErbStG kann in derartigen Fällen die steuerliche Gesamtbelastung vermindert werden. Zur Verdeutlichung soll folgendes Beispiel dienen:

> *Die Ehegatten E1 und E2 setzen sich im Rahmen eines Berliner Testaments (§ 2269 BGB) gegenseitig zu Alleinerben ein und bestimmen den einzigen gemeinsamen Abkömmling K zum Schlusserben des zuletzt versterbenden Ehegatten. Zunächst verstirbt E1 und hinterlässt dem überlebenden Ehegatten E2 ein Barvermögen im Wert von EUR 600.000. Gleichzeitig entsteht in Person des K ein gegen den überlebenden Ehegatten E2 gerichteter Pflichtteilsanspruch iHv. EUR 150.000 (§§ 2303 Abs. 1, 1924 Abs. 1, 1931 Abs. 1, 1371 Abs. 1 BGB). Im Anschluss daran verstirbt überraschenderweise K vor der Geltendmachung seines Pflichtteilsanspruchs und wird ebenfalls von E2 allein beerbt. Da K kein Vermögen besitzt, hinterlässt er E2 lediglich seinen Pflichtteilsanspruch iHv. EUR 150.000.*

Macht E2 seinen erworbenen Pflichtteilsanspruch nicht geltend, hat er einen steuerpflichtigen Erwerb aus dem ersten Erbfall (Tod des E1) iHv. EUR 189.700. Die Bemessungsgrundlage ergibt sich aus dem erworbenen Barvermögen (EUR 600.000) abzüglich eines Pauschalbetrags iHv. EUR 10.300 (§ 10 Abs. 5 Nr. 3 ErbStG) und eines Steuerfreibetrags von EUR 400.000 (§ 16 Abs. 1 Nr. 2 ErbStG). Bei einem Steuersatz von 11 % (§§ 15 Abs. 1 iVm. 19 Abs. 1 ErbStG) ergibt sich eine Steuer von EUR 20.867. Ein steuerpflichtiger Erwerb des E2 beim zweiten Erbfall (Tod des K) scheidet hingegen nach hier vertretener Auffassung – anders als nach Auffassung der Rechtsprechung – aus, wenn Erwerbsgegenstand ausschließlich ein nicht geltend gemachter Pflichtteilsanspruch ist. Die steuerliche Gesamtbelastung des E2 aus beiden Erbfällen beträgt somit EUR 20.867.

Anders stellt sich die Rechtslage dar, wenn E2 nach dem zweiten Erbfall seinen Pflichtteilsanspruch geltend macht. In diesem Fall kann er den geltend gemachten Pflichtteil iHv. 150.000 EUR als Nachlassverbindlichkeit gem. § 10 Abs. 5 Nr. 2 ErbStG von seiner Steuerbemessungsgrundlage nach dem ersten Erbfall abziehen. Es verbleibt ein steuerpflichtiger Erwerb iHv. EUR 39.700 (EUR 189.700 / EUR 150.000). Bei einem Steuersatz von 7 % (§§ 15 Abs. 1 iVm. 19 Abs. 1 ErbStG) ergibt sich eine Steuer von EUR 2.779. Ist ein Steuerbescheid gegen E2 bereits erlassen, ist dieser entsprechend zu korrigieren (§ 175 Abs. 1 S. 1 Nr. 2 AO). Aufgrund der Geltendmachung muss der Pflichtteilsanspruch nun beim zweiten Erbfall besteuert werden (§ 3 Abs. 1 Nr. 1 Alt. 1 ErbStG). Eine Zusammenrechnung beider Erwerbe – aus dem ersten und aus dem zweiten Erbfall – nach § 14 Abs. 1 ErbStG scheidet aus, da die Erwerbe nicht „von derselben Person“ angefallen sind. Vom Erwerb des geltend gemachten Pflichtteilsanspruchs iHv. EUR 150.000 können wiederum pauschale Kosten iHv. EUR 10.300 und ein Steuerfreibetrag von EUR 100.000 (§ 16 Abs. 1 Nr. 4 ErbStG) abgezogen werden. Es verbleibt auch hier ein steuerpflichtiger Erwerb iHv. EUR 39.700, was bei einem Steuersatz von 7 % zu einer Steuer iHv. EUR 2.779 führt. Zwar müsste E2 aufgrund der Geltendmachung grundsätzlich für die rückwirkend entstehende Steuerschuld beim bereits verstorbenen K nach § 3 Abs. 1 Nr. 1 Alt. 3 ErbStG haften (§ 1967, § 45 AO). Da sich für K aber gem. § 16 Abs. 1 Nr. 2 ErbStG ein Steuerfreibetrag nach E1 iHv. EUR 400.000 ergibt und der steuerbare Pflichtteilserwerb iHv. EUR 150.000 diesen unterschreitet, entsteht in Person des K keine Steuerpflicht, für die E2 haften könnte. Unter Zusammenrechnung der gegen E2 bestehenden Steueransprüche ergibt sich eine steuerliche Gesamtbelastung von EUR 5.558. Die Geltendmachung des Pflichtteilsanspruchs nach dem zweiten Erbfall bewirkt für E2 einen steuerlichen Vorteil iHv. EUR 15.309.

G. Steuerrechtliche Behandlung des Pflichtteilsergänzungsanspruchs

Bei Pflichtteilsergänzungsansprüchen ist problematisch, ob diese – ebenso wie Pflichtteilsansprüche – bei Geltendmachung dem Besteuerungstatbestand des § 3 Abs. 1 Nr. 1 Alt. 3 ErbStG zuzuordnen sind und ob diese gleichsam zu einem Abzug beim Erben nach § 10 Abs. 5 Nr. 2 ErbStG führen. Zusätzlich stellt sich bei gegen den Beschenkten gerichteten Ansprüchen nach § 2329 BGB die Frage, welche steuerlichen Folgen die Geltendmachung für den Beschenkten auslöst.

I. Steuerbarkeit des Pflichtteilsergänzungsanspruchs

Die Problematik der Besteuerung von Pflichtteilsergänzungsansprüchen beruht darauf, dass der Besteuerungstatbestand des § 3 Abs. 1 Nr. 1 Alt. 3 ErbStG seinem Wortlaut nach nur den Erwerb aufgrund eines geltend gemachten „Pflichtteilsanspruchs", nicht jedoch den aufgrund eines Pflichtteilsergänzungsanspruchs erfasst. Ob Pflichtteilsergänzungsansprüche trotz des entgegenstehenden Wortlauts dennoch unter die Vorschrift des § 3 Abs. 1 Nr. 1 Alt. 3 ErbStG subsumiert werden können oder ob die fehlende Erwähnung eines „Pflichtteilsergänzungsanspruchs" vielmehr zu einem Ausschluss der Besteuerung derartiger Ansprüche führt, ist umstritten.

1. Meinungsstand

Vertreter in der Literatur, die sich gegen eine Subsumtion des Pflichtteilsergänzungsanspruchs unter die Vorschrift des § 3 Abs. 1 S. 1 Alt. 3 ErbStG aussprechen, führen zum einen die zivilrechtliche Dogmatik an, wonach Pflichtteils- und Pflichtteilsergänzungsanspruch rechtlich selbstständige Ansprüche seien, die einander grundsätzlich nicht bedingen (s.o.) und daher nicht als einheitlicher „Pflichtteilsanspruch" zusammengefasst werden können.[301] Zum anderen habe der Gesetzgeber mit der Erweiterung des

301 *Crezelius*, Unternehmenserbrecht, Rn. 109.

§ 3 Abs. 2 ErbStG im Jahr 2008 und der Nichtaufnahme von Pflichtteilsergänzungsansprüchen in den Katalog des § 3 ErbStG zu erkennen gegeben, dass der Pflichtteilsergänzungsanspruch nicht besteuert werden soll.[302]

Nach anderer Auffassung bezieht die Verweisung des § 3 Abs. 1 Nr. 1 Alt. 3 ErbStG auf „Pflichtteilsansprüche" auch Pflichtteilsergänzungsansprüche mit ein. Die rechtliche Verselbstständigung des Pflichtteilsergänzungsanspruchs gehe nicht so weit, dass dieser von der Verweisung in § 3 Abs. 1 Nr. 1 Alt. 3 ErbStG nicht mehr umfasst sei.[303] Eine ausdrückliche Entscheidung des BFH zu der Frage der Steuerbarkeit des Pflichtteilsergänzungsanspruchs steht zwar derzeit noch aus. Für einen Abzug als Erbfallschuld iSd. § 10 Abs. 5 Nr. 2 ErbStG hat dieser jedoch bereits entschieden, dass „zum Pflichtteilsrecht [] nach einhelliger zivilrechtlicher Auffassung auch der Pflichtteilsergänzungsanspruch [gehört]".[304] Warum der BFH dies im Rahmen von § 3 Abs. 1 Nr. 1 Alt. 3 ErbStG anders sehen sollte, erschließt sich nicht.

2. Stellungnahme

Zu folgen ist der letztgenannten Auffassung, die den Besteuerungstatbestand des § 3 Abs. 1 Nr. 1 Alt. 3 ErbStG auch für die Besteuerung von Pflichtteilsergänzungsansprüchen heranzieht. Zum einen lässt die Nichtaufnahme des Pflichtteilsergänzungsanspruchs im Jahr 2008 nicht zwangsweise auf eine fehlende Steuerbarkeit schließen. Die Nichtaufnahme durch den Gesetzgeber kann vielmehr nämlich auch dahin interpretiert werden, dass der Gesetzgeber bereits von der Steuerbarkeit des Pflichtteilsergänzungsanspruchs ausgegangen ist und eine Aufnahme daher nicht für notwendig erachtet hat. Zum anderen würde die fehlende Steuerbarkeit des Pflichtteilsergänzungsanspruchs mit dem Bereicherungsprinzip unvereinbar sein. Der Pflichtteilsergänzungsanspruch dient als Surrogat für den durch die Schenkungen „beeinträchtigten" Pflichtteilsanspruch, der ohne die Schenkungen in voller Höhe gem. § 3 Abs. 1 Nr. 1 Alt. 3 ErbStG hätte besteuert werden müssen. Hat der Erbe hingegen beeinträchtigende

---

302 Fischer/Pahlke/Wachter/*Fischer*, § 3 Rn. 424.

303 Meincke/Hannes/Holtz/*Hannes/Holtz*, § 3 Rn. 64; Troll/Gebel/Jülicher/Gottschalk/*Gebel*, § 3 Rn. 223; Viskorf/Schuck/Wälzholz/*Wälzholz*, § 3 Rn. 150; Mayer/Süß/Tanck/Bittler/Wälzholz/*Griesel*, Handbuch Pflichtteilsrecht, § 17 Rn. 22.

304 BFH NJW 2004, 1998 (1999).

Schenkungen vollzogen, sollen die Pflichtteilsergänzungsansprüche aus §§ 2325 ff. BGB den Pflichtteilsberechtigten so stellen, wie er ohne die Schenkungen stünde. Der Pflichtteilsberechtigte erlangt in beiden Fällen die gleiche Bereicherung, sodass auch eine Besteuerung des Pflichtteilsberechtigten in beiden Fällen gleichermaßen erfolgen muss. Die Verweisung in § 3 Abs. 1 Nr. 1 Alt. 3 ErbStG bezieht daher auch Pflichtteilsergänzungsansprüche mit ein. Hinsichtlich der steuerlichen Bewertung des Pflichtteilsergänzungsanspruchs und der Anwendbarkeit sachlicher Steuerbefreiungen und der Möglichkeiten, auf den Pflichtteilsergänzungsanspruch gegen Gewährung einer Abfindung zu verzichten, gelten die Ausführungen zum Pflichtteilsanspruch entsprechend.[305]

II. Steuerliche Behandlung des Pflichtteilsergänzungsanspruchs beim Erben und beim Beschenkten

Analog zu den bisherigen Ausführungen zur Steuerbarkeit des Pflichtteilsergänzungsanspruchs beim Pflichtteilsberechtigten stellt sich in umgekehrter Weise die Frage, ob bzw. wie sich die Geltendmachung des Pflichtteilsergänzungsanspruchs beim Erben bzw. in den Fällen des § 2329 BGB beim Beschenkten auswirkt. Hierbei muss differenziert werden zwischen Fällen, in denen Erbe und Beschenkter personenverschieden sind, und Fällen, in denen der Erbe gleichzeitig auch Beschenkter ist.

1. Erbe und Beschenkter sind personenverschieden

a. Inanspruchnahme des Erben nach § 2325 BGB

Wird der Erbe über § 2325 Abs. 1 BGB in Anspruch genommen, ist zunächst fraglich, ob die Verweisung des § 10 Abs. 5 Nr. 2 ErbStG auf „geltend gemachte Pflichtteilsansprüche“ auch Pflichtteilsergänzungsansprüche umfasst. Davon ist aufgrund des zwischen den Vorschriften des § 3 Abs. 1 Nr. 1 Alt. 3 und § 10 Abs. 5 Nr. 2 ErbStG bestehenden Korrespondenzprinzips auszugehen. Wenn die Verweisung in § 3 Abs. 1 Nr. 1 Alt. 3 ErbStG aus bereits genannten Gründen Pflichtteilsergänzungsansprüche mit einbezieht, muss selbiges für die Verweisung in § 10 Abs. 5 Nr. 2

305 Vergleiche dazu die Ausführungen unter D. IV. 1. und H.; siehe auch *Jülicher* ZEV 2001, 428 (430).

ErbStG gelten. Der Sichtweise des BFH, der – wie bereits dargelegt – eine Abzugsfähigkeit des geltend gemachten Pflichtteilsergänzungsanspruchs nach § 10 Abs. 5 Nr. 2 ErbStG bereits ausdrücklich bejaht hat[306], ist daher zuzustimmen.[307]

b. Inanspruchnahme des Beschenkten nach § 2329 BGB

Anders stellt sich die Situation dar, wenn der Beschenkte nach § 2329 BGB in Anspruch genommen wird. Da bei diesem eine Erbschaftsteuerveranlagung nach dem verstorbenen Erblasser nicht erfolgt ist, kommt ein Abzug von der Erbschaftsteuerbemessungsgrundlage nach § 10 Abs. 5 Nr. 2 ErbStG von vornherein nicht in Betracht. Die Inanspruchnahme des Beschenkten kann sich allerdings auf die bereits angefallene Schenkungsteuer auswirken. Zu unterscheiden sind hierbei Fälle, in denen der Beschenkte das Geschenk herausgibt (§ 2329 Abs. 1 BGB), von solchen, in denen der Beschenkte die Herausgabe durch Zahlung des fehlenden Betrags abwendet (§ 2329 Abs. 2 BGB).

aa. Herausgabe des Geschenks (§ 2329 Abs. 1 BGB)

Wird der Beschenkte vom Pflichtteilsberechtigten nach § 2329 Abs. 1 BGB in Anspruch genommen, handelt es sich um eine teilweise Rückabwicklung der Schenkung gem. § 29 Abs. 1 Nr. 1 ErbStG in Höhe des Fehlbetrags. Diese führt zum teilweisen Erlöschen der Schenkungsteuer für die Vergangenheit.[308] Entscheidend ist dabei nicht, dass das Geschenk nicht an den ursprünglichen Schenker, sondern an den Pflichtteilsberechtigten herausgegeben wurde. Maßgebend ist allein, dass der Beschenkte den Schenkungsgegenstand nicht behalten darf.[309] Ein bereits erlassener Schenkungsteuerbescheid ist nach § 175 Abs. 1 Nr. 2 AO zu berichtigen.

---

306 BFH NJW 2004, 1198 (1199).

307 So auch z.B. Schlitt/Müller/*Lohr/Otto*, Handbuch Pflichtteilsrecht, § 12 Rn. 93; *Jülicher* ZEV 2001, 428 (430).

308 BFH NJW 2004, 1998 (1999); Troll/Gebel/Jülicher/Gottschalk/*Jülicher*, § 29 Rn. 30.

309 *Jülicher* ZEV 2001, 428 (430).

bb. Abwendung der Herausgabe durch Zahlung (§ 2329 Abs. 2 BGB)

Es stellt sich nunmehr die Frage, welche steuerlichen Folgen die Abwendung der Herausgabe durch Zahlung des fehlenden Betrags gem. § 2329 Abs. 2 BGB nach sich zieht. Die Zahlung könnte zunächst eine Gegenleistung für die ursprüngliche Schenkung im Verhältnis des Erblassers zum Beschenkten darstellen. Auch kommt ein Abzug der Zahlung bei der eigenen Schenkungsteuerbemessungsgrundlage nach § 10 Abs. 5 Nr. 2 ErbStG in Betracht. Zuletzt könnte die Abwendung der Herausgabe durch Zahlung eine Rückabwicklung der Schenkung gem. § 29 Abs. 1 ErbStG darstellen.

(1) Zahlung als Gegenleistung für die ursprüngliche Schenkung im Verhältnis Erblasser – Beschenkter?

Würde die Zahlung des Beschenkten eine Gegenleistung für die ursprüngliche Schenkung im Verhältnis zum Erblasser darstellen, entfiele rückwirkend jedenfalls teilweise die Freigebigkeit der Zuwendung. Da der Pflichtteilsanspruch gem. § 2303 Abs. 1 S. 2 BGB in der Hälfte des gesetzlichen Erbteils besteht, kann der geschuldete Zahlungsbetrag iSd. § 2329 Abs. 2 BGB höchstens die Hälfte (für den Fall, dass der Pflichtteilsberechtigte Alleinerbe war und enterbt wurde) des Verkehrswerts der ursprünglichen Schenkung betragen[310], rückwirkend entstünde demnach eine gemischte Schenkung.

Damit die Zahlung eine Gegenleistung für die ursprüngliche Schenkung darstellt, müsste allerdings eine synallagmatische Verknüpfung zwischen Leistung und Gegenleistung dergestalt vorliegen, dass die Gegenleistung entweder zur Bedingung der Zuwendung gemacht wurde oder jedenfalls Geschäftsgrundlage der Zuwendung darstellt.[311] Eine derartige Verknüpfung kann ohne besondere Abrede im ursprünglichen Schenkungsverhältnis nicht ohne Weiteres angenommen werden.[312] Alles andere würde nämlich dazu führen, dass jeder Schenkung von vorneherein der „Makel“ anhafte, eventuell entstehende Pflichtteilsergänzungsansprüche zu beeinträchtigen. Möchte man das synallagmatische Verhältnis zwischen

310 *Hoppe* NJW 2004, 1144 (1145).

311 BFH NJW 2004, 1998 (1999); FG Nürnberg Urt. v. 5.10.2000 – IV 47/00, BeckRS 2000, 21009152.

312 BFH NJW 2004, 1998 (1999).

ursprünglicher Schenkung und Zahlung zur Abwendung der Herausgabe herstellen, empfiehlt es sich, eine entsprechende Klausel in den Schenkungsvertrag aufzunehmen.[313]

(2) Abzug der Zahlung gem. § 10 Abs. 5 Nr. 2 ErbStG?

Fehlt eine Klausel, die ein synallagmatisches Verhältnis von Schenkung und Zahlung iSd. § 2329 Abs. 2 BGB herstellt, stellt sich die Frage, ob ein Abzug der Zahlungsverbindlichkeit von der Schenkungsteuerbemessungsgrundlage der ursprünglichen Schenkung nach § 10 Abs. 5 Nr. 2 ErbStG in Betracht kommt. Ausgehend von den vorangestellten Überlegungen ist es zunächst für die Anwendung des § 10 Abs. 5 Nr. 2 ErbStG unschädlich, dass es sich um die Zahlung aufgrund eines Pflichtteilsergänzungsanspruchs handelt.

Ein Abzug als Pflichtteilsverbindlichkeit wurde dennoch ursprünglich nicht zugelassen. Es handele sich bei der Zahlung iSd. § 2329 Abs. 2 BGB um einen nach Ausführung der Zuwendung (Steuerentstehungszeitpunkt, § 9 Abs. 1 Nr. 2 ErbStG) entstandenen Umstand. Derartige Umstände seien – abgesehen von den Varianten des § 29 ErbStG – bei der ursprünglichen Schenkung nicht zu berücksichtigen.[314]

Der BFH gewährt dem Beschenkten hingegen einen Abzug der Zahlungsverbindlichkeit von seiner Steuerbemessungsgrundlage gem. § 10 Abs. 5 Nr. 2 ErbStG.[315] Irrelevant hierfür sei, dass der Anspruch aus § 2329 Abs. 2 BGB erst nach dem maßgeblichen Stichtag für die beeinträchtigende Schenkung (§ 9 Abs. 1 Nr. 2 ErbStG) entstehe, da der Erwerber bei einer pflichtteilsbeeinträchtigenden Schenkung jederzeit mit der Geltendmachung von Pflichtteilsansprüchen rechnen müsse, diese dem Erwerb somit von vorneherein anhaften. Zwar sehe § 10 Abs. 5 Nr. 2 ErbStG nur einen Abzug „als Nachlassverbindlichkeit" vor. Dies stehe der Anwendung auf Schenkungsfälle jedoch nicht entgegen, denn nach § 1 Abs. 2 ErbStG gelten die Vorschriften über Erwerbe von Todes wegen grundsätzlich auch für Schenkungen unter Lebenden. Die Formulierung lediglich auf Erbschaften zu beziehen diene lediglich der sprachlichen Entlastung des Gesetzes. Die Zahlung könne daher als rückwirkendes Ereignis (§ 175

313 So auch bereits *Jülicher* ZEV 2001, 428 (432).
314 FG Nürnberg Urt. v. 5.10.2000 – IV 47/00, BeckRS 2000, 21009152.
315 BFH NJW 2004, 1998.

Abs. 1 Nr. 2 AO) bei der eigenen Schenkungsteuerveranlagung geltend gemacht werden.

Ob allerdings – wie der BFH meint – ein Abzug der Zahlung zur Abwendung der Herausgabe (§ 2329 Abs. 2 BGB) nach § 10 Abs. 5 Nr. 2 ErbStG bei der Bemessungsgrundlage der ursprünglichen Schenkung tatsächlich in Betracht kommt, bedarf im Hinblick auf das dem Erbschaftsteuerrecht zugrundeliegende Stichtagsprinzip der kritischen Überprüfung. Es mag im Ausgangspunkt zwar zutreffend sein, dass eine Durchbrechung des strengen Stichtagsprinzips dem geltenden Erbschaftsteuerrecht nicht fremd ist. Beispielhaft zu nennen sind an dieser Stelle Verbindlichkeiten aus geltend gemachten Pflichtteilen (§ 10 Abs. 5 Nr. 2 ErbStG) und Kosten der Bestattung des Erblassers (§ 10 Abs. 5 Nr. 3 ErbStG), die typischerweise erst nach dem Erbfall entstehen bzw. abzugsfähig sind. Die genannten Fallgruppen haben allerdings allesamt gemeinsam, dass der Rechtsgrund für die jeweiligen Nachlassverbindlichkeiten – der Tod des Erblassers – im Todeszeitpunkt desselben bereits gelegt wird, die Verbindlichkeiten dem Erwerb von Todes wegen somit von Beginn an anhaften.[316] So entsteht beispielsweise der Pflichtteilsanspruch bereits mit dem Tod des Erblassers, die Abzugsfähigkeit gem. § 10 Abs. 5 Nr. 2 ErbStG hängt ausschließlich vom Tatbestandsmerkmal der Geltendmachung ab. Auch ist grundsätzliche Folge des Todes, dass der Verstorbene bestattet wird und somit Bestattungskosten anfallen.

Nach den vorstehenden Überlegungen wäre Voraussetzung für die Berücksichtigung einer Zahlung zur Abwendung der Herausgabe (§ 2329 Abs. 2 BGB) bei der ursprünglichen Schenkungsteuer-Bemessungsgrundlage nach § 10 Abs. 5 Nr. 2 ErbStG, dass der Rechtsgrund für eine faktische Rückabwicklung über § 2329 Abs. 2 BGB im Zeitpunkt der Schenkung bereits gelegt ist. Dies ist jedoch zu verneinen, denn dieser wird noch nicht im Zeitpunkt der ursprünglichen Schenkung, sondern – ebenso wie für Pflichtteilsansprüche – erst im Todeszeitpunkt des Erblassers gelegt. Zum einen resultiert dies aus der zum Zeitpunkt der Schenkung noch bestehenden Ungewissheit, wann der Tod des Erblassers eintritt. Zum anderen – und dies ist das entscheidende Argument – kann der Erblasser bis zu seinem Tod vollständig darüber bestimmen, ob und in welcher Höhe diese Ansprüche zur Entstehung gelangen. Er kann beispielsweise seine vorher errichtete Verfügung von Todes wegen widerrufen und die gesetzliche Erbfolge eintreten lassen mit der Folge, dass Pflichtteils- und Pflichtteilsergänzungsansprüche niemals zur Entstehung gelangen. Ebenso

316 BFH NJW 2004, 1998 (1999).

wie ein synallagmatisches Verhältnis zwischen ursprünglicher Schenkung und Zahlung zur Abwendung der Herausgabe nicht angenommen werden kann, muss auch eine Berücksichtigung der Zahlung bei der ursprünglichen Schenkung über § 10 Abs. 5 Nr. 2 ErbStG entgegen der BGH-Auffassung ausscheiden.

(3) Zahlung als Rückabwicklung der Schenkung gem. § 29 Abs. 1 ErbStG?

Nach § 29 Abs. 1 Nr. 1 ErbStG führt die Herausgabe eines Geschenks aufgrund eines Rückforderungsrechts zum rückwirkenden Erlöschen der Schenkungsteuer. Ob in gleicher Weise die Steuer auch dann erlischt, wenn die Herausgabe durch Zahlung des fehlenden Geldbetrags abgewendet wurde, muss zunächst aufgrund des eindeutigen Wortlauts der Vorschrift bezweifelt werden, denn das Geschenk wird nicht herausgegeben, vielmehr wird die Herausgabe des Geschenks durch die Zahlung gerade abgewendet. Überdies wäre die Vorschrift des § 29 Abs. 1 Nr. 2 ErbStG entbehrlich, wollte man die Anwendung allgemein auch auf Zahlungen zur Abwendung des Herausgabebegehrens erweitern.[317] Die Steuer erlischt daher aufgrund der Zahlung nicht nach § 29 Abs. 1 Nr. 1 ErbStG.

In Literatur und Rechtsprechung ist jedoch die Frage aufgeworfen worden, ob die Zahlung zur Abwendung der Herausgabe ein Erlöschen der Steuer nach § 29 Abs. 1 Nr. 2 ErbStG zur Folge hat. Der Wortlaut des § 29 Abs. 1 Nr. 2 ErbStG spricht zunächst gegen eine solche Sichtweise, da dieser die Anwendung der Vorschrift auf Zahlungen zur Abwendung der Herausgabe nach § 528 Abs. 1 S. 2 BGB („Verarmung des Schenkers“) beschränkt. Es könnte allerdings eine analoge Anwendung der Vorschrift angezeigt sein.

Die Rechtsprechung misst dem Wortlautargument maßgebliche Bedeutung bei und lehnt dementsprechend die Anwendung des § 29 Abs. 1 Nr. 2 ErbStG auf Fälle der Abwendung der Herausgabe nach § 2329 Abs. 2 BGB ab. Ein allgemeiner Grundsatz, die Vorschrift auch über die Fälle des § 528 BGB hinaus anzuwenden, sei dieser nicht zu entnehmen. Auch werde aufgrund der Formulierung des § 29 Abs. 1 Nr. 2 ErbStG klar, dass es sich nicht um Regelbeispiele, sondern um eine abschließende Aufzählung handele.[318]

---

317 BFH NJW 2004, 1998 (1999); *Jülicher* ZEV 2001, 428 (431).

318 BFH NJW 2004, 1998 (1999).

Demgegenüber wird in der Literatur vereinzelt vertreten, aufgrund des Bereicherungsprinzips § 29 Abs. 1 Nr. 2 ErbStG auf die vorliegende Fallkonstellation analog anzuwenden.[319] Andernfalls würde dem Beschenkten jegliche Berücksichtigung der verminderten Leistungsfähigkeit verwehrt, die mit der Zahlung auf Grundlage des § 2329 Abs. 2 BGB einhergeht.

Damit § 29 Abs. 1 Nr. 2 ErbStG auf Fälle der Zahlung auf Grundlage von § 2329 Abs. 2 BGB analog angewendet werden kann, muss eine planwidrige Regelungslücke und eine vergleichbare Interessenlage gegeben sein.[320] Eine Regelungslücke ist zunächst gegeben, da § 29 Abs. 1 Nr. 2 ErbStG die Fälle der Zahlung zur Abwendung der Herausgabe nach § 2329 Abs. 2 BGB nicht erfasst. Auch ist tatsächlich kein Grund ersichtlich, weshalb der Gesetzgeber mit der Regelung des § 29 Abs. 1 Nr. 2 ErbStG die Fälle des § 2329 Abs. 2 BGB nicht erfassen wollte, die Fälle des § 528 Abs. 1 S. 2 BGB hingegen schon, sodass von einer Planwidrigkeit auszugehen ist. Auch handelt es sich bei Zahlungen auf Grundlage von § 2329 Abs. 2 BGB und solchen aufgrund von § 528 Abs. 1 S. 2 BGB um vergleichbare Fälle, die von Gesetzes wegen im Hinblick auf das rückwirkende Erlöschen der Schenkungsteuer gleichbehandelt werden müssen. Die Zahlung des Beschenkten erfolgt nämlich in beiden Fällen - § 528 Abs. 1 S. 2 BGB und § 2329 Abs. 2 BGB – zur Abwendung der Herausgabe des geschenkten Gegenstands. Ob der Beschenkte den Gegenstand aufgrund einer Verarmung des Schenkers (§ 528 BGB) oder aufgrund eines beeinträchtigten Pflichtteilsanspruchs (§ 2329 BGB) herausgeben müsste, macht für die damit einhergehende Bereicherungsminderung des Beschenkten keinen Unterschied, diese ist vielmehr in beiden Fällen identisch. Daran ändert auch die Tatsache nichts, dass die Zahlung zur Abwendung der Herausgabe iSd. § 2329 Abs. 2 BGB nicht an den Schenker, sondern an den Pflichtteilsberechtigten erfolgt. Aus Gründen des Bereicherungsprinzips ist eine Gleichbehandlung beider Fälle geboten. Eine analoge Anwendung des § 29 Abs. 1 Nr. 2 ErbStG auf Fälle der Zahlung zur Abwendung der Herausgabe iSd. § 2329 Abs. 2 BGB ist daher angezeigt.

Bewertungsrechtliche Nachteile gegenüber der vom BFH vertretenen Anwendung des § 10 Abs. 5 Nr. 2 ErbStG (dazu siehe oben) sind bei einer analogen Anwendung des § 29 Abs. 1 Nr. 2 ErbStG ebenfalls nicht mehr zu befürchten. Diese konnten ursprünglich aus einer vom Verkehrswert abweichenden steuerlichen Bewertung des verschenkten Gegenstands (insbesondere bei Immobilien) herrühren. Da die Steuer bei Anwendung des

---

319 So auch *Jülicher* ZEV 2001, 428 (431).

320 Palandt/*Sprau*, Vor § 1 Einl. Rn. 48.

§ 29 Abs. 1 Nr. 2 ErbStG nur erlischt, „soweit die Herausgabe [] abgewendet worden ist“ und der Pflichtteilsanspruch in der Hälfte des Wertes des gesetzlichen Erbteils besteht, kann auch der gegen den Beschenkten gerichtete Pflichtteilsergänzungsanspruch maximal in der Hälfte des Werts des gesetzlichen Erbteils bestehen. Demzufolge ist eine Zahlung iSd. § 2329 Abs. 2 BGB auch nur maximal in Höhe der Hälfte des Verkehrswerts des verschenkten Gegenstands geschuldet, was zu einer Minderung der Bemessungsgrundlage um höchstens 50 % führt. Wendete man hingegen § 10 Abs. 5 Nr. 2 ErbStG an, so konnten sich bei einer Abweichung von steuerlichem Bedarfswert und Verkehrswert steuerliche Vorteile für den Beschenkten daraus ergeben, dass bei niedrig bewerteten Grundstücken vom Steuerwert des Grundstücks der volle Nennbetrag des ausgezahlten Betrags abgezogen werden kann. Dieser Abzug konnte für den Steuerpflichtigen die Bemessungsgrundlage deutlich unter 50 % absenken lassen.[321] Nachdem jedoch das BVerfG durch Beschluss vom 7.11.2006[322] die bis dahin geltenden bewertungsrechtlichen Grundsätze für mit Art. 3 I GG unvereinbar erklärt hatte, wurde durch den Gesetzgeber mit dem Erbschaftsteuerreformgesetz zum 1.1.2009 eine verkehrswertnahe Bewertung vorgenommen. Eine nennenswerte Diskrepanz zwischen Steuer- und Verkehrswert ist daher nicht mehr möglich, sodass ein Nachteil durch die analoge Anwendung des § 29 Abs. 1 Nr. 2 ErbStG zumindest in der Form nicht mehr zu befürchten ist.

2. Erbe und Beschenkter sind personenidentisch

Wird der Schenker vom ursprünglich Beschenkten beerbt, stellt sich bei einer durch den Erben / Beschenkten geleisteten Zahlung an den Pflichtteilsberechtigten zur Erfüllung von Pflichtteilsergänzungsansprüchen die Frage, ob sie auf Grundlage von § 2325 Abs. 1 BGB oder § 2329 Abs. 2 BGB erfolgt. Im ersteren Fall könnte eine Berücksichtigung der Zahlung bei der früheren Schenkung nicht erfolgen, da der Anspruch aus § 2325 Abs. 1 BGB den Erben/Beschenkten in seiner Eigenschaft als Erbe trifft. In diesen Fällen könnte eine Zahlung daher einzig bei der Veranlagung zur Erbschaftsteuer gem. § 10 Abs. 5 Nr. 2 ErbStG berücksichtigt werden.[323] Würde die Zahlung hingegen zur Erfüllung der Verpflichtung aus § 2329

321 *Hoppe* NJW 2004, 1144 (1145 f.).
322 BVerfG DStR 2007, 235.
323 BFH NJW 2004, 1998 (1999).

Abs. 2 BGB geleistet, so könnte nach Ansicht des BFH ein Abzug des Erben/Beschenkten in seiner Eigenschaft als Beschenkter bei der Veranlagung zur Schenkungsteuer gem. § 10 Abs. 5 Nr. 2 ErbStG erfolgen, nach hier vertretener Ansicht eine Rückabwicklung analog § 29 Abs. 1 Nr. 2 ErbStG herbeigeführt werden.

Zur Beantwortung, ob eine Zahlung auf Grundlage von § 2325 Abs. 1 oder § 2329 Abs. 2 BGB erfolgt, ist die im Zivilrecht angelegte Subsidiarität des § 2329 Abs. 2 BGB zu berücksichtigen, wonach eine Zahlung aufgrund dieser Vorschrift nur geschuldet ist, „soweit der Erbe zur Ergänzung des Pflichtteils nicht verpflichtet ist". Vorrangig ist der gezahlte Betrag somit dem Anspruch aus § 2325 Abs. 1 BGB zuzuordnen und bei der eigenen Erbschaftsteuerveranlagung zum Abzug zu bringen. Sollte allerdings für den Erben beispielsweise die Möglichkeit bestehen, eine Beschränkung der Haftung auf den Nachlass herbeizuführen (§ 1975 BGB), hat er nach hier vertretener Auffassung in diesem Umfang die Möglichkeit, eine Rückabwicklung der Schenkung gem. § 29 Abs. 1 Nr. 2 ErbStG analog herbeizuführen. Im Einzelfall kann dann überlegt werden, welche Möglichkeit die steuerlich günstigere ist.

H. Steuerliche Behandlung des Verzichts gegen Abfindung

Wie bereits unter B.III. dargelegt können Verwandte und Ehegatten des Erblassers vor dem Erbfall sowohl durch Vertrag mit dem künftigen Pflichtteilsberechtigten (§ 311b Abs. 4, 5 BGB) als auch durch Vertrag mit dem Erblasser (§ 2346 BGB) – meist gegen Abfindung – auf ihren Pflichtteil verzichten. Nach dem Erbfall bestehen derartige Möglichkeiten nicht mehr, stattdessen kann jedoch ein Erlassvertrag (§ 397 BGB) geschlossen werden oder eine Leistung an Erfüllungs statt (§ 364 BGB) vereinbart werden. Gegenstand der folgenden Darstellung ist die steuerliche Behandlung der jeweiligen Vereinbarungen zur Umgehung der Pflichtteilsansprüche. Zu differenzieren ist hierbei zwischen erbschaft-, einkommen- und grunderwerbsteuerlichen Auswirkungen.

I. Rechtslage bei einer Verzichtsvereinbarung vor dem Erbfall

1. Erbschaftsteuerliche Auswirkungen

a. Erwerb des Erblassers durch Verzicht

Zunächst stellt sich die Frage, ob der Pflichtteilsberechtigte durch den Verzicht auf seinen zukünftigen Pflichtteilsanspruch die Voraussetzungen einer freigebigen Zuwendung iSd. § 7 Abs. 1 S. 1 Nr. 1 ErbStG zugunsten des Erblassers erfüllt. Die Bejahung einer freigebigen Zuwendung würde allerdings eine eintretende Bereicherung auf Seiten des Erblassers voraussetzen, welche jedoch zu verneinen ist. Einzig in Betracht käme hier die Stärkung der Testierfreiheit. Da diese jedoch lediglich ideeller Natur ist und somit keinen Vermögenswert darstellt, scheidet der Erblasser als Bereicherungsempfänger aus.[324]

324 *Wachter* DB 2017, 2500 (2504).

b. Erwerb des Erben durch Verzicht

Weiterhin lässt sich erwägen, eine Bereicherung des Erben iSd. § 7 Abs. 1 S. 1 Nr. 1 ErbStG durch den Verzicht anzunehmen. Dieser ist nämlich deshalb der eigentlich Begünstigte, weil er aufgrund des Abschlusses des Verzichtsvertrags keinen Pflichtteilsansprüchen mehr ausgesetzt ist. Eine bereichernde Zuwendung des Pflichtteilsberechtigten an den Erben kann hierin jedoch ebenfalls nicht gesehen werden. Im Stadium des Vertragsabschlusses, also vor Eintritt des Erbfalls, besteht der Pflichtteilsanspruch ausweislich des § 2317 Abs. 1 BGB noch nicht, sodass dieser dem Erben auch nicht bereichernd „zugewendet" werden kann. Man könnte zu diesem Zeitpunkt allenfalls erwägen, dem Pflichtteilsberechtigten ein Anwartschaftsrecht auf den späteren Erhalt des Pflichtteils zuzugestehen, welches er mit dem Verzicht zugunsten des Erben aufgibt. Dafür wäre allerdings eine derart gefestigte Rechtsposition erforderlich, sodass das Entstehen der Ansprüche einzig vom Willen des Pflichtteilsberechtigten abhinge.[325] Eine solche hinreichend gefestigte Rechtsposition ist allerdings deshalb zu verneinen, weil es der Erblasser durch Verfügungen von Todes wegen bis zum Zeitpunkt seines Ablebens in der Hand hat, auf das Entstehen und die Höhe der Pflichtteilsansprüche Einfluss zu nehmen.[326] Zum Verzichtszeitpunkt handelt es sich bei den Pflichtteilsansprüchen demnach lediglich um bloße Erwerbsaussichten, die als Zuwendungsgegenstand ausscheiden müssen.[327] Für das gefundene Ergebnis spricht auch ein Erst-Recht-Schluss, der aus § 13 Abs. 1 Nr. 11 ErbStG hergeleitet werden kann. Wenn schon der Verzicht auf die Geltendmachung des Pflichtteilsanspruchs steuerfrei ist, muss dies erst Recht für den Fall gelten, dass bereits auf das Entstehen dieses Anspruchs verzichtet wird.[328] Ein erbschaftsteuerlich relevanter Erwerb des Erben durch den Verzicht ist daher zu verneinen.

325 Vgl. dazu BeckOK BGB/*Rövekamp*, § 158 Rn. 26; MüKo BGB/*Oechsler*, § 929 Rn. 18.

326 *Wachter* DB 2017, 2500 (2504).

327 BFH DStR 2001, 434 (435); Schlitt/Müller/*Lohr/Otto*, Handbuch Pflichtteilsrecht, § 12 Rn. 67; *Krumm* ErbR 2012, 139; eine andere Ansicht vertritt das FG München noch in DStRE 1998, 600 (601).

328 *Krumm* ErbR 2012, 139.

c. Behandlung der Abfindung

Eine etwaige an den Pflichtteilsberechtigten für den Verzicht gezahlte Abfindung kann sich zweierlei auswirken. Zum einen stellt sich die Frage, ob es zu einer Besteuerung eben dieser beim Pflichtteilsberechtigten kommt (Abfindung als Aktivposten), zum anderen, ob der Erbe diese bereicherungsmindernd von seiner eigenen Erbschaftsteuerbemessungsgrundlage abziehen kann (Abfindung als Passivposten).

aa. Abfindung als Aktivposten

Zur Frage der Steuerbarkeit von Abfindungen aufgrund von Pflichtteilsverzichten kommen mehrere gesetzliche Regelungen in Betracht. Zunächst bestimmt § 3 Abs. 2 Nr. 4 ErbStG, dass als vom Erblasser (von Todes wegen) auch das zugewendet gilt, „was als Abfindung für den Verzicht auf einen entstandenen Pflichtteilsanspruch (...) gewährt wird". Zum anderen gilt gem. § 7 Abs. 1 S. 1 Nr. 5 ErbStG als Schenkung unter Lebenden, „was als Abfindung für einen Erbverzicht (§§ 2346 und 2352 des Bürgerlichen Gesetzbuchs) gewährt wird". Weiterhin könnte die Abfindung vom Grundtatbestand der freigebigen Zuwendung (§ 7 Abs. 1 S. 1 Nr. 1 ErbStG) erfasst werden. Im Folgenden wird sich zeigen, dass für die Frage der Steuerbarkeit von Abfindungen für vor dem Erbfall vereinbarte Pflichtteilsverzichtsverträge danach unterschieden werden muss, ob diese aufgrund eines unter künftigen gesetzlichen Erben geschlossenen Erbschaftsvertrags über den Pflichtteil nach § 311b Abs. 4, 5 BGB oder aufgrund eines zwischen Erblasser und Pflichtteilsberechtigten geschlossenen Vertrags nach § 2346 BGB gewährt werden.

(1) Abfindung im Rahmen eines Erbschaftsvertrags über den Pflichtteil (§ 311b Abs. 4, 5 BGB)

Die Abfindung, die im Rahmen eines Erbschaftsvertrags über den Pflichtteil nach § 311b Abs. 4, 5 BGB gewährt wird, kann nicht nach § 3 Abs. 2 Nr. 4 ErbStG besteuert werden, denn dieser setzt einen bereits „entstandenen" Pflichtteilsanspruch voraus. Entstanden ist der Pflichtteilsanspruch vor dem Tod des Erblassers jedoch noch nicht (§ 2317 Abs. 1 BGB). Es stellt sich jedoch die Frage, ob für Pflichtteilsverzichtsverträge unter zukünftigen gesetzlichen Erben nach § 311b Abs. 4, 5 BGB der Tatbestand des § 7 Abs. 1 S. 1 Nr. 5 ErbStG erfüllt sein kann oder ob nicht vielmehr der Grundtatbestand des § 7 Abs. 1 S. 1 Nr. 1 ErbStG einschlägig ist.

(a) Meinungsstand

Zum einen wird vertreten, für Abfindungsleistungen aufgrund von Erbschaftsverträgen über den Pflichtteil weder § 7 Abs. 1 S. 1 Nr. 5 ErbStG noch den Grundtatbestand des § 7 Abs. 1 S. 1 Nr. 1 ErbStG heranzuziehen. Gegen die Anwendung des § 7 Abs. 1 S. 1 Nr. 5 ErbStG wird angeführt, dass dieser auf gezahlte Abfindungen für Verzichtsverträge mit dem Erblasser nach § 2346 BGB beschränkt sei und aufgrund des eindeutigen Wortlauts der Vorschrift auf Abfindungen aufgrund von Verträgen zwischen zukünftigen gesetzlichen Erben keine Anwendung finden könne. Der Vorschrift des § 7 Abs. 1 S. 1 Nr. 5 ErbStG könne kein allgemeiner Rechtsgedanke entnommen werden, dass den Erbfall vorwegnehmende Abfindungskonstellationen generell besteuert werden sollen. Eine Analogie scheide zudem aufgrund der Unzulässigkeit belastender Analogien im Steuerrecht aus.[329] Auch könne eine freigebige Zuwendung nach § 7 Abs. 1 S. 1 Nr. 1 ErbStG nicht angenommen werden, was zum einen daraus resultiere, dass § 7 Abs. 1 S. 1 Nr. 5 ErbStG als abschließende Regelung zu verstehen sei, die den Rückgriff auf den Grundtatbestand der Schenkung unter Lebenden verbiete. Zum anderen könne eine Besteuerung nach dem Grundtatbestand des § 7 Abs. 1 S. 1 Nr. 1 ErbStG deshalb nicht erfolgen, da der Abfindung eine gleichwertige Gegenleistung in Form des Verzichts auf eine schuldrechtliche Forderung gegenüberstehe. Jedenfalls bestehe in der Realität nicht das Bewusstsein der Unentgeltlichkeit, da keiner der Erben dem anderen etwas schenken wolle[330], sodass es an der erforderlichen Freigebigkeit der Zuwendung fehle. Wolle man derartige Abfindungsleistungen der Erbschaftsteuer unterwerfen, sei es daher Aufgabe des Gesetzgebers, die Besteuerung von Abfindungen aufgrund von Verträgen zwischen zukünftigen Erben zu regeln. Nach derzeitiger Gesetzeslage könnten derartige Abfindungen nicht besteuert werden.[331]

Die überwiegende Ansicht, der sich auch der BFH angeschlossen hat, beschränkt die Anwendung des § 7 Abs. 1 S. 1 Nr. 5 ErbStG auf gezahlte

329 FG München DStRE 1998, 600; Kapp/Ebeling/*Geck*, § 7 Rn. 112; *Wachter* DB 2017, 2500 (2507).

330 *Wachter* DB 2017, 2500 (2505 ff.).

331 *Wachter* DB 2017, 2500 (2507); vgl. FG München DStRE 1998, 600.

Abfindungen für Verzichtsverträge nach § 2346 BGB und wendet die Vorschrift aus diesem Grund nicht an. Stattdessen sei jedoch der Grundtatbestand des § 7 Abs. 1 S. 1 Nr. 1 ErbStG einschlägig. Zum einen könne eine bloße „Anwartschaft" auf eine Pflichtteilszuwendung die Freigebigkeit nicht ausschließen.[332] Andererseits sei dieses Ergebnis auch aus § 7 Abs. 3 ErbStG herzuleiten, wonach Gegenleistungen, die nicht in Geld veranschlagt werden können, bei der Feststellung der Bereicherung unberücksichtigt bleiben müssen.[333] Etwas anderes ergebe sich auch nicht aus der Regelung des § 7 Abs. 1 S. 1 Nr. 5 ErbStG, der lediglich für Fälle des Erbverzichts nach § 2346 BGB klare rechtliche Verhältnisse schaffen wollte, „ohne damit die Frage des Entgeltscharakters selbst bindend und darüber hinaus mit Auswirkung auf Verträge nach [§ 311b Abs. 4, 5 BGB] entscheiden zu wollen."[334]

(b) Stellungnahme

Gegen die Einbeziehung von geleisteten Abfindungen aufgrund von Verträgen zwischen zukünftigen gesetzlichen Erben nach § 311b Abs. 4, 5 BGB in den Tatbestand des § 7 Abs. 1 S. 1 Nr. 5 ErbStG spricht in der Tat der klare und eindeutige Wortlaut der Vorschrift. Dennoch erfüllen geleistete Abfindungen für Erbschaftsverträge über den Pflichtteil nach § 311b Abs. 4, 5 BGB den Steuertatbestand einer freigebigen Zuwendung nach § 7 Abs. 1 S. 1 Nr. 1 ErbStG, sodass der letztgenannten Ansicht gefolgt werden muss.

Der Einwand, aus der Existenz des § 7 Abs. 1 S. 1 Nr. 5 ErbStG und dessen Unanwendbarkeit für Abfindungsleistungen aufgrund von Verzichtsverträgen unter zukünftigen gesetzlichen Erben könne der Schluss gezogen werden, dass ein Rückgriff auf § 7 Abs. 1 S. 1 Nr. 1 ErbStG verwehrt sei, überzeugt nicht. Ein derartiges Vorrangverhältnis des § 7 Abs. 1 S. 1 Nr. 5 ErbStG geht aus dem Gesetz nicht hervor. Die Regelung des § 7 Abs. 1 S. 1 Nr. 5 ErbStG ist – wie die überwiegende Ansicht zutreffend ausführt – vielmehr nur aufgrund der damaligen zivilrechtlichen Diskussion und der damit zusammenhängenden Unsicherheit über die Frage der Unentgeltlichkeit solcher Abfindungsleistungen ins Gesetz aufgenommen

332 BFH DStR 2013, 1783; 2001, 434; FG Münster ZEV 2011, 614; Troll/Gebel/Jülicher/Gottschalk/*Gebel*, § 7 Rn. 316; *Krumm* ErbR 2012, 139 (142).

333 *Jülicher* ZErb 2014, 126.

334 BFH DStR 2001, 434 (435).

worden.[335] Ein Rückschluss auf die Anwendbarkeit des Grundtatbestands des § 7 Abs. 1 S. 1 Nr. 1 ErbStG lässt sich aus der Regelung nicht ziehen.[336] Auch hätte eine Unanwendbarkeit der Regelung des § 7 Abs. 1 S. 1 Nr. 1 ErbStG zur Folge, dass derartige Abfindungen gar nicht besteuert werden könnten. Dies erscheint jedoch deshalb zweifelhaft, weil es sich hierbei um eine Vorwegnahme des Erbfalls handelt.

Damit ist allerdings noch nicht die Frage beantwortet, ob derartige Abfindungen die Voraussetzungen des § 7 Abs. 1 S. 1 Nr. 1 ErbStG erfüllen. Der Tatbestand des § 7 Abs. 1 S. 1 Nr. 1 ErbStG besteht aus objektiven sowie subjektiven Kriterien. In objektiver Hinsicht setzt § 7 Abs. 1 S. 1 Nr. 1 ErbStG eine Vermögensmehrung des Beschenkten und eine damit korrespondierende Vermögensminderung auf Seiten des Schenkers („auf Kosten des Schenkers") voraus.[337] Eine Vermögensmehrung auf Seiten des Beschenkten könnte zunächst darin liegen, dass sich der Abfindungsbetrag endgültig in dessen Vermögen befindet. Erforderlich ist allerdings eine objektive Unentgeltlichkeit der Zuwendung, die dann ausscheiden würde, wenn der Leistung des Schenkers eine gleichwertige Gegenleistung gegenüberstünde.[338] Es stellt sich demnach die Frage, ob in dem Verzicht auf das Entstehen der Pflichtteilsansprüche eine relevante Gegenleistung zu sehen ist. Der Verzicht stärkt zum einen die Testierfreiheit des Erblassers, zum anderen wird dem potentiellen Erben eine von Pflichtteilsansprüchen „unbelastete" Erbschaft in Aussicht gestellt.

Die bloße Stärkung der Testierfreiheit, die dem Erblasser durch die Verzichtsvereinbarung mittelbar zukommt, ist jedoch bloß ideeller Natur, ohne einen konkreten Vermögenswert aufzuweisen (dazu s.o.). Der Aussicht des potentiellen Erben auf eine „unbelastete Erbschaft", die mit dem Pflichtteilsverzicht einhergeht, ist ebenfalls – auch bei gleichzeitiger Bindung des Erblassers durch Erbvertrag – kein Vermögenswert zuzuweisen. Dies folgt daraus, dass es sich bei dem Pflichtteilsanspruch, auf den verzichtet wird, zu Lebzeiten des Erblassers um eine bloß möglicherweise in der Zukunft bestehende Forderung handelt. Der Erblasser hat es bis zu seinem Tod in der Hand, die Person des Erben zu bestimmen und auf die Höhe und das Entstehen der Pflichtteilsansprüche Einfluss zu nehmen. Aus diesem Grund ist der Anspruch im Zeitpunkt des Verzichts

335 Vgl. BFH DStR 2001, 434 (435); Meincke, 2012, § 7 Rn. 107.

336 BFH DStR 2001, 434 (435); *Krumm* ErbR 2012, 139 (142).

337 Vgl. Moench/Weinmann/*Weinmann*, § 7 Rn. 12; Meincke/Hannes/Holtz/*Hannes/Holtz*, 7 Rn. 13.

338 Troll/Gebel/Jülicher/Gottschalk/*Gebel*, § 7 Rn. 17.

nicht bewertbar und als bloße Erwerbschance nicht geeignet, „Gegenstand einer die Freigebigkeit ausschließenden Gegenleistung zu sein".[339] Die bereits genannten Argumente, weshalb der vor dem Erbfall vereinbarte Pflichtteilsverzicht keine unentgeltliche Zuwendung iSd. § 7 Abs. 1 S. 1 Nr. 1 ErbStG an den Erben darstellt (siehe dazu bereits oben), lassen sich an diese Stelle übertragen. Zusätzlich lässt sich dieses Ergebnis auch aus § 7 Abs. 3 ErbStG herleiten, wonach für die Feststellung der Bereicherung solche Gegenleistungen außer Betracht bleiben, die nicht in Geld veranschlagt werden können. Zwar wird zutreffend eingewandt, dass sich die Vorschrift dem Wortlaut nach nur auf die Frage der Bereicherung bezieht, die Frage der Unentgeltlichkeit hingegen unbeantwortet lässt.[340] Dem Zweck der Regelung, den objektiven Zuwendungstatbestand von subjektiven Wertungen zu entlasten, wird jedoch nur dann hinreichend Rechnung getragen, wenn sich der Anwendungsbereich der Regelung auch auf die Frage der objektiven Unentgeltlichkeit erstreckt.[341] Derartige Gegenleistungen stellen ein bloßes Zuwendungsmotiv dar, schließen die objektive Unentgeltlichkeit jedoch nicht aus.

Subjektiv erforderlich ist ein Wille zur Freigebigkeit, d.h. der Wille, den Empfänger unentgeltlich zu bereichern.[342] Daran lässt sich zunächst zweifeln, wenn man davon ausgeht, dass der Erbe in derartigen Konstellationen nicht den Willen hat, dem potentiell Pflichtteilsberechtigten etwas zu „schenken". Schließlich wird die Abfindung geleistet, um dem zukünftigen Erben eine höhere Erbschaft in Aussicht zu stellen. Entscheidend ist allerdings, dass sich der Wille zur Unentgeltlichkeit nur auf solche Umstände erstrecken muss, die in objektiver Hinsicht die Unentgeltlichkeit ausmachen.[343] Dem zukünftigen Erben war bewusst, dass im Zeitpunkt des Vertragsschlusses keine von diesem zu erfüllende Verbindlichkeit bestand. Er wusste vielmehr, dass es sich bei den Pflichtteilsansprüchen um bloße ungesicherte Rechtspositionen handelte. In Kenntnis dessen wurde die Abfindung geleistet. Die subjektiven Voraussetzungen des § 7 Abs. 1 Nr. 1 ErbStG sind daher ebenfalls erfüllt.[344] Die Steuer entsteht gem. § 9 Abs. 1 Nr. 2 ErbStG jeweils im Zeitpunkt der Ausführung der Zuwen-

---

339 BFH DStR 2001, 434 (435).

340 BFH Urt. v. 23.6.1971 – II R 59/67, BeckRS 1971, 22001100; BFH Urt. v. 15.5.1953 – III 65/51 S, BeckRS 1953, 21006488.

341 Troll/Gebel/Jülicher/Gottschalk/*Gebel*, § 7 Rn. 357.

342 Meincke/Hannes/Holtz/*Hannes/Holtz*, § 7 Rn. 85.

343 BFH DStR 2001, 434 (436); Troll/Gebel/Jülicher/Gottschalk/*Gebel*, § 7 Rn. 358.

344 Die Ausführungen zur Einschlägigkeit des Steuertatbestands des § 7 Abs. 1 S. 1 Nr. 1 ErbStG gelten meines Erachtens in gleicher Weise auch für Abfindungen,

dung, d.h. im Zeitpunkt des Eintritts der jeweiligen Vermögensmehrung beim Beschenkten.

(2) Abfindung für einen Pflichtteilsverzicht nach § 2346 BGB

Wie bereits erläutert ist § 3 Abs. 2 Nr. 4 ErbStG auf Abfindungsleistungen für Pflichtteilsverzichte, die vor dem Erbfall vereinbart wurden, nicht anwendbar. Dies gilt freilich auch für Fälle, in denen die Abfindung aufgrund eines Verzichtsvertrags iSd. § 2346 BGB geleistet wird. Umstritten ist allerdings, ob die Abfindung für einen mit dem Erblasser geschlossenen Pflichtteilsverzichtsvertrags nach § 7 Abs. 1 S. 1 Nr. 5 ErbStG besteuert werden kann oder ob auch für derartige Abfindungen der Grundtatbestand der freigebigen Zuwendung (§ 7 Abs. 1 S. 1 Nr. 1 ErbStG) einschlägig ist.

(a) Meinungsstand

Eine Literaturansicht lehnt die Anwendung des § 7 Abs. 1 S. 1 Nr. 5 ErbStG unter Hinweis darauf ab, dass dieser nur den „Erbverzicht" in Bezug nehme, den Verzicht auf den bloßen Pflichtteil jedoch nicht.[345] Im Umkehrschluss ergebe sich daraus, dass die Abfindung für einen vor dem Erbfall vereinbarten Pflichtteilsverzicht kein unentgeltlicher Vorgang und somit nicht steuerbar sei.[346]

Eine weitere Ansicht wendet § 7 Abs. 1 S. 1 Nr. 5 ErbStG zwar im Grundsatz auch auf gezahlte Abfindungen für Pflichtteilsverzichtsverträge nach § 2346 Abs. 2 BGB an, allerdings nur auf den Teil der Abfindung, der dem Nennwert des in Aussicht stehenden Pflichtteils entspricht. Darüber hinausgehende Zahlungen seien nicht mehr von § 7 Abs. 1 S. 1 Nr. 5 ErbStG umfasst und unterfielen als selbständige freigebige Zuwendung § 7 Abs. 1 S. 1 Nr. 1 ErbStG.[347]

---

die für Pflichtteilsverzichtsverträge mit dem künftigen Erblasser (§ 2346 BGB) gewährt werden (vgl. oben).

345 Crezelius, Unternehmenserbrecht, Rn. 108; Kapp/Ebeling/*Geck*, § 7 Rn. 122.

346 Kapp/Ebeling/*Geck*, § 7 Rn. 122.

347 Schlitt/Müller/*Lohr/Otto*, Handbuch Pflichtteilsrecht, § 12 Rn. 76; Troll/Gebel/Jülicher/Gottschalk/*Gebel*, § 7 Rn. 317.

Überwiegend wird jedoch davon ausgegangen, dass von der Verweisung in § 7 Abs. 1 S. 1 Nr. 5 ErbStG auch solche Abfindungen erfasst seien, die aufgrund von Pflichtteilsverzichtsverträgen gezahlt werden, und zwar der Höhe nach unbeschränkt.[348] Begründet wird dies insbesondere mit der unbeschränkten Verweisung des § 7 Abs. 1 S. 1 Nr. 5 ErbStG auf § 2346 BGB und somit auch auf dessen Absatz 2.

(b) Stellungnahme

Vorzugswürdig ist, § 7 Abs. 1 S. 1 Nr. 5 ErbStG auch auf solche Abfindungen anzuwenden, die vor Pflichtteilsverzichtsverträge vor dem Erbfall gezahlt werden. Die Vorschrift des § 7 Abs. 1 S. 1 Nr. 5 ErbStG nur auf den Erbverzicht, nicht jedoch auf den isolierten Pflichtteilsverzicht zu beziehen, überzeugt aufgrund der Systematik des § 2346 BGB nicht. Diese geht nämlich davon aus, dass es sich beim Pflichtteilsverzicht um einen Unterfall des Erbverzichts, nämlich einen auf das Pflichtteilsrecht beschränkten Erbverzicht handelt (vgl. dazu § 2346 Abs. 2 BGB). Überzeugender ist daher die Annahme einer umfassenden Verweisung auf §§ 2346 – 2352 BGB, die auch § 2346 Abs. 2 BGB mit einbezieht. Auch aus teleologischen Gesichtspunkten überzeugt diese Sichtweise, da Gründe für eine unterschiedliche Behandlung von Abfindungen, die für Erbverzichte gewährt werden, gegenüber solchen, die für Pflichtteilsverzichte gewährt werden, nicht ersichtlich sind. Eine Beschränkung der Steuerbarkeit nach § 7 Abs. 1 S. 1 Nr. 5 ErbStG für den Teil anzunehmen, der dem in Aussicht stehenden Pflichtteil entspricht, ist der Vorschrift des § 7 Abs. 1 S. 1 Nr. 5 ErbStG ebenfalls nicht zu entnehmen und daher abzulehnen. Dem steht bereits entgegen, dass sich der Nennwert des in Aussicht stehenden Pflichtteils kaum bestimmen lässt, da der Erblasser zum Zeitpunkt der Vereinbarung noch lebt und auf die Höhe der Pflichtteilsansprüche weiterhin Einfluss nehmen kann. Besser ist daher, für Abfindungsleistungen aufgrund von Pflichtteilsverzichtsverträgen nach § 2346 BGB den Steuertatbestand des § 7 Abs. 1 S. 1 Nr. 5 ErbStG uneingeschränkt für einschlägig zu erachten. Die Steuer entsteht dann gem. § 9 Abs. 1 Nr. 2 ErbStG im Zeitpunkt der Ausführung der Zuwendung, was sich für den Steuerpflichtigen vorteilhaft auswirken kann. Leistet er die Abfindung nämlich in gestreckten Zah-

348 *Wachter* DB 2017, 2000 (2505); Mayer/Süß/Tanck/Bittler/Wälzholz/*Griesel*, Handbuch Pflichtteilsrecht, § 17 Rn. 166; vgl. Moench/Weinmann/*Weinmann*, § 7 Rn. 214.

lungen, kann er gegebenenfalls durch geschickte Aufteilung der Zahlungen Steuerfreibeträge nach § 16 ErbStG mehrfach in Anspruch nehmen.

Gezahlte Abfindungen für geschlossene Pflichtteilsverzichtsverträge zwischen Pflichtteilsberechtigten und dem Erblasser können überdies auch dem Grundtatbestand des § 7 Abs. 1 S. 1 Nr. 1 ErbStG unterfallen.[349] Der Grund hierfür ist darin zu sehen, dass der Pflichtteilsanspruch als bloß möglicherweise in Zukunft bestehender Anspruch nicht geeignet ist, die Freigebigkeit der Zuwendung auszuschließen. Daran ändert auch die Existenz der Regelung des § 7 Abs. 1 S. 1 Nr. 5 ErbStG nichts. Zum einen wurde die Vorschrift nur deshalb ins Gesetz aufgenommen, um den zivilrechtlichen Streit über die Frage der Unentgeltlichkeit des Verzichts beizulegen[350], ohne jedoch selbst eine Aussage über die Einordnung des Verzichts als entgeltlich oder unentgeltlich zu treffen. Zum anderen bedeutet die zusätzliche Einschlägigkeit des § 7 Abs. 1 S. 1 Nr. 1 ErbStG nicht, dass der Empfänger der Abfindung nunmehr einem doppelten Steuerzugriff des Staates ausgesetzt ist. Der Steueranspruch entsteht nämlich auch in diesem Fall insgesamt nur einmal, allerdings gestützt auf zwei einschlägige Besteuerungstatbestände.

bb. Abfindung als Passivposten

Zahlt der zukünftige Erbe an den Pflichtteilsberechtigten eine Abfindung, so wird ein Interesse des Erben bestehen, diese beim späteren Erbfall bereicherungsmindernd geltend zu machen. Nach § 10 Abs. 5 Nr. 3 ErbStG sind unter anderem solche Kosten vom Erwerb des Erben abzuziehen, die diesem unmittelbar im Zusammenhang mit der Erlangung des Erwerbs entstehen. Voraussetzung für einen Abzug ist demnach ein unmittelbarer Zusammenhang zwischen den getätigten Aufwendungen und der Erlangung des Erwerbs. Ein solcher entfällt nicht deshalb, weil der Abfindungsanspruch zeitlich vor dem Erbfall entstanden ist. Entscheidend ist allein, dass eine synallagmatische Verknüpfung der entstandenen Kosten mit der Erlangung der Rechtsstellung des zukünftigen Erben besteht.[351] Da der zukünftige Erbe die Abfindung gerade aufwendet, um zum späteren Zeitpunkt eine höhe Erbschaft zu erhalten, ist ein synallagmatischer Zu-

---

349 So auch FG Baden-Württemberg Urt. v. 18.12.1999 9 K 218/95.

350 BFH DStR 2001, 434 (435); *Wachter* DB 2017, 2000 (2505).

351 BFH DStR 2016, 2095 (2096); Meincke/Hannes/Holtz/*Hannes/Holtz*, § 10 Rn. 61; a.A.: BFH ErbStB 2017, 297 (298) mit Anm. *Hartmann*.

sammenhang gegeben, sodass ein Abzug nach § 10 Abs. 5 Nr. 3 ErbStG möglich ist.

Von selbst versteht sich, dass ein Abzug als Erwerbskosten ausscheidet, wenn der Erblasser die Abfindung zahlt. In diesem Fall ist der dem Erben zufallende Erbteil nämlich bereits um den Abfindungsbetrag gemindert. Ein erneuter Abzug nach § 10 Abs. 5 Nr. 3 ErbStG würde den Erben doppelt begünstigen. Verspricht der Erblasser hingegen eine Abfindung und stirbt noch vor Erfüllung des Abfindungsversprechens, kann der Erbe die geschuldete Abfindung als Erblasserschuld gem. § 10 Abs. 5 Nr. 1 ErbStG von seinem Erwerb abziehen.

Wird die Zahlung von einem sonstigen Dritten übernommen, ist entscheidend, welcher Rechtsgrund der Zahlung zugrunde liegt. Verpflichtet er sich gegenüber dem Erben vertraglich zur Übernahme der Abfindungszahlung, kann ein Abzug nach § 10 Abs. 5 Nr. 3 ErbStG erfolgen. Es macht nämlich keinen Unterschied, ob die Abfindung direkt vom Dritten an den Verzichtenden oder zunächst vom Dritten an den Erben und daraufhin von diesem an den Verzichtenden geleistet wird („verkürzter Zahlungsweg“). Gleichermaßen ergibt sich aus dieser Überlegung, dass ein Abzug dann ausscheiden muss, wenn der Dritte die Abfindung aufgrund einer Verpflichtung gegenüber dem Erblasser leistet.

d. Bewertung

Ob der Steuerwert oder der Verkehrswert bewertungsrechtlich für Abfindungen aufgrund von Verzichtsvereinbarungen vor dem Erbfall maßgeblich ist, lässt das Erbschaftsteuergesetz offen. Unterschiede konnten sich bislang beispielsweise dann ergeben, wenn Immobilien als Abfindung geleistet wurden, da in diesen Fällen die Grundbesitzwerte nach den §§ 176 ff. BewG von den Verkehrswerten abweichen konnten.

Für die Bewertung ist entscheidend, dass der Pflichtteilsanspruch zum Zeitpunkt der Verzichtsvereinbarung zivil- und steuerrechtlich noch nicht existiert. Der Verkehrs- bzw. Nennwert des Pflichtteilsanspruchs kann daher für die Bewertung nicht maßgeblich sein. Vielmehr unterliegt originär die gewährte Abfindung einer Besteuerung, sodass bewertungsrechtlich auch die Steuerwerte der Abfindung maßgeblich sind.[352] Seit dem Erbschaftsteuerreformgesetz vom 01.01.2009 wird allerdings eine verkehrs-

---

352 Vgl. dazu Mayer/Süß/Tanck/Bittler/Wälzholz/*Griesel*, Handbuch Pflichtteilsrecht, § 17 Rn. 183; *Wälzholz* MittBayNot 2001, 361 (363).

wertorientierte steuerliche Bewertung vorgenommen. Nennenswerte Unterschiede zwischen den verschiedenen Bewertungsansätzen bestehen daher nicht mehr.

e. Steuerklasse / Steuerfreibeträge

Die Steuerklasse bestimmt sich bei Schenkungstatbeständen nach dem persönlichen Verhältnis des Erwerbers zum Schenker (vgl. § 15 Abs. 1 ErbStG). Dieses Verhältnis ist auch für die Frage entscheidend, in welcher Höhe Steuerfreibeträge nach § 16 Abs. 1 ErbStG gewährt werden können. In Fällen, in denen eine Abfindung für den Verzicht auf einen bereits entstandenen Pflichtteilsanspruch gezahlt wird, fingiert § 3 Abs. 2 Nr. 4 ErbStG eine Zuwendung durch den Erblasser. Eine derartige Regelung fehlt allerdings für Fälle des Abfindungsverzichts vor Eintritt des Erbfalls, sodass die Person des Schenkers zunächst unklar ist. Zur Lösung muss differenziert werden zwischen Verzichtsverträgen unter künftigen gesetzlichen Erben (§ 311b Abs. 4, 5 BGB) und solchen, die zwischen Erblasser und künftigen Pflichtteilsberechtigten (§ 2346 BGB) geschlossen werden.

aa. Erbschaftsverträge über den Pflichtteil (§ 311b Abs. 4, 5 BGB)

Mit der Frage der Person des Schenkers und der damit zusammenhängenden Frage der Steuerklasse bei Erbschaftsverträgen, die unter künftigen gesetzlichen Erben über den Pflichtteil geschlossen werden, hat sich der BFH ursprünglich in zwei Entscheidungen aus den Jahren 2001 und 2013 befasst.[353] Dieser sah als Schenker zunächst den jeweils Leistenden der Abfindung an. Die Person des Schenkers sei aufgrund des Fehlens einer Regelung wie § 3 Abs. 2 Nr. 4 ErbStG nach allgemeinen Grundsätzen die Person, die durch die Zuwendung entreichert wurde. Dadurch sei auch sichergestellt, dass Steuerschuldner iSd. § 20 Abs. 1 ErbStG nur solche Personen sein können, die auch an der Vereinbarung beteiligt waren. Im konkreten Urteilsfall waren als Schenker somit die jeweils abfindenden Erben und nicht die Mutter als Erblasserin anzusehen. Ausgehend vom Wortlaut des § 15 Abs. 1 ErbStG hätte der BFH daher eigentlich auch die Steuerklasse nach dem Verhältnis des Zuwendenden zum Zuwendungsempfänger bestimmen müssen. Dennoch entschied dieser anders und sah

353 BFH DStR 2013, 1783; 2001, 434.

für die Steuerklasse das Verhältnis des Erblassers zu dem Begünstigten als maßgeblich an. Letztlich werde durch derartige Abfindungsleistungen nämlich der Erbfall vorweggenommen (fiktiver Erbfall). Eine Abfindung zur Abgeltung der Pflichtteilsansprüche anders zu behandeln als die Geltendmachung der Pflichtteilsansprüche selbst, leuchte nicht ein.[354] Als weiteres Argument führte der BFH einen Vergleich zwischen Abfindungsverzichten vor und nach dem Erbfall an. Werde nach dem Erbfall auf den bereits entstandenen Pflichtteilsanspruch verzichtet, sei als Schenker stets der Erblasser anzusehen und die Steuerklasse richte sich immer nach dem Verhältnis zum Erblasser (vgl. § 3 Abs. 2 Nr. 4 ErbStG „als vom Erblasser zugewendet", s.o.). Dasselbe müsse aber auch dann gelten, wenn die Abfindungsverzichtsvereinbarung vor dem Erbfall getroffen wird.

(1) Entscheidung des BFH vom 10.05.2017

In einer neueren Entscheidung[355] aus dem Jahr 2017 hat der BFH seine Rechtsprechung geändert. Im Urteilsfall verzichtete der Kläger zu Lebzeiten seiner Mutter (potentielle Erblasserin) gegenüber seinen drei Geschwistern gegen Abfindungszahlungen iHv. jeweils EUR 150.000 auf die Geltendmachung von Pflichtteilsansprüchen. Vier Jahre vor der Verzichtsvereinbarung mit den Geschwistern hatte die Mutter dem Kläger Geldbeträge in beträchtlichem Wert (ca. EUR 1.000.000) zugewendet, die das Finanzamt dem Erwerb der Abfindungen als Vorschenkungen nach § 14 Abs. 1 ErbStG hinzurechnete. Es stellte sich zum einen die Frage, ob die von der Mutter zugewendeten Geldbeträge den gewährten Abfindungen seitens der Geschwister nach § 14 Abs. 1 ErbStG hinzuzurechnen sind und zum anderen die Frage der Steuerklasse bzw. der Freibeträge im Hinblick auf die gezahlten Abfindungen.

Zunächst stellte der BFH – insoweit in Übereinstimmung mit seiner älteren Rechtsprechung[356] – klar, dass die Zuwendungen schenkungsteuerlich jeweils von den Geschwistern und nicht von der Mutter als potentieller Erblasserin geleistet wurden. Da die Geschwister jeweils als Schenker anzusehen seien, scheide eine Hinzurechnung von Vorerwerben seitens der Mutter nach § 14 Abs. 1 ErbStG aus, denn es handele sich nicht um Zuwendungen von „derselben Person".

---

354 Vgl. dazu auch *Krumm* ErbR 2012, 139 (141).
355 BFH DStR 2017, 1817.
356 BFH DStR 2013, 1783; BFH DStR 2001, 434.

Sodann widmete sich der BFH der Frage der Steuerklasse und des damit zusammenhängenden Freibetrags. Er gab die bisherige Rechtsprechung in Bezug auf die Steuerklasse auf und entschied, dass sich diese nicht mehr nach dem Verhältnis des Erblassers zum Begünstigten richte, sondern vielmehr nach dem Verhältnis des jeweils Zuwendenden zum Begünstigten. Während die ältere Rechtsprechung aus den Jahren 2001 und 2013 (s.o.) eine Gleichbehandlung zwischen Abfindungsverzichten vor und nach dem Erbfall angestrebt habe, so verdeutliche der Urteilsfall, dass diese auch durch Bestimmung der Steuerklasse nach dem Verhältnis des Erblassers zum Begünstigten nicht zu erreichen sei. Würde man nämlich im Urteilsfall die Steuerklasse nach dem Verhältnis des Erblassers zum Begünstigten bestimmen, müsste der aus §§ 15 Abs. 1 Nr. 2 iVm. 16 Abs. 1 Nr. 2 ErbStG folgende Freibetrag iHv. EUR 400.000 (im damaligen Streitjahr EUR 205.000) im Ergebnis für jede einzelne Schenkung gewährt werden. Handele es sich um drei abfindende Geschwister, würde der Freibetrag verdreifacht, also insgesamt EUR 1.200.000 betragen. Werde hingegen auf einen bereits entstandenen Pflichtteil gegen Abfindung verzichtet, stelle die Fiktion des § 3 Abs. 2 Nr. 4 ErbStG sicher, dass alle Zuwendungen als vom Erblasser zugewendet gelten mit der Folge einer Zusammenrechnung nach § 14 Abs. 1 ErbStG. Der Freibetrag könne daher auf den Gesamtbetrag aller Schenkungen insgesamt nur einmal, also iHv. EUR 400.000 (§ 16 Abs. 1 Nr. 2 ErbStG, Steuerklasse I Nr. 2), angewendet werden. Selbst bei nur anteiliger Gewährung des Freibetrags im Verhältnis zum Erblasser auf jede Schenkung (im konkreten Fall also iHv. 1/3 * EUR 400.000) könne dies zu Progressionsunterschieden führen, sodass „eine im Ergebnis gleiche Steuerbelastung allenfalls zufällig“ zu erreichen wäre. Diese fehlende Vergleichbarkeit und ungerechtfertigte Besserstellung des vor dem Erbfall vereinbarten Pflichtteilsverzichts rechtfertige es, von der bis dahin geltenden Rechtsprechung abzuweichen und die Steuerklasse sowie den Freibetrag fortan nicht mehr nach dem Verhältnis des Erblassers zum Begünstigten, sondern nach dem Zuwendungsverhältnis (also unter Geschwistern nach der Steuerklasse II mit einem Freibetrag von EUR 20.000, vgl. § 16 Abs. 1 Nr. 5 ErbStG) zu bestimmen.

Abschließend ging der BFH auf die Frage ein, ob Vertrauensschutzgesichtspunkte[357] der Rechtsprechungsänderung entgegenstünden. Dies verneinte er unter Hinweis darauf, dass die Entscheidung für den Steuerpflichtigen im konkreten Fall günstig ausfiel. Seitens der Erblasserin waren bereits hohe Vorschenkungen an den Abfindungsbegünstigten er-

357 vgl. BFH DStR 2008, 545 (551 ff.).

folgt, die das Finanzamt dem Erwerb der Abfindungen nach § 14 Abs. 1 ErbStG fälschlicherweise hinzugerechnet hatte. Aufgrund der hohen Vorschenkungen der Mutter als Erblasserin war die vom Finanzamt festgesetzte Steuer trotz Berücksichtigung der (höheren) Freibeträge zur Mutter höher als die Steuer ohne Berücksichtigung der Vorschenkungen unter Anwendung der (niedrigeren) Freibeträge zwischen den künftigen Erben untereinander. Aus diesem Grund bestand für den BFH keine Veranlassung, Vertrauensschutzgesichtspunkte bei dem Kläger zu berücksichtigen.

(2) Kritische Würdigung in der Literatur

Zur Frage der anwendbaren Steuerklasse bei gewährten Abfindungen aufgrund von Erbschaftsverträgen über den Pflichtteil werden in der Literatur verschiedene Auffassungen vertreten. Teilweise wird in Übereinstimmung mit der neueren Rechtsprechung des BFH dafür plädiert, die Steuerklasse nicht mehr zwingend nach dem persönlichen Verhältnis des Begünstigten zum Erblasser, sondern zum jeweils Zuwendenden zu bestimmen. Dies folge daraus, dass auch die Bereicherung des Begünstigten auf Kosten des jeweils Zuwendenden erfolge.[358]

In der Literatur ist die neuere BFH-Entscheidung aber auch auf Kritik gestoßen. Es handele sich letztlich nach wie vor um eine Vorabverteilung des Nachlasses und damit um einen vorweggenommenen Erbfall, sodass sich auch die Steuerklasse nach dem Verhältnis des Begünstigten zum Erblasser bestimmen müsse. Des Weiteren sei eine derartige Rechtsprechungsänderung aufgrund fehlender Vorbereitung im Schrifttum nicht zu erwarten gewesen und erzeuge Rechtsunsicherheit in der Nachfolgeplanung.[359]

(3) Stellungnahme

Der Entscheidung des BFH ist trotz aller Kritik in der Literatur zuzustimmen. Sie ist letztlich eine konsequente Umsetzung des Gesetzes und zeigt auf, dass die bisherigen „Korrekturen" der Steuerklasse und des damit zusammenhängenden Freibetrags zur Herstellung eines Gleichlaufs zwischen Verzichtsvereinbarungen vor und nach dem Erbfall nicht zweckmäßig sind. Die Richtigkeit der Entscheidung ist eine Konsequenz aus der Tatsa-

358 *Geck* DNotZ 2019, 805 (811); *Hartmann* EStB 2001, 136 (137).
359 *Wachter* DB 2017, 2500 (2508).

che, dass eine Regelung wie § 3 Abs. 2 Nr. 4 ErbStG, die Abfindungen als vom Erblasser zugewendet fingiert, für Verzichtsvereinbarungen vor dem Erbfall fehlt. Fehlt eine solche Regelung, müssen die Person des Schenkers, die Steuerklasse und die Höhe des Steuerfreibetrags nach allgemeinen Grundsätzen bestimmt werden. Bereits in der Vergangenheit hat der BFH als die Person des Schenkers zutreffend diejenige angesehen, in deren Vermögen sich die Entreicherung verwirklicht. Dies wird bei Abfindungsverzichtsvereinbarungen nach § 311b Abs. 4, 5 BGB regelmäßig der potentielle Erbe sein, was regelmäßig selbst dann gilt, wenn ein Dritter die Abfindung zahlt. Dieser wird die Zahlung nämlich nicht aus freien Stücken, sondern aufgrund einer vertraglichen Vereinbarung mit dem zahlungsverpflichteten Erben erbringen, sodass der Dritte die Zahlung lediglich im Sinne eines verkürzten Zahlungswegs leistet und diese dem zahlungspflichtigen Erben zuzurechnen ist. Sieht man deshalb den zahlenden oder zahlungspflichtigen Erben als Schenker an, müssen folgerichtig auch die Steuerklasse nach § 15 Abs. 1 und der Steuerfreibetrag nach § 16 Abs. 1 ErbStG nach dem Verhältnis der jeweiligen Erben untereinander bestimmt werden. Die Unzweckmäßigkeit einer Ausnahme dieses Grundsatzes wurde vom BFH zutreffend aufgezeigt. Sollte es dem gesetzgeberischen Willen entsprechen, Abfindungszahlungen aufgrund vor dem Erbfall getroffener Verzichtsvereinbarungen ausnahmslos als vom Erblasser kommend zu besteuern, wäre der Gesetzgeber gefordert und müsste die Beschränkung in § 3 Abs. 2 Nr. 4 ErbStG auf bereits „entstandene“ Pflichtteilsansprüche aufheben.

Auch wenn die Entscheidung inhaltlich zutreffend ist, stellt sich die Frage, ob eine derartige Rechtsprechungsänderung aus Gründen des Vertrauensschutzes untersagt war. Nach diesem aus Art 20 Abs. 3 GG entwickelten Gebot, das auf gleicher Stufe mit dem Prinzip der materiellen Richtigkeit einer Entscheidung steht, kann auf eine gefestigte Judikatur vom Rechtsanwender grundsätzlich vertraut werden.[360] Eine Änderung der Rechtsprechung ist nur dann möglich, wenn diese hinreichend begründet ist und sich im Rahmen einer voraussehbaren Entwicklung hält. Letzteres ist anzunehmen, wenn die Entscheidung in der Vergangenheit auf erhebliche Kritik gestoßen ist, sodass von einem unveränderten Fortbestand nicht ausgegangen werden kann.[361]

---

360 BFH DStR 2008, 545 (552).
361 BFH NZA 2019, 700 (705).

Eine gefestigte Judikatur existiert tatsächlich durch die Entscheidungen des BFH aus den Jahren 2001 und 2013[362], die für die Steuerklasse jeweils das Verhältnis des Begünstigten zum Erblasser zugrunde gelegt haben. Auch wenn eine abweichende Literaturansicht von *Hartmann*[363] aus dem Jahre 2001 besteht, ist diese nicht geeignet, das Vertrauen in den Fortbestand der Judikatur zu erschüttern. Diese Ansicht liegt nämlich zum einen bereits sehr weit in der Vergangenheit, zum anderen hat der BFH durch die Entscheidung aus dem Jahr 2013 zum Ausdruck gebracht hat, diese Sichtweise nicht zu vertreten. Zwar bedarf der Bürger keines Schutzes, wenn eine Rechtsprechungsänderung wie im vorliegenden Fall für ihn günstig ausfällt. Im vom BFH zu entscheidenden Fall war dies allerdings lediglich der konkreten Sachverhaltskonstellation geschuldet, während andere Sachverhalte von der für den Steuerpflichtigen eigentlich nachteiligen Entscheidung durchaus betroffen sein können. Noch nicht festgesetzte Steuern könnten nun für den Steuerpflichtigen ungünstiger festgesetzt werden, als dieser es bei Abschluss der Verzichtsvereinbarung nach § 311b Abs. 4, 5 BGB geplant hatte. Zwar sollte es dem BFH grundsätzlich nicht verwehrt sein dürfen, auf Grundlage des geltenden Gesetzes eine Rechtsprechungsänderung vorzunehmen. Er hätte jedoch aufgrund andauernder Judikatur und fehlender Vorbereitung im Schrifttum in den letzten Jahren die Wirkungen der Entscheidung auf zukünftige Fälle beschränken müssen. Da er eine derartige Beschränkung nicht vorgenommen hat, bleibt zu hoffen, dass die Finanzverwaltung in Extremfällen einen Vertrauensschutz über die Vorschriften zur abweichenden Steuerfestsetzung und zum Steuererlass (§§ 163, 227 AO) herstellt.

bb. Verzichtsverträge mit dem zukünftigen Erblasser (§ 2346 BGB)

(1) Bisheriger Meinungsstand

Mit der Frage der Person des Schenkers bei Verträgen, die zwischen Erblasser und künftigen gesetzlichen Erben (bzw. Pflichtteilsberechtigten) geschlossen werden (§ 2346 BGB), hat sich der BFH erstmals im Jahr 1953 beschäftigt.[364] Er entschied, dass Schenker allein die Person sei, die die

362 BFH DStR 2013, 1783; BFH DStR 2001, 434.

363 *Hartmann* EStB 2001, 136 (137).

364 BFH Urt. v. 16.1.1953 – III 192/52 U, BeckRS 1953, 21006462; vgl. dazu *Wachter* DB 2017, 2500 (2505 f.).

Abfindung gewährt. Beim Abfindungserwerb handele es sich um einen Unterfall der Schenkung (fiktive Schenkung), sodass allein das Verhältnis der Personen entscheidend sei, zwischen denen sich die Leistung vollziehe. Die mit der Bereicherung korrespondierende Entreicherung trete nicht zwingend auf Seiten des Erblassers, sondern auf Seiten desjenigen ein, der die Abfindung leiste. Die Mitwirkung des Erblassers beschränke sich lediglich auf die Entgegennahme der Verzichtserklärung, was jedoch keine Auswirkung auf die davon zu unterscheidende Abfindungszahlung haben könne. Werde die Abfindung also – wie im Fall des BFH – von einem Dritten geleistet, sei für Zwecke der Steuerklasse das Verhältnis zwischen dem Abfindungsempfänger und dem Dritten entscheidend.

In einer Entscheidung aus dem Jahr 1977[365] entschied der BFH hingegen anders. Zwar lege die Regelung der Abfindung bei den Schenkungstatbeständen (§ 7 Abs. 1 S. 1 Nr. 5 ErbStG) tatsächlich eine Einordnung als fiktive Schenkung nahe. Allerdings werde auch durch Abfindungszahlungen auf Grund von Verzichtsverträgen nach § 2346 BGB der Erbfall letztlich vorweggenommen. Hinzukomme, dass Rechtsgrund für die Abfindungsleistung bei derartigen Verzichtsverträgen – anders als bei Erbverzichten gem. § 311b Abs. 4, 5 BGB – der Vertrag zwischen dem Erblasser und dem künftigen Pflichtteilsberechtigten sei. Aus diesem Grund müsse sich auch das Zuwendungsverhältnis nach diesen Personen bestimmen, unabhängig davon, wer die Abfindung aus seinem Vermögen leiste. Auch zur Bestimmung der Steuerklasse sei daher das Verhältnis des Beschenkten zum Erblasser heranzuziehen. Dieser Sichtweise hat sich die Literatur – allerdings teilweise ohne Begründung – angeschlossen.[366]

(2) Auswirkungen der Entscheidung vom 10.05.2017 auf Verzichtsverträge nach § 2346 BGB

Die Entscheidung des BFH vom 10.05.2017 ist ergangen zum atypischen Fall des Abfindungsverzichts unter zukünftigen gesetzlichen Erben nach § 311b Abs. 4, 5 BGB. Es ist jedoch die Frage aufgeworfen worden, ob sich auch Auswirkungen auf den typischen Fall des Abfindungsverzichts nach

365 BFH Urt. v. 25.5.1977 – II R 136/73, BeckRS 1977, 22004067; vgl. dazu *Wachter* DB 2017, 2500 (2506).

366 Z.B. Troll/Gebel/Jülicher/Gottschalk/*Gebel*, § 7 Rn. 317; Moench/Weinmann/*Weinmann*, § 7 Rn. 215; Viskorf/Schuck/Wälzholz/*Schuck*, § 7 Rn. 143; *Krumm* ErbR 2012, 139 (141).

§ 2346 BGB ergeben. Bei letzterem ist seit der Entscheidung des BFH aus dem Jahr 1977[367] bisher davon ausgegangen worden, dass stets der Erblasser Schenker sei und für die Steuerklasse (und den anzuwendenden Steuerfreibetrag) stets das Verhältnis zwischen Erblasser und Begünstigtem zur Anwendung gelange, unabhängig davon, wer die Abfindung aus seinem Vermögen leiste. Nach teilweise vertretener Auffassung in der Literatur sei jedoch aufgrund der Entscheidungsgründe von einer Gleichbehandlung beider Fälle in der Zukunft auszugehen[368], sodass zukünftig die Steuerklasse nach demjenigen bestimmt werden müsse, der die Abfindung aus seinem Vermögen leistet.

Damit eine analoge Anwendung beider Konstellationen erfolgen kann, muss zunächst der jeweils Leistende der Abfindung auch in Fällen des § 2346 BGB als Schenker anzusehen sein. Tatsächlich verdient insoweit die ältere Entscheidung des BFH aus dem Jahre 1953 Zustimmung. Die Abfindung aufgrund eines Pflichtteilsverzichts nach § 2346 BGB wird – ebenso wie die Abfindung aufgrund eines Verzichts nach § 311b Abs. 4, 5 BGB – auch nach § 7 Abs. 1 S. 1 Nr. 1 ErbStG besteuert[369] und unterliegt daher allgemeinen Kriterien, wonach Zuwendender die Person ist, deren Vermögen durch die Zuwendung gemindert wird („auf Kosten des Zuwendenden", § 7 Abs. 1 S. 1 Nr. 1 ErbStG). Wenn sich die zukünftigen Erben im Rahmen einer Verzichtsvereinbarung mit dem Erblasser nach § 2346 BGB zur Zahlung einer Abfindung verpflichten und sich somit in deren Vermögen der Entreicherungsvorgang verwirklicht, müssen diese daher auch Schenker sein. Auf den Pflichtteilsverzicht als Rechtsgrund der Zuwendung kommt es hierfür ausweislich des Wortlauts des § 7 Abs. 1 S. 1 Nr. 1 ErbStG nicht an. Vielmehr handelt es sich beim Verzicht und der Abfindungsvereinbarung um voneinander zu trennende Rechtsgeschäfte, da letztere kein Tatbestandsmerkmal des § 2346 BGB darstellt und ein Pflichtteilsverzicht deshalb auch ohne Vereinbarung einer Abfindung möglich ist. Auch aus § 7 Abs. 1 S. 1 Nr. 5 ErbStG lassen sich keine davon abweichenden Schlüsse ziehen. Der BFH hat in seiner Entscheidung aus dem Jahr 1977 aus der Formulierung „Abfindung für einen Erbverzicht" geschlossen, dass stets der Erblasser auch Schenker sein müsse.[370] Zwin-

367 BFH Urt. v. 25.5.1977 – II R 136/73, BeckRS 1977, 22004067.

368 *Wachter* DB 2017, 2500 (2506).

369 Vgl. dazu die obigen Ausführungen, wonach für derartige Abfindungszahlungen sowohl Nr. 1 als auch Nr. 5 des § 7 Abs. 1 S. 1 ErbStG einschlägig ist, die Steuer aber trotzdem nur insgesamt einmal entsteht.

370 BFH Urt. v. 25.5.1977 – II R 136/73, BeckRS 1977, 22004067; vgl. auch *Wachter* DB 2017, 2500 (2507).

gend ist diese Annahme aber nicht, da auch ein Dritter ohne Weiteres „für“ den von einem anderen geschlossenen Erbverzicht eine Abfindung gewähren kann. Die Formulierung in § 7 Abs. 1 S. 1 Nr. 5 ErbStG lässt jedenfalls keinen zwingenden Schluss auf die Person des Zuwendenden zu. Im Gegenteil könnte die zwingende Annahme des Erblassers als Schenker zur Folge haben, dass dieser stets Steuerschuldner iSd. § 20 Abs. 1 ErbStG ist, obwohl dieser unter Umständen lediglich die Verzichtserklärung entgegengenommen hat. Dies ist deshalb problematisch, weil noch nicht die bloße Annahme der Verzichtserklärung, sondern erst die Gewährung der Abfindung zur Entstehung der Steuer führt (vgl. § 9 Abs. 1 Nr. 2 ErbStG).[371] Der Erblasser wäre somit Steuerschuldner, obwohl er auf die Steuerentstehung in Fällen der Abfindungsleistung durch einen Dritten keinen Einfluss hat. Die vorstehenden Überlegungen führen daher auch in Fällen eines Abfindungsverzichts nach § 2346 BGB dazu, die Bestimmung des Schenkers nach dem jeweils Leistenden der Abfindung (Erblasser oder sonstiger Dritter) vorzunehmen. Etwas anderes könnte allenfalls dann gelten, wenn der Erbe die Abfindung für den Erblasser im Sinne eines „verkürzten Zahlungswegs“ leistet. Da aber letztlich der Erbe von der Verzichtsvereinbarung profitiert – dieser erhält schließlich eine nicht mit Pflichtteilsansprüchen belastete Erbschaft –, kann eine Zahlung im Sinne eines verkürzten Zahlungswegs jedenfalls für den Erblasser nicht ohne besondere Vereinbarung angenommen werden.

Von der Frage des Schenkers zu unterscheiden ist die der Steuerklasse und des anzuwendenden Freibetrags. Die anwendbare Steuerklasse richtet sich im Grundsatz gem. § 15 Abs. 1 ErbStG nach dem persönlichen Verhältnis des Beschenkten zum Schenker. Weshalb der BFH dies für Abfindungen auf Grundlage eines Pflichtteilsverzichts gem. § 2346 BGB bislang anders gesehen und die Steuerklasse zwingend nach dem persönlichen Verhältnis des Abfindungsempfängers zum Erblasser bestimmt hat, kann nicht überzeugen. Vielmehr lassen sich die Argumente, die den BFH zu einer Rechtsprechungsänderung bezogen auf die Steuerklasse im Jahr 2017 bewegt haben, auf die Konstellation des Erbverzichts nach § 2346 BGB ohne Weiteres übertragen. Zwar kann – wie in der Literatur zutreffend angemerkt wird[372] – die Verzichtserklärung nach § 2346 BGB nicht gegenüber mehreren Personen, sondern nur gegenüber dem Erblasser abgegeben werden. Darauf kommt es allerdings deshalb nicht an, weil die Verzichtserklärung lediglich den Rechtsgrund für die Gewährung der Abfindung

---

371 BFH Urt. v. 16.1.1953 – III 192/52 U, BeckRS 1953, 21006462.

372 *Wachter* DB 2017, 2500 (2507).

darstellt. Entscheidend für die Frage der anzuwendenden Steuerklasse muss die Abfindungsleistung selbst sein. Auch im Rahmen von Erbverzichten gem. § 2346 kann die Situation auftreten, dass zwar der Verzicht gegenüber dem Erblasser erklärt wird, jedoch mehrere zukünftige Erben den Verzichtenden abfinden. Würde in diesen Fällen die Steuerklasse der einzelnen Abfindungsleistungen jeweils nach dem persönlichen Verhältnis des Begünstigten zum Erblasser bestimmt, könnte es in gleicher Weise zu einer ungerechtfertigten Besserstellung des vor dem Erbfall vereinbarten Abfindungsverzichts kommen.[373] Ein Gleichlauf zwischen Verzichtsvereinbarungen vor und nach dem Erbfall kann durch Bestimmung der Steuerklasse im Verhältnis zum Erblasser jedenfalls nicht erreicht werden. Die Steuerklasse und der anzuwendende Steuerfreibetrag sollten daher im Einklang mit der neueren BFH-Rechtsprechung aus dem Jahr 2017 nach dem Verhältnis des Begünstigten zu den jeweils abfindenden Erben bestimmt werden.

f. Steuerbefreiungsregelungen

Handelt es sich um Sachabfindungen, die dafür gewährt werden, dass auf den Pflichtteil vor Eintritt des Erbfalls verzichtet wird (§§ 311b Abs. 4, 5, 2346 BGB), sind Steuerbefreiungsregelungen – insbesondere für Mietwohnimmobilien (§ 13d ErbStG) und das Familienheim (§ 13 Nr. 4a, 4b, 4c ErbStG) – grundsätzlich anwendbar. Der Grund dafür ist darin zu sehen, dass in derartigen Fällen originär die Sachabfindung und nicht der auf Geld gerichtete Pflichtteilsanspruch der Besteuerung unterliegt. Im Hinblick auf die Befreiungsregelungen für die Gewährung unternehmerischen Vermögens (§§ 13a, 13b ErbStG) als Abfindung sind jedoch einige Besonderheiten zu beachten.

aa. Unternehmerisches Vermögen als Abfindung für einen Pflichtteilsverzicht nach § 2346 BGB

(1) Meinungsstand

Wird unternehmerisches Vermögen als Abfindung für einen Pflichtteilsverzicht nach § 2346 BGB gewährt, unterliegt die gewährte Abfindung

373 Dazu H. I. 1. e. aa. (1).

einer Besteuerung nach § 7 Abs. 1 S. 1 Nr. 5 ErbStG.[374] Im Grundsatz geht die Finanzverwaltung deshalb in derartigen Konstellationen von der Anwendbarkeit der Steuerbefreiungsregelungen für betriebliches Vermögen gem. §§ 13a, 13b ErbStG aus. Dieser Grundsatz wird allerdings dahingehend eingeschränkt, dass dies nur dann gelte, „wenn der künftige Erblasser selbst die Abfindung in Form begünstigten Vermögens leistet".[375]

In der einschlägigen Literatur stößt diese von der Finanzverwaltung vorgenommene Einschränkung teilweise auf Widerspruch, da es an einer gesetzlichen Grundlage für diese fehle. Die Steuerbefreiungen müssten vielmehr in jedem Fall der Gewährung einer Abfindung für einen vor dem Erbfall vereinbarten Pflichtteilsverzicht unabhängig von der Person des Leistenden gewährt werden.[376]

(2) Stellungnahme

Indem die Finanzverwaltung für die Anwendbarkeit der §§ 13a, 13b ErbStG einen Übergang von Erblasservermögen fordert, bleibt sie zunächst ihrer eigenen Linie treu. Abfindungen auf Grundlage von § 7 Abs. 1 S. 1 Nr. 5 ErbStG stellen einen Unterfall einer Schenkung unter Lebenden dar. In Fällen der Schenkung hält diese stets für erforderlich, dass es sich bei dem geleisteten Vermögen um solches des Schenkers handelt, wodurch etwa die mittelbare Schenkung eines Unternehmens nicht von der Steuerbefreiung erfasst wird.[377] Da seit dem Jahr 1977[378] bei Erwerben nach § 7 Abs. 1 S. 1 Nr. 5 ErbStG immer der Erblasser als Schenker angesehen wurde, unabhängig davon, wer die Abfindung tatsächlich aus seinem Vermögen geleistet hatte, ist die Beschränkung auf die Übertragung von Erblasservermögen insoweit konsequent. Es erschließt sich jedoch nicht, welche Motive die Finanzverwaltung generell zu einer derartigen Einschränkung veranlassen. Die Beschränkung der Begünstigung auf die Übertragung von Erblasservermögen ist gesetzlich jedenfalls nicht angelegt. Sollte die Finanzverwaltung die Anwendbarkeit der §§ 13a, b ErbStG auf solche Ver-

374 Dazu oben unter H. I. 1. c. aa. (2).

375 R E 13b.2 (1) S. 2 Nr. 3 ErbStR 2011; Abschn. 13b.2 (1) S. 2 Nr. 3 AE ErbStG v. 22.6.2017, BStBl I 2017, 902.

376 *Bühring*, Pflichtteilsrecht und Erbschaftsteuer, S. 164 f.; Mayer/Süß/Tanck/Bittler/Walzholz/*Griesel*, Handbuch Pflichtteilsrecht, § 17 Rn. 185.

377 R E 13b.2 (2) S. 2 ErbStR 2011; Abschn. 13b.2 (2) S. 2 AE ErbStG v. 22.6.2017, BStBl I 2017, 902.

378 BFH Urt. v. 25.5.1977 – II R 136/73, BeckRS 1977, 22004067.

mögensübergänge beschränken wollen, die durch den Generationenwechsel bedingt sind, überzeugt dies vor dem Hintergrund nicht, dass auch die freigebige Zuwendung unter Lebenden (§ 7 Abs. 1 S. 1 Nr. 1 ErbStG) vom Anwendungsbereich der Richtlinien umfasst ist.[379]

Aus Wertungsgesichtspunkten muss – insoweit den kritischen Stimmen in der Literatur folgend – die Einschränkung der Anwendbarkeit der §§ 13a, 13b ErbStG auf Fälle, in denen es sich bei der Zuwendung um Erblasservermögen handelt, aufgehoben werden. Für diese Sichtweise spricht zunächst der Sinn und Zweck der Steuerbefreiungsregelungen. Diese bezwecken den Erhalt von Produktion und Arbeitsplätzen, der bei Auferlegung des Erwerbers mit einer hohen Steuerlast grundsätzlich gefährdet sein kann. Für die Sozialgebundenheit des unternehmerischen Vermögens macht es aber keinen Unterschied, wer das unternehmerische Vermögen an den Erwerber leistet.[380] Weiterhin ist nach hier vertretener Auffassung auch in Fällen des § 7 Abs. 1 S. 1 Nr. 5 ErbStG Schenker der jeweils Leistende der Abfindung, was selbst dann gilt, wenn ein Dritter und nicht der Erblasser die Abfindung leistet.[381] Aus diesem Grund lässt sich die Beschränkung der Anwendbarkeit der Steuerbefreiungen auf den Übergang von Erblasservermögen jedenfalls nicht mehr dadurch rechtfertigen, dass auch in sonstigen Fällen der freigebigen Zuwendung für eine Anwendbarkeit stets ein Übergang von Vermögen des Schenkers erforderlich ist. Auch aus einer anderen Überlegung heraus ist die Beschränkung der Anwendbarkeit auf den Übergang von Erblasservermögen nicht überzeugend. Da für Erbverzichte geleistete Abfindungen den Tatbestand des § 7 Abs. 1 S. 1 Nr. 1 ErbStG erfüllen und die Finanzverwaltung in diesen Fällen für eine Anwendbarkeit der Steuerbefreiungen eine Beschränkung auf den Übergang von Erblasservermögen nicht vornimmt, wäre die Anwendbarkeit der Befreiungsregelungen nach Ansicht der Finanzverwaltung immer dann unklar und in sich widersprüchlich, wenn nicht der Erblasser, sondern ein sonstiger Dritter die Abfindung leistet. Um Klarheit über die Anwendbarkeit der Steuerbefreiungen in diesen Fällen zu schaffen, muss die von der Finanzverwaltung vertretene Beschränkung auf übergegangenes Erblasservermögen aufgehoben werden.

---

379 R E 13b.2 (2) S. 2 ErbStR 2011; Abschn. 13b.2 (2) S. 2 AE ErbStG v. 22.6.2017, BStBl I 2017, 902.

380 Mayer/Süß/Tanck/Bittler/Wälzholz/*Griesel*, Handbuch Pflichtteilsrecht, § 17 Rn. 162 f., 185.

381 Dazu siehe oben unter H. I. 1. e. bb. (2).

bb Unternehmerisches Vermögen als Abfindung im Rahmen eines Erbschaftsvertrags über den Pflichtteil nach § 311b Abs. 4, 5 BGB

Abfindungen, die für Erbschaftsverträge nach § 311b Abs. 4, 5 BGB gewährt werden, unterliegen einer Besteuerung nach § 7 Abs. 1 S. 1 Nr. 1 ErbStG (dazu s.o.). Da die Ansicht der Finanzverwaltung, die für die Anwendbarkeit der Steuerbefreiungsregelungen in §§ 13a, 13b ErbStG die Gewährung von Erblasservermögen fordert, lediglich auf Abfindungserwerbe nach § 7 Abs. 1 S. 1 Nr. 5 ErbStG beschränkt ist[382], kann diese auf gewährte Abfindungen im Rahmen von Erbschaftsverträgen über den Pflichtteil nach § 311b Abs. 4, 5 BGB nicht übertragen werden. Beim Grundtatbestand der freigebigen Zuwendung hält diese vielmehr für ausreichend, dass begünstigtes Vermögen vom Schenker auf den Beschenkten übergeht.[383] Da der BFH im Jahr 2001[384] erstmals entschieden hat, dass Schenker der jeweils Abfindende ist, sollte der Anwendbarkeit der Steuerbefreiung nichts entgegenstehen. Dass dies auch wertungsmäßig zutreffend ist, wurde bereits dargestellt.

g. Folgen einer Unwirksamkeit des Verzichtsvertrags

Hält ein Verzichtsvertrag einer Wirksamkeitskontrolle nach § 138 Abs. 1 BGB nicht stand, bleibt dies unter Umständen auch im Steuerrecht – sollte dem Verzichtsvertrag als Kausalgeschäft eine Abfindungsvereinbarung zugrunde liegen – nicht folgenlos.

Als unproblematisch stellen sich dabei zunächst Fälle dar, in denen sich die Unwirksamkeit der Verzichtsvereinbarung vor Zahlung der Abfindung herausstellt.[385] Aufgrund der Nichtigkeit der Verzichtsvereinbarung ist der Pflichtteilsanspruch mit dem Ableben des Erblassers entstanden und kann vom Steuerpflichtigen innerhalb der Verjährungsfrist (drei Jahre ab dem Zeitpunkt der Kenntnisnahme von der Unwirksamkeit des Verzichts, §§ 195, 199 Abs. 1 Nr. 2 BGB) geltend gemacht werden. In diesem Fall entsteht die Steuer nach § 3 Abs. 1 Nr. 1 Alt. 3 ErbStG. Der Steueranspruch

382 Vgl. R E 13b.2 (1) S. 2 Nr. 3 ErbStR 2011; Abschn. 13b.2 (1) S. 2 Nr. 3 AE ErbStG v. 22.6.2017, BStBl I 2017, 902.

383 R E 13b.2 (2) S. 2 ErbStR 2011; Abschn. 13b.2 (2) S. 2 AE ErbStG v. 22.6.2017, BStBl I 2017, 902.

384 BFH DStR 2017, 1817; 2013, 1783; 2001, 434.

385 So wohl auch im Urteilsfall des OLG Hamm NJW 2017, 576.

für die noch nicht geleistete (weil aufschiebend bedingte) Abfindung ist gem. § 9 Abs. 1 Nr. 2 ErbStG noch nicht entstanden, sodass für eine Steuerkorrektur kein Raum besteht.

Eine steuerliche Relevanz kann sich jedoch zum einen in Fällen ergeben, in denen sich aus den sonstigen den Vertragsschluss begleitendenden Umständen ergibt, dass trotz Leistung einer Abfindung die Verzichtsvereinbarung nach § 138 Abs. 1 BGB sittenwidrig ist. Zum anderen sind Fälle denkbar, in denen zwar eine Abfindung geleistet wird, diese aber offensichtlich zur Versorgung des Pflichtteilsberechtigten nicht ausreicht.[386] Nachdem in derartigen Fällen die Abfindung geleistet wurde, erfolgt durch das Finanzamt eine Festsetzung der Erbschaftsteuer für die geleistete Abfindung. Jahre später – etwa beim Erbfall – macht der Pflichtteilsberechtigte die Unwirksamkeit des Verzichts geltend und verlangt vom Erben seinen Pflichtteil.

Auch in dieser Konstellation ist der Pflichtteilsanspruch mit dem Erbfall entstanden und kann vom Pflichtteilsberechtigten innerhalb der Verjährungsfrist geltend gemacht werden, was die Steuer nach § 3 Abs. 1 Nr. 1 Alt. 3 ErbStG entstehen lässt. Für den Pflichtteilsberechtigten könnte sich als interessant darstellen, ob für die bereits besteuerte Abfindungszahlung ein Erstattungsanspruch nach § 37 Abs. 2 AO geltend gemacht werden kann. Da der zum damaligen Zeitpunkt erlassene Steuerbescheid als Rechtsgrund einem solchen aber grundsätzlich entgegensteht, kann ein Anspruch nur bejaht werden, wenn der Steuerbescheid für die gewährte Abfindung aufgehoben werden muss.

Eine Korrektur nach §§ 172 Abs. 1 S. 1 Nr. 2 Buchst. d) iVm. 175 Abs. 1 S. 1 Nr. 2 AO setzt den Eintritt eines Ereignisses voraus, das steuerliche Wirkung für die Vergangenheit hat. Müsste der Pflichtteilsberechtigte die an ihn gewährte Abfindung aufgrund eines Rückforderungsrechts zurückgewähren, könnte die Steuerpflicht rückwirkend nach § 29 Abs. 1 Nr. 1 ErbStG erlöschen. Allerdings ist ein derartiges Rückforderungsrecht des Erben zu verneinen. Zwar wurde die Abfindung zivilrechtlich ohne Rechtsgrund gewährt (§ 812 Abs. 1 S. 1 Alt. 1 BGB). Ein Rückforderungsanspruch wird jedoch regelmäßig wegen § 817 S. 2 BGB, der sich nach überwiegender Auffassung auf sämtliche Bereicherungsansprüche aus Leistungskondiktion erstreckt[387], ausscheiden.[388]

---

386 *Dutta* AcP 209 (2009), 760 (797).

387 BeckOK BGB/*Wendehorst*, § 817 Rn. 11; MüKo BGB/*Schwab*, § 817 Rn. 11; Palandt/*Sprau*, § 817 Rn. 12.

388 Vgl. *Dutta* AcP 209 (2009), 760 (798).

Eine Korrektur des Steuerbescheids könnte auf §§ 172 Abs. 1 S. 1 Nr. 2 Buchst. d) iVm. 173 Abs. 1 Nr. 2 AO gestützt werden, wenn die nachträgliche Feststellung der Nichtigkeit des Pflichtteilsverzichts Auswirkungen auf die Steuerhöhe für die dafür gewährte Abfindungsleistung hätte. Eine Steuerbarkeit der geleisteten Abfindung nach § 7 Abs. 1 S. 1 Nr. 5 ErbStG muss auf den ersten Blick ausscheiden, denn dieser Steuertatbestand setzt voraus, dass die Abfindung „für einen Erbverzicht“ gewährt wird. Eine Gewährung „für“ einen Erbverzicht scheint allerdings nicht möglich, wenn der Erbverzicht als rechtlich nicht existent behandelt wird. An dieser Stelle muss allerdings die Vorschrift des § 41 Abs. 1 AO ins Feld geführt werden, wonach eine Unwirksamkeit eines Rechtsgeschäfts für die Besteuerung dann irrelevant ist, wenn das wirtschaftliche Ergebnis des Rechtsgeschäfts gleichwohl beibehalten wird.[389] Wirtschaftliches Ergebnis des Rechtsgeschäfts ist die Übertragung der Abfindung auf den Verzichtenden. Da diesem die Abfindung aufgrund der Vorschrift des § 817 S. 2 BGB aber erhalten bleibt, sollte sich die Unwirksamkeit auf die Besteuerung grundsätzlich nicht auswirken. Weiterhin ist zu berücksichtigen, dass die Steuerbarkeit zusätzlich auf den Grundtatbestand der freigebigen Zuwendung, § 7 Abs. 1 S. 1 Nr. 1 ErbStG, gestützt werden konnte. Dass dieser durch die nachträgliche Feststellung der Nichtigkeit des Verzichtsvertrags nicht entfällt, ergibt sich aus einem Erst-Recht-Schluss: Vermag bereits ein wirksam vereinbarter Pflichtteilsverzicht die Freigebigkeit der Zuwendung nicht auszuschließen, muss dies erst Recht in Fällen gelten, in denen der Pflichtteilsverzicht bereits unwirksam ist. Eine Korrektur des Steuerbescheides und ein damit zusammenhängender Steuererstattungsanspruch scheiden daher insgesamt aus. Aus der fehlenden Rückgabeverpflichtung (§ 817 S. 2 BGB) ergibt sich auch, dass das Ergebnis im Hinblick auf das Bereicherungsprinzip zutreffend ist. Die gewährte Abfindung sollte daher weiterhin dem staatlichen Steuerzugriff unterliegen.

2. Einkommensteuerliche Auswirkungen

a. Verhältnis zwischen Einkommensteuer und Erbschaftsteuer

Da Abfindungskonstellationen primär erbschaftsteuerliche Folgen nach sich ziehen, sollte eine einkommensteuerliche Relevanz auf den ersten Blick zu verneinen sein. Im Grundsatz besteht zwischen beiden Steuerar-

389 Tipke/Lang/*Englisch*, Steuerrecht, Kap. 5 Rz. 5.96.

ten – Erbschaftsteuer und Einkommensteuer – ein Ausschlussverhältnis, sodass ein und derselbe Vorgang nur jeweils einer Steuerart unterfallen kann.[390] Alle sieben Einkunftsarten des Einkommensteuergesetzes (vgl. § 2 Abs. 1 S. 1 EStG) sollen nur Erwerbseinkommen erfassen, also solches, das durch eine mit Einkünfteerzielungsabsicht ausgeübte Tätigkeit erwirtschaftet wird.[391] Das Erbschaftsteuergesetz hingegen besteuert nur solche Vermögenszugänge, die nicht selbst erwirtschaftet, sondern von Dritten unentgeltlich zugewendet werden.[392]

Das Pflichtteilsrecht hat demzufolge grundsätzlich keine einkommensteuerliche Relevanz, da dieses bereits dem Erbschaftsteuergesetz unterfällt. Der Vermögenszufluss, den der Pflichtteilsberechtigte vom Erben aufgrund seines Pflichtteilsanspruchs erhält, ist keiner in § 2 Abs. 1 S. 1 EStG genannten Einkunftsart zuzuordnen.[393] Umgekehrt stellen auf Seiten des Erben die getätigten Aufwendungen zur Erfüllung dieses Anspruchs keine Betriebsausgaben (§ 4 Abs. 4 EStG) dar, denn diese Kosten sind privat durch den Erbfall veranlasst. Auch Anschaffungskosten zum Erwerb der Erbschaftsgegenstände können nicht angenommen werden, da der Erwerb durch Erbanfall aufgrund der Wertungen des Erbschaftsteuergesetzes als unentgeltlich gilt.[394] Geht daher etwa ein Betrieb des Erblassers im Wege der Universalsukzession auf den Erben über, so können die Bewertungsansätze des § 6 Abs. 3 EStG unabhängig davon zum Ansatz kommen, ob der Erbe etwaige mit dem Erbfall zusammenhängende Verbindlichkeiten (z.B. Pflichtteilsverbindlichkeiten) zu tilgen hat.[395]

Es stellt sich die Frage, ob dieses grundsätzliche Ausschlussverhältnis beider Steuerarten auch dann gilt, wenn auf den Pflichtteil gegen eine Abfindung verzichtet wird. Sowohl die Abfindung, die aufgrund eines Erbschaftsvertrags über den Pflichtteil (§ 311b Abs. 4, 5 BGB), als auch diejenige, die aufgrund eines Pflichtteilsverzichts mit dem Erblasser (§ 2346 BGB) geleistet wird, unterfällt dem Erbschaftsteuergesetz (§ 7 Abs. 1 S. 1 Nr. 5 ErbStG bzw. § 7 Abs. 1 S. 1 Nr. 1 ErbStG). Einkommensteuerliche

390 BFH DStRE 2012, 154 (156 f.); Herrmann/Heuer/Raupach/*Musil*, § 2 Anm. 33; *Crezelius* ZEV 2015, 392 (393 f.); *Geck* DNotZ 2019, 805 (813).

391 Tipke/Lang/*Hey*, Steuerrecht, Kap. 3 Rz. 3.68.

392 Tipke/Lang/*Hey*, Steuerrecht, Kap. 7 Rz. 7.38 ff.; *Geck* DNotZ 2019, 805 (813).

393 Herrmann/Heuer/Raupach/*Musil*, § 2 Anm. 80 „Erbanfall/Erbauseinandersetzung".

394 Dauner-Lieb/Grziwotz/Hohmann-Dennhardt/*v. Proff zu Irnich*, Pflichtteilsrecht, S. 601.

395 Vgl. Schmidt/*Kulosa*, § 16 Rn. 25; Schlitt/Müller/*Lohr/Otto*, Handbuch Pflichtteilsrecht, § 12 Rn. 136.

Wirkungen sollten daher grundsätzlich nicht auftreten. Ob dies jedoch auch dann gilt, wenn die Abfindung in Form von Sachwerten oder wiederkehrenden Leistungen gewährt wird, ist Gegenstand der folgenden Darstellung.

b. Einkünfte aus sonstigen Leistungen

Die gewährte Abfindung könnte als sonstige Leistung iSd. § 22 Nr. 3 EStG anzusehen sein. Als solche steht die endgültige Aufgabe einer Rechtsposition – der Pflichtteilsberechtigung – im Raum.[396] Der BFH verneint das Vorliegen einer sonstigen Leistung allerdings mit der Begründung, dass bei unterstellter Entgeltlichkeit ein veräußerungsähnlicher Vorgang vorläge, der eine Besteuerung nach § 22 Nr. 3 EStG ausschließe.[397]

Diese Entscheidung ist im Ergebnis richtig, nicht jedoch in der Begründung. Der BFH steht zunächst auf dem Standpunkt, dass es sich bei Abfindungserwerben um der Erbschaftsteuer unterfallende unentgeltliche Vorgänge handelt und unterstellt im Anschluss zur Bejahung eines veräußerungsähnlichen Vorgangs die Entgeltlichkeit (die Bejahung eines veräußerungsähnlichen Vorgangs setzt Entgeltlichkeit voraus[398]). Dass sich der BFH damit zu seiner eigenen Auffassung in Widerspruch setzt, versteht sich von selbst. Überzeugender wäre deshalb gewesen, schon gar nicht von der Aufgabe einer Rechtsposition auszugehen. Da die bloße Erwerbsaussicht auf eine spätere Pflichtteilszuwendung aufgrund der Unklarheit über die Anspruchshöhe noch keinen Vermögenswert aufweist, besteht für eine „Leistung“ kein Raum. Es mangelt daher an einer Rechtsposition, die zum Erhalt der Abfindung aufgegeben werden könnte.

c. Abfindung in Sachwerten

Bei der Abfindungsleistung in Form von Sachwerten wird kein privates Veräußerungsgeschäft iSd. § 22 Nr. 2 iVm. § 23 EStG verwirklicht, da vor dem Erbfall kein Pflichtteilsanspruch besteht, der einen „Veräußerungserlös“ darstellen kann. Auch sonst sind die Regelungen des § 22 Nr. 2

396 Vgl. dazu Herrmann/Heuer/Raupach/*Musil*, § 2 Anm. 80 „Erbanfall/Erbauseinandersetzung“.

397 BFH DStR 2010, 1327 (1328).

398 Vgl. Schmidt/*Weber-Grellet*, § 22 Rn. 150 „Veräußerungsvorgänge“.

iVm. § 23 EStG abschließend, sodass ein einkommensteuerlich relevanter Veräußerungsvorgang nicht angenommen werden kann. Anders stellt sich dies jedoch dar, wenn es sich bei der Abfindung um Betriebsvermögen handelt. In diesem Fall geht der Veräußerung – sollte es sich nicht um die Übertragung eines Betriebs, eines Teilbetriebs oder eines Mitunternehmeranteils iSd. § 6 Abs. 3 EStG handeln – notwendigerweise eine Entnahme iSd. § 4 Abs. 1 S. 2 EStG voraus, die zu einer einkommensteuerlich relevanten Aufdeckung der stillen Reserven führt.[399] Dies folgt daraus, dass die unentgeltliche Übertragung eines betrieblichen Wirtschaftsguts zur Abgeltung einer privaten Pflichtteilsschuld[400] keine betriebliche Veranlassung aufweisen kann. Dieser auf den ersten Blick bestehende Widerspruch zu dem eigentlich bestehenden Ausschlussverhältnis zwischen dem Einkommen- und dem Erbschaftsteuerrecht kann dennoch sinnvoll aufgelöst werden. Anders als im Erbschaftsteuerrecht, das die Vermögensübertragung auf den Pflichtteilsberechtigten besteuert, unterliegt im Einkommensteuerrecht die Entnahme des betrieblichen Wirtschaftsguts aus dem Betriebsvermögen in Höhe der stillen Reserven, also der Differenz zwischen Buch- und Verkehrswert des Wirtschaftsguts, einer Besteuerung. Diese Entnahme ist der späteren Übertragung zeitlich – jedenfalls eine juristische Sekunde – vorgelagert, sodass es sich nicht um denselben Vorgang handelt, den die jeweiligen Gesetze besteuern.

d. Abfindung in wiederkehrenden Leistungen

aa. Einkünfte aus wiederkehrenden Bezügen

In der Vergangenheit ist die Frage aufgeworfen worden, ob sich an der grundsätzlich einkommensteuerlichen Unbeachtlichkeit von Abfindungszahlungen aufgrund vor dem Erbfall vereinbarter Pflichtteilsverzichte dann etwas ändert, wenn die Abfindung nicht in Form einer Einmalzahlung, sondern in wiederkehrenden Leistungen erbracht wird. Im Ausgangspunkt sieht § 22 Nr. 1 S. 1 EStG eine Besteuerung vor, wenn es sich um „Einkünfte aus wiederkehrenden Bezügen“ handelt, „soweit sie nicht zu den in § 2 Absatz 1 Nummer 1 bis 6 bezeichneten Einkunftsarten gehören“. Vom Wortlaut der Vorschrift müssten die gezahlten Pflichtteilsraten

399 Schlitt/Müller/*Lohr/Otto*, Handbuch Pflichtteilsrecht, § 12 Rn. 157; *Krumm* ErbR 2012, 139 (146).

400 Vgl. dazu BFH DStRE 2005, 449 (452 f.).

daher an sich sonstige Einkünfte iSd. § 22 Nr. 1 S. 1 EStG darstellen. Dies stellt jedoch – wie der BFH durch seine Entscheidung vom 09.02.2010 bestätigt hat – einen Widerspruch zum bereits dargestellten Ausschlussverhältnis beider Steuerarten dar.[401] Eine bestimmte Zahlung kann nicht gleichzeitig als unentgeltliche Zuwendung eines Dritten und als am Markt erwirtschaftetes Erwerbseinkommen einzuordnen sein. Da für Pflichtteilsverzichtsverträge gezahlte Abfindungen bereits nach der Vorschrift des § 7 Abs. 1 S. 1 ErbStG besteuert werden und daher als unentgeltlicher Vermögenszugang anzusehen sind, fehlt es für eine einkommensteuerliche Erfassung an der notwendigen Erwirtschaftung der Einkünfte am Markt. An dieser Tatsache kann sich auch dann nichts ändern, wenn die Zahlungen nicht in Form einer Einmalzahlung, sondern wiederkehrend geleistet werden.[402] Ein Sonderausgabenabzug beim Leistenden muss daher ebenfalls ausscheiden.

bb. Abfindungsverzicht als Vermögensübergabe gegen Versorgungsleistungen

Eine davon abweichende Entscheidung hat der BFH im Jahr 2014 getroffen.[403] Im Urteilsfall hatte sich ein Ehegatte mit der Zuwendung laufender Zahlungen für den Verzicht auf Pflichtteilsansprüche (und Zugewinnansprüche) begnügt. Nach dem BFH konnte eine Vermögensübergabe gegen Versorgungsleistungen mit der Folge eines Sonderausgabenabzugs beim Leistenden gem. § 10 Abs. 1 Nr. 1a EStG a.F. (und einer Besteuerung der Bezüge nach § 22 Nr. 1 S. 1 EStG) angenommen werden, wenn es sich um eine Vermögensübertragung aufgrund vorweggenommener Erbfolge oder letztwilliger Verfügung handelt, der Empfänger zum Generationennachfolge-Verbund gehört, das überlassene Vermögen ausreichend ertragsfähig ist und die Parteien die eingegangenen Verpflichtungen erfüllen. Da der BFH diese Voraussetzungen als erfüllt ansah, konnte beim Leistenden der Sonderausgabenabzug nach § 10 Abs. 1 Nr. 1a EStG a.F. erfolgen. Da das vom BFH entschiedene Urteil jedoch zu einer inzwischen nicht mehr aktuellen Rechtslage ergangen ist, kann sich diese Problematik heute nicht mehr stellen. Im Streitjahr (2006) war ein Sonderausgabenabzug –

401 BFH DStR 2010, 1327; so auch bereits BFH DStR 1995, 49.
402 Vgl. Herrmann/Heuer/Raupach/*Musil*, § 2 Anm. 80 „Erbanfall/Erbauseinandersetzung“.
403 BFH DStR 2014, 1325.

anders als heute – noch nicht auf mit bestimmten Vermögensübertragungen im Zusammenhang stehende Versorgungsleistungen beschränkt. Vielmehr waren solche Renten und Lasten als Sonderausgaben abzugsfähig (und damit korrespondierend beim Empfänger zu besteuern), die nicht im wirtschaftlichen Zusammenhang mit Leistungen stehen, die bei der Veranlagung außer Betracht bleiben.[404] Nach der derzeitigen, seit dem Jahr 2008 geltenden Gesetzeslage setzt § 10 Abs. 1a Nr. 2 ErbStG (früher: § 10 Abs. 1 Nr. 1a ErbStG) für einen Sonderausgabenabzug und korrespondierend für eine Besteuerung beim Empfänger in allen Varianten voraus, dass der Verzichtende Betriebsvermögen auf den Leistenden überträgt und im Gegenzug damit im wirtschaftlichen Zusammenhang stehende Versorgungsleistungen erhält (vgl. § 10 Abs. 1a Nr. 2 S. 2 ErbStG). An der erforderlichen Übertragung von Betriebsvermögen fehlt es jedoch, da es sich beim zukünftigen Pflichtteilsanspruch, auf den verzichtet, der also sozusagen auf den Leistenden „übertragen" wird, um einen Anspruch im Bereich der Privatsphäre handelt. Abfindungszahlungen aufgrund von vor dem Erbfall vereinbarten Pflichtteilsverzichten können daher nicht mehr als Sonderausgaben iSd. § 10 Abs. 1a Nr. 2 S. 2 EStG abgezogen werden und lösen somit korrespondierend beim Empfänger auch keine Steuerpflicht nach § 22 Nr. 1a EStG aus.

e. Besteuerung von Zinsanteilen

Im Hinblick auf die Besteuerung von Zinsanteilen, die in den Abfindungszahlungen enthalten sind, müssen zwei Fälle unterschieden werden. Voraussetzung für eine Besteuerung als "Erträge aus Kapitalforderungen" nach § 20 Abs. 1 Nr. 7 EStG ist die Überlassung von Kapital auf Zeit. Werden dem Pflichtteilsberechtigten von vornherein wiederkehrende Zahlungen als Ausgleich für den Verzicht zugewendet, scheidet eine Besteuerung von Zinsanteilen aus.[405] Es fehlt in diesem Fall am Merkmal der Kapitalüberlassung auf Zeit, da der Pflichtteilsberechtigte zum Zeitpunkt des Verzichts noch keinen Anspruch hat, der dem zukünftigen gesetzlichen Erben oder dem Erblasser als Kapital überlassen werden könnte, sondern eine bloße Erwerbsaussicht. Anders ist der Fall zu beurteilen, wenn dem Pflichtteilsberechtigten ein fester Zahlungsanspruch als Abfindung zugewendet und dieser bis zum Tod des Pflichtteinsschuldners verzinslich

---

404 Schmidt/*Krüger*, § 10 Rn. 111.
405 BFH ZEV 2013, 223 (224); BFH DStR 2010, 1327 (1328).

gestundet wird. In einem derartigen Fall handelt es um eine Kreditgewährung an den Pflichtteilsschuldner in Höhe des gestundeten Betrags, sodass dafür gewährte Zinsen einer Besteuerung nach § 20 Abs. 1 Nr. 7 EStG unterliegen.[406] Zu einer Doppelbesteuerung im Hinblick auf § 7 Abs. 1 S. 1 Nr. 5 ErbStG kommt es auch in dieser Konstellation nicht. Erbschaftsteuerlich relevant ist nämlich ausschließlich der Wert des Zahlungsanspruchs ohne die Zinsen. Letztere werden nicht "als Abfindung für einen Erbverzicht" im Sinne des § 7 Abs. 1 S. 1 Nr. 5 ErbStG, sondern als Entgelt für die Stundung gewährt.[407] Die Zinsen wirken sich damit ausschließlich einkommensteuerlich aus.

3. Grunderwerbsteuerliche Auswirkungen

Häufig werden zur Abgeltung von Pflichtteilsansprüchen Grundstücke an den Pflichtteilsberechtigten übertragen. In diesen Fällen müssen zusätzlich zu den erbschaft- und einkommensteuerrechtlichen Vorschriften die des Grunderwerbsteuergesetzes beachtet werden. Im Grundsatz unterliegt gem. § 1 Abs. 1 GrEStG ein Rechtsgeschäft, das den Anspruch auf Übereignung eines Grundstücks begründet (Nr. 1), spätestens aber der Eigentumsübergang selbst (Nr. 3) der Grunderwerbsteuer. Dies gilt allerdings nur dann, wenn der Grunsstückserwerb nicht steuerbefreit ist (§ 3 GrEStG). Sollte der Zuwendende mit dem Pflichtteilsberechtigten in gerader Linie verwandt sein, wird aufgrund der Vorschrift des § 3 Nr. 6 GrEStG keine Grunderwerbsteuer erhoben.[408] Sollte ein derartiger Verwandtschaftsgrad zwischen dem Zuwendenden und dem Pflichtteilsberechtigten nicht bestehen, kommt darüber hinaus eine Steuerbefreiung gem. § 3 Nr. 2 GrEStG in Betracht, wonach der Grundstückserwerb von Todes wegen und Grundstücksschenkungen unter Lebenden im Sinne des Erbschaftsteuergesetzes von der Besteuerung ausgenommen sind. Während Abfindungen aufgrund von Erbschaftsverträgen (§ 311b Abs. 4, 5 BGB) einer Besteuerung nach § 7 Abs. 1 S. 1 Nr. 1 ErbStG unterliegen, ist für Abfindungen aufgrund von Verzichtsvereinbarungen mit dem künftigen Erblasser (§ 2346 BGB) die Vorschrift des § 7 Abs. 1 S. 1 Nr. 5, hilfsweise Nr. 1 ErbStG einschlägig. In beiden Fällen handelt es sich demnach

---

406 BFH DStR 2019, 2680.

407 vgl. BFH DStR 2019, 2680 (2681).

408 Vgl. Mayer/Süß/Tanck/Bittler/Wälzholz/*Griesel*, Handbuch Pflichtteilsrecht, § 17 Rn. 204.

um Grundstücksschenkungen unter Lebenden im Sinne des Erbschaftsteuergesetzes, sodass die Erwerbe nach § 3 Nr. 2 GrEStG steuerbefreit sind.[409] Die Übertragung von Grundstücken zur Abgeltung künftiger Pflichtteilsansprüche hat daher keine grunderwerbsteuerlichen Auswirkungen.

II. Rechtslage bei einer Verzichtsvereinbarung nach dem Erbfall

1. Erbschaftsteuerliche Auswirkungen

Die erbschaftsteuerlichen Auswirkungen von Pflichtteilsverzichtsvereinbarungen gegen Gewährung einer Abfindung nach dem Ableben des Erblassers hängen maßgeblich davon ab, ob der Pflichtteilsberechtigte zu diesem Zeitpunkt seinen Pflichtteilsanspruch bereits geltend gemacht hat oder nicht.

a. Erwerb des Erben durch Verzicht

aa. Vor Geltendmachung

Der Verzicht auf eine Forderung – vorausgesetzt sie ist werthaltig – unterliegt im Grundsatz als freigebige Zuwendung der Schenkungsteuer.[410] Eine davon abweichende Sichtweise ist jedoch geboten, wenn es sich bei der Forderung um einen Pflichtteilsanspruch handelt, der noch nicht geltend gemacht wurde. Ein solcher weist vor der Geltendmachung keinen steuerlichen Vermögenswert auf, ist demnach ein steuerrechtliches Nullum.[411] Wenn der noch nicht geltend gemachte Pflichtteilsanspruch keiner Besteuerung unterliegt (§ 3 Abs. 1 Nr. 1 Alt. 3 iVm. § 9 Abs. 1 Nr. 1 Buchst. b) ErbStG), dann darf in gleicher Weise auch ein Verzicht auf diesen (steuerrechtlich wertlosen) Anspruch keiner Besteuerung unterliegen. Dieses Ergebnis bestätigt in klarstellender Weise auch § 13 Abs. 1

409 Boruttau/*Meßbacher-Hönsch*, § 3 Rn. 269; Mayer/Süß/Tanck/Bittler/Wälzholz/*Griesel*, Handbuch Pflichtteilsrecht, § 17 Rn. 208; Schlitt/Müller/*Lohr/Otto*, Handbuch Pflichtteilsrecht, § 12 Rn. 171.

410 BFH Urt. v. 8.5.1985 II R 119/82, BeckRS 1985, 5013.

411 *Wachter* DB 2017, 2500 (2502).

Nr. 11 ErbStG, der den Verzicht auf die Geltendmachung des Pflichtteilsanspruchs jedenfalls steuerfrei stellt.[412]

bb. Nach Geltendmachung

Anders ist der Fall zu behandeln, wenn der Pflichtteilsberechtigte zum Zeitpunkt der Vereinbarung mit dem Erblasser seinen Anspruch bereits geltend gemacht hatte. Da die Steuer nach § 3 Abs. 1 Nr. 1 Alt. 3 iVm. § 9 Abs. 1 Nr. 1 Buchst. b) ErbStG durch die Geltendmachung entsteht, weist der Anspruch ab diesem Zeitpunkt einen steuerlichen Wert auf. Daran können auch später eingetretene Umstände, beispielsweise eine Anpassung der Erfüllungsmodalitäten (§ 364 BGB) oder der Erlass des Anspruchs (§ 397 BGB) nichts mehr ändern. Auch ein rückwirkendes Erlöschen der Steuer nach § 29 ErbStG kann in dieser Konstellation nicht angenommen werden, da diese Vorschrift bei einer freiwilligen Rückübertragung nicht einschlägig ist.[413] Der geltend gemachte Pflichtteilsanspruch ist daher in jedem Fall steuerlich beachtlich, sodass auch der Verzicht auf diesen werthaltigen Anspruch eine freigebige Zuwendung darstellt.[414] Auch die Vorschrift des § 13 Abs. 1 Nr. 11 ErbStG greift nicht ein, da diese eine Steuerbefreiung nur für „den Verzicht auf die Geltendmachung“, nicht jedoch für „den Verzicht auf den geltend gemachten Pflichtteilsanspruch“ vorsieht. Die Steuer entsteht gem. § 9 Abs. 1 Nr. 2 ErbStG im Zeitpunkt der Ausführung der Zuwendung, also im Zeitpunkt, in dem die Forderung erlischt.

(1) Kritik an der geltenden Regelung

In der Literatur wird die Steuerpflichtigkeit des Verzichts auf den bereits geltend gemachten Pflichtteilsanspruch teilweise kritisiert. Bemängelt

---

412 Zum Zeitpunkt der Einführung des § 13 Abs. 1 Nr. 11 ErbStG entsprach es bereits mit Blick auf die Regelungen in § 3 Abs. 1 S. 1 Nr. 1 und § 9 Abs. 1 Nr. 1 Buchst. b ErbStG der geltenden Rechtsauffassung, dass diese Variante des Verzichts keine Schenkungsteuer auslöst. Insoweit kommt dieser Vorschrift lediglich klarstellende Wirkung zu, vgl. dazu *Seer/Krumm* ZEV 2010, 57 (59).

413 Meincke/Hannes/Holtz/*Hannes/Holtz*, § 29 Rn. 7.

414 BFH NJW 2006, 3455 (3456); dies gilt allerdings nur, sofern diesem keine gleichwertige, die Freigebigkeit ausschließende Abfindungsvereinbarung zugrunde liegt (vgl. unter H. II. 1. B. aa. (2) (b)).

wird vor allem, dass es im Ergebnis zu einer doppelten Besteuerung des Pflichtteilsanspruchs – einmal nach § 3 Abs. 1 Nr. 1 Alt. 3 ErbStG durch die Geltendmachung und einmal nach § 7 Abs. 1 S. 1 Nr. 1 ErbStG durch den Verzicht – kommt, obwohl allein durch diese Vorgänge noch kein Geld transferiert wurde.[415]

(2) Stellungnahme

Zieht man einen Vergleich mit Schenkungstatbeständen heran, so scheint diese Kritik auf den ersten Blick gerechtfertigt, da nach § 9 Abs. 1 Nr. 2 ErbStG die Steuer tatsächlich erst im Zeitpunkt der Ausführung der Zuwendung, also bei Erhalt des Zuwendungsgegenstands erfolgt. Allein das Versprechen einer Zuwendung löst noch keine Schenkungsteuer aus.[416] Richtigerweise muss hierbei allerdings ein anderer Vergleichsmaßstab herangezogen werden. Nicht vergessen werden darf, dass es sich beim Pflichtteilserwerb nicht um einen Tatbestand der Schenkung unter Lebenden (§ 7 ErbStG), sondern um einen Erwerb von Todes wegen (§ 3 Abs. 1 Nr. 1 Alt. 3 ErbStG) handelt. Am besten sollte der Erlass eines geltend gemachten Pflichtteils daher mit dem späteren Erlass eines bereits angenommenen Vermächtnisses (§§ 2174, 2180 BGB) verglichen werden, da es sich in beiden Fällen um einen durch den Erbfall entstehenden schuldrechtlichen Anspruch gegen den Erben handelt. Hier fällt auf, dass beim späteren Erlass dieses Anspruchs – eine Ausschlagung des Vermächtnisses ist nach der Annahme gem. § 2180 BGB ausgeschlossen – ebenfalls in doppelter Hinsicht Steuer anfällt, einmal im Zeitpunkt des Erbfalls (§ 3 Abs. 1 Nr. 1 Alt. 2 iVm. § 9 Abs. 1 Nr. 1 ErbStG) und ein zweites Mal beim späteren Erlass (§ 7 Abs. 1 S. 1 Nr. 1 ErbStG). Eine Besteuerung ohne Geldfluss ist dem geltenden Erbschaftsteuergesetz somit nicht fremd. Dieses Ergebnis steht auch mit dem Bereicherungsprinzip im Einklang, denn bereichert ist der Vermächtnisnehmer nicht erst, wenn die Vermächtnissumme ausgezahlt wurde, sondern bereits mit dem Entstehen der Vermächtnisforderung, also im Todeszeitpunkt des Erblassers (§ 2176 BGB).

415 *Jülicher* ZErb 2014, 126 (129); Röthel/*Hüttemann*, Reformfragen des Pflichtteilsrechts, 2007, S. 92 f., der sich aus diesem Grund für eine engere Auslegung des Begriffs der Geltendmachung oder eine Ersetzung des Begriffs durch eine Regelung wie § 852 ZPO ausspricht.

416 Meincke/Hannes/Holtz/*Hannes/Holtz*, § 9 Rn. 44.

Aus dem vorstehenden Vergleich ergibt sich die Unbeachtlichkeit des fehlenden Geldflusses auch beim späteren Erlass von Pflichtteilsansprüchen aus dem Blickwinkel des Bereicherungsprinzips. Wenn überhaupt kann bemängelt werden, dass es nur in dem Fall zu einer doppelten Steuerentstehung kommt, in dem auf den bereits geltend gemachten Pflichtteilsanspruch verzichtet wird. Zur Erklärung können allerdings die bereits genannten Argumente – Wahrung des Familienfriedens und Kompensation des fehlenden Ausschlagungsrechts[417] – herangezogen werden.

In Extremfällen sollten vom zuständigen Finanzamt die Möglichkeiten einer abweichenden Steuerfestsetzung oder eines Erlasses aus Billigkeitsgründen gem. § 163 oder § 227 AO in Betracht gezogen werden. Tatbestandsvoraussetzung wäre jeweils eine Unbilligkeit, die dann anzunehmen ist, wenn ein steuerliches Ergebnis im konkreten Einzelfall ungerecht ist.[418] Ernsthaft in Erwägung gezogen werden sollten diese Möglichkeiten dann, wenn der Pflichtteilsanspruch von einem juristischen Laien vorschnell, beispielsweise infolge eines innerfamiliären Streits, eingefordert wird, diese Entscheidung den Pflichtteilsberechtigten im Nachhinein reut und er innerhalb kurzer Zeit auf den Anspruch verzichtet. Dies ist allerdings immer eine Frage des konkreten Einzelfalls.

Der Pflichtteilsberechtigte kann die durch einen Verzicht eintretenden negativen Steuerfolgen aber dadurch umgehen, dass er nach der Geltendmachung schlicht auf die Auszahlung der ihm zustehenden Geldsumme verzichtet, ohne ausdrücklich einen Verzicht zu erklären. Eine Zuwendung des Pflichtteilsberechtigten an den Erben kann jedenfalls solange nicht angenommen werden, wie der Pflichtteilsberechtigte die Einforderung der Geldsumme noch verlangen kann. Ob eine später eintretende Verjährung – grundsätzlich drei Jahre ab Entstehung und Kenntnisnahme, §§ 195, 199 BGB – an dieser Sichtweise etwas zu ändern vermag, hängt von der grundsätzlichen Frage ab, ob man dem bloßen Verjährenlassen eines Anspruchs steuerliche Bedeutung beimessen kann. In der Literatur werden zu dieser Problematik unterschiedliche Auffassungen vertreten. Teilweise wird davon ausgegangen, dass der Zuwendungsbegriff des § 516 BGB – an den der Zuwendungsbegriff des § 7 Abs. 1 S. 1 Nr. 1 ErbStG angelehnt ist[419] – auch durch ein Unterlassen, insbesondere durch die Nichtunter-

417 Vgl. dazu unter D. I.

418 Vgl. Klein/*Rüsken*, § 163 Rn. 32 ff.

419 Troll/Gebel/Jülicher/Gottschalk/*Gebel*, § 7 Rn. 3; Meincke/Hannes/Holtz/*Hannes/Holtz*, § 7 Rn. 3.

brechung der Verjährung erfüllt sein könne.[420] Andere Literaturvertreter halten ein aktives Tun für erforderlich, während das bloße Nichtausüben eines Rechts für die Annahme einer Zuwendung iSd. § 7 Abs. 1 S. 1 Nr. 1 ErbStG nicht ausreiche.[421] Die zuletzt genannte Ansicht überzeugt, sodass dem bloßen Verjährenlassen eines Anspruchs keine steuerliche Bedeutung zukommt. Zum einen führt der Eintritt der Verjährung lediglich zu einer einredebehafteten Forderung und nicht zu einem vollständigen Erlöschen. Auch nach dem Eintritt der Verjährung kann der Pflichtteilsanspruch noch erfüllt werden unter der Voraussetzung, dass der Pflichtteilsschuldner die Einrede nicht erhebt. Zum anderen würde eine solche Sichtweise letztlich dazu führen, dass dem bloßen Nichtstun – also einem Schweigen – im Rechtsverkehr eine rechtliche Bedeutung beigemessen wird. Allgemeinen Grundsätzen folgend wird eine Rechtsfolge durch ein Schweigen jedoch lediglich in Ausnahmefällen, etwa beim Hinzutreten bestimmter Begleitumstände, ausgelöst.[422] Eine derartige Ausnahmekonstellation kann jedoch nicht angenommen werden, was besonders deutlich in Fällen wird, in denen der Steuerpflichtige auf die Auszahlung des Geldbetrags nicht vorsätzlich verzichtet, sondern schlicht vergisst, diesen innerhalb der Verjährungsfrist einzufordern. In diesen Fällen von einer steuerpflichtigen Rückschenkung auszugehen erscheint unbillig.[423]

b. Behandlung der Abfindung

aa. Abfindung als Aktivposten

Die Regelung in § 7 Abs. 1 S. 1 Nr. 5 ErbStG betrifft nur solche Abfindungen, die aufgrund eines Erb- bzw. Pflichtteilsverzichts iSd. § 2346 BGB, also einer Vereinbarung mit dem Erblasser vor dessen Tod, geleistet wurden. Für auf der Grundlage von Verzichtsvereinbarungen nach dem Erbfall gewährte Abfindungen enthält § 3 Abs. 2 Nr. 4 ErbStG eine Sonderregelung. Hiernach gilt als Erwerb von Todes wegen, „was als Abfindung für einen Verzicht auf den entstandenen Pflichtteilsanspruch" gewährt wird. Da die Vorschrift lediglich die Entstehung des Pflichtteilsanspruchs voraussetzt, sollten von der Vorschrift aufgrund ihres weit gefassten Wortlauts eigent-

420 Jauernig/*Mansel*, § 516 Rn. 4; Schulze/*Sänger*,§ 516 Rn. 3.
421 Meincke/Hannes/Holtz/*Hannes/Holtz*, § 7 Rn. 10.
422 BeckOK BGB/*Wendtland*, § 133 Rn. 10.
423 Vgl. zu dieser Problematik bereits D. II. 1. a. bb. und dort Fn. 104.

lich alle Abfindungen erfasst werden, die aufgrund einer nach dem Tod des Erblassers getroffenen Verzichtsvereinbarung geleistet werden. Im Folgenden wird sich zeigen, ob derartige Abfindungsleistungen tatsächlich uneingeschränkt der Vorschrift des § 3 Abs. 2 Nr. 4 ErbStG unterfallen oder ob der zunächst weit gefasste Wortlaut der Vorschrift auf bestimmte Fälle beschränkt werden muss. Zur Beantwortung dieser Frage muss zunächst danach differenziert werden, ob der Pflichtteilsanspruch zum Zeitpunkt der Verzichtsvereinbarung bereits geltend gemacht wurde oder nicht.

(1) Vor Geltendmachung

Unstreitig unterliegen Abfindungen jedenfalls dann einer Besteuerung nach § 3 Abs. 2 Nr. 4 ErbStG, wenn die Verzichtsvereinbarung nach dem Tod des Erblassers, aber vor einer Geltendmachung des Pflichtteilsanspruchs durch den Berechtigten getroffen wurde.[424] Die geleistete Abfindung ist in diesem Fall auch steuerpflichtig, denn die Vorschrift des § 13 Abs. 1 Nr. 11 ErbStG sieht keine Steuerfreiheit für Abfindungszahlungen vor, sondern stellt lediglich die Steuerfreiheit eines Verzichts auf den Pflichtteil klar. Die Steuer entsteht nach § 9 Abs. 1 Nr. 1 Buchst. f) ErbStG grundsätzlich mit dem Zeitpunkt des Verzichts. Dadurch können sich Gestaltungsspielräume für den Steuerpflichtigen ergeben. Durch geschickte Wahl des Verzichtszeitpunkts kann dieser unter Umständen sicherstellen, dass es im Hinblick auf § 14 Abs. 1 ErbStG zu keiner Zusammenrechnung mit früheren Schenkungen oder Erbschaften kommt. Denkbar ist jedoch auch die Konstellation, dass die Leistung der Abfindung an eine bestimmte vom Pflichtteilsberechtigten zu erfüllende Bedingung (z.B. Erreichen einer bestimmten Schulnote[425]) geknüpft ist. In derartigen Fällen den

424 Meincke/Hannes/Holtz/*Hannes/Holtz*, § 3 Rn. 112; Troll/Gebel/Jülicher/Gottschalk/*Gottschalk*, § 3 Rn. 332.

425 An dieser Stelle ist auf das bereits in Fn. 49 zitierte Urteil des OLG Hamm hinzuweisen. Dieses hat kürzlich durch Beschluss vom 8.11.2016 – 10 U 36/15 entschieden, dass ein Pflichtteilsverzichtsvertrag nach § 2346 Abs. 2 BGB gem. § 138 BGB sittenwidrig ist, der unter Ausnutzung der jugendlichen Unerfahrenheit des Steuerpflichtigen geschlossen wurde und die Zahlung einer Abfindung an mehrere kumulativ zu erfüllende Voraussetzungen anknüpft, die jedenfalls teilweise dem Einfluss des Steuerpflichtigen entzogen sind. Im Grundsatz müssten diese Überlegungen auch dann gelten, wenn auf den bereits entstandenen Pflichtteilsanspruch verzichtet wird.

Steueranspruch ebenfalls im Zeitpunkt des Verzichts entstehen zu lassen, erscheint deshalb problematisch, weil zu diesem Zeitpunkt noch gar nicht klar ist, ob die Abfindung aufgrund des Bedingungseintritts überhaupt zur Auszahlung gelangt. Aus diesem Grund ist davon auszugehen, dass die Bestimmungen der § 9 Abs. 1 Nr. 1 ErbStG grundsätzlich nebeneinander anwendbar sind.[426] Abweichend von § 9 Abs. 1 Nr. 1 Buchst. f) ErbStG entsteht die Steuer in derartigen Konstellationen daher erst im Zeitpunkt des Bedingungseintritts (§ 9 Abs. 1 Nr. 1 Buchst. a) ErbStG).

(2) Nach Geltendmachung

Ob eine Abfindung auch dann noch nach § 3 Abs. 2 Nr. 4 ErbStG besteuert werden kann, wenn die der Abfindung zugrundeliegende Verzichtsvereinbarung nach der Geltendmachung getroffen wurde, ob die Geltendmachung also als negatives Tatbestandsmerkmal in die Vorschrift des § 3 Abs. 2 Nr. 4 ErbStG hineingelesen werden muss, ist streitig. Interessant kann diese Frage vor allem dann sein, wenn der Pflichtteilsanspruch durch eine Leistung an Erfüllungs statt (§ 364 BGB) abgegolten wird. Da eine solche Vereinbarung lediglich den bestehenden Erfüllungsanspruch modifiziert, bringen die Parteien (bzw. der Pflichtteilsberechtigte) gleichzeitig zum Ausdruck, dass eine Erfüllung des Anspruchs – wenn auch in anderer Weise – begehrt wird. Eine solche Vereinbarung ist daher stets als Geltendmachung zu sehen.[427] Steuerlich ist die Hingabe einer Leistung an Erfüllungs statt daher der Konstellation gleichzustellen, in der eine Abfindung für den Erlass (§ 397 Abs. 1 BGB) eines bereits geltend gemachten Pflichtteilsanspruch gewährt wird.

(a) Meinungsstand

Eine Ansicht sieht auch in Fällen, in denen auf einen bereits geltend gemachten Pflichtteilsanspruch verzichtet wird, § 3 Abs. 2 Nr. 4 ErbStG als einschlägig an. Diese Ansicht beruft sich in erster Linie auf den Wortlaut der Vorschrift. Auch der geltend gemachte Pflichtteilsanspruch sei „ent-

---

426 Meincke/Hannes/Holtz/*Hannes/Holtz*, § 9 Rn. 42.

427 BFH Urt. v. 17.2.1982 – II R 160/80, BeckRS 1982, 22006029; Mayer/Süß/Tanck/Bittler/Wälzholz/*Griesel*, Handbuch Pflichtteilsrecht, § 17 Rn. 127; *Muscheler* ZEV 2001, 377 (379).

standen", sodass eine dafür gewährte Abfindung nach dieser Vorschrift besteuert werden könne.[428]

Die überwiegende Literatur verneint hingegen die Anwendbarkeit des § 3 Abs. 2 Nr. 4 ErbStG, wenn die Abfindung für den Verzicht auf einen bereits geltend gemachten Pflichtteilsanspruch gewährt wird. Begründet wird dies in erster Linie mit einer andernfalls eintretenden Doppelbesteuerung, da bereits der geltend gemachte Pflichtteilsanspruch nach § 3 Abs. 1 Nr. 1 Alt. 3 ErbStG einer Besteuerung unterliege.[429]

(b) Stellungnahme

Um die von der Literatur bereits angesprochene Doppelbesteuerung – einmal des geltend gemachten Pflichtteilsanspruchs und einmal der gewährten Abfindung – zu verhindern, muss der zuletzt genannten Ansicht gefolgt werden. Bereits mit der Geltendmachung des Pflichtteilsanspruchs entsteht die Steuer für diesen. An der einmal entstandenen Steuerpflicht ändert sich auch dann nichts mehr, wenn es tatsächlich nicht zur Erfüllung des Pflichtteilsanspruchs kommt und stattdessen auf diesen verzichtet wird, da nachträgliche Umstände eine einmal entstandene Steuerpflicht grundsätzlich unberührt lassen (dazu s.o.). Eine zusätzliche Besteuerung der Abfindung würde daher dem Sinn und Zweck des § 3 Abs. 2 Nr. 4 ErbStG zuwiderlaufen, der als Auffangtatbestand dient und nur dann eine Steuerbarkeit von Abfindungen sicherstellen soll, wenn eine Besteuerung des Pflichtteilsanspruchs ausscheidet.[430] Die fehlende Steuerbarkeit derartiger Abfindungen ergibt sich außerdem aus einem Vergleich mit den anderen in § 3 Abs. 2 Nr. 4 ErbStG geregelten Alternativen des Abfindungserwerbs, insbesondere der gewährten Abfindung für die Ausschlagung einer Erbschaft oder für die Ausschlagung eines Vermächtnisses. Während in letzteren Konstellationen der Steueranspruch nach § 3 Abs. 1 Nr. 1 Alt. 1 bzw. Alt. 2 ErbStG durch die Ausschlagung rückwirkend erlischt (dazu s.o.), ist dies beim Erlass des geltend gemachten Pflichtteilsanspruchs nicht der Fall. Aus diesem Grund muss der Pflichtteilsanspruch mit einer

---

428 BFH FR 1999, 664 (666) mit Anm. *Viskorf.*

429 Mayer/Süß/Tanck/Bittler/Wälzholz/*Griesel*, Handbuch Pflichtteilsrecht, § 17 Rn. 125; Meincke/Hannes/Holtz/*Hannes/Holtz*, § 3 Rn. 112; Moench/Weinmann/*Weinmann*, § 3 Rn. 211; *Roth* RNotZ 2013, 193 (213); *Wachter* DB 2017, 2500 (2503).

430 Boruttau/*Meßbacher-Hönsch*, § 3 Rn. 178; Wachter DB 2017, 2500 (2503).

Erbschaft oder einem Vermächtnis verglichen werden, das nicht mehr ausgeschlagen werden kann (z.B. §§ 1944, 2180 BGB). Dann könnte eine gewährte Abfindung ausweislich des Wortlauts auch nicht mehr „für die Ausschlagung einer Erbschaft (…) oder eines Vermächtnisses" gewährt werden und wäre daher nicht gem. § 3 Abs. 2 Nr. 4 ErbStG steuerbar. Selbiges muss demnach für die Abfindung gelten, die für den Verzicht auf einen bereits geltend gemachten Pflichtteilsanspruch gewährt wird. Im Ergebnis ist daher davon auszugehen, dass der Steuertatbestand des § 3 Abs. 2 Nr. 4 ErbStG nicht für solche Abfindungen eingreift, die aufgrund von Verzichtsvereinbarungen nach der Geltendmachung geleistet werden.

Die fehlende Steuerbarkeit der Abfindung bedeutet jedoch nicht, dass diese steuerlich vollkommen unberücksichtigt bleibt. Wie bereits dargelegt, kann der Verzicht auf den geltend gemachten Pflichtteilsanspruch eine freigebige Zuwendung iSd. § 7 Abs. 1 S. 1 Nr. 1 ErbStG darstellen. Die Freigebigkeit einer Zuwendung entfällt immer dann, wenn dieser eine im Wesentlichen gleichwertige Gegenleistung gegenübersteht. Sollte der Verkehrswert der Abfindung, die des Verzichts wegen geleistet wird und mit diesem somit synallagmatisch verknüpft ist, dem Nennwert des geltend gemachten Pflichtteilsanspruchs nahezu entsprechen, schließt die Gewährung der Abfindung die Freigebigkeit des Verzichts aus.[431] Das bereits angesprochene Problem eines doppelten Steuervorgangs ohne Geldfluss stellt sich dann nicht, vielmehr fällt in derartigen Fällen insgesamt nur einmal Steuer für die Geltendmachung des Pflichtteilsanspruchs (§ 3 Abs. 1 Nr. 1 Alt. 3 ErbStG) an. Anders kann sich dies darstellen, wenn der Verkehrswert der Abfindung in einem offensichtlichen Missverhältnis zum Verkehrswert der Gegenleistung steht. Unterschreitet der Verkehrswert der Abfindung den Wert des geltend gemachten Pflichtteilsanspruchs offensichtlich, liegt im Verzicht eine gemischte Schenkung an den Pflichtteilsschuldner, im umgekehrten Fall ist eine gemischte Schenkung an den Pflichtteilsberechtigten nach § 7 Abs. 1 S. 1 Nr. 1 ErbStG zu versteuern.

bb. Abfindung als Passivposten

Ob der Pflichtteilsschuldner die Abfindung als Passivposten von seinem erbschaftsteuerlichen Erwerb nach § 10 Abs. 5 Nr. 3 ErbStG als Kosten im Zusammenhang mit der Erlangung des Erwerbs abziehen kann, hängt wiederum davon ab, ob der Pflichtteilsanspruch zum Zeitpunkt des Ver-

431 Burandt/Rojahn/*Milatz*, § 7 Rn. 3.

zichts bereits geltend gemacht wurde oder nicht. Da nur im letzteren Fall die Abfindung nach § 3 Abs. 2 Nr. 4 ErbStG besteuert werden kann, kann auch nur in diesem Fall ein Abzug der Abfindung als Erwerbskosten erfolgen. Der Erbe kann aber auch dann einen Abzug als Erwerbskosten geltend machen, wenn die Abfindung von einem Dritten geleistet wurde. Dann handelt es sich nämlich lediglich um eine Verkürzung des Zahlungswegs, sodass die Zuwendung dem Erben zugerechnet wird. Ob der Dritte zunächst an den Erben zahlt und dieser die Abfindung daraufhin selbst leistet oder ob der Dritte die Abfindung direkt an den Pflichtteilsberechtigten leistet, macht rechtstechnisch keinen Unterschied. Die Abfindung ist in beiden Fällen nach § 3 Abs. 2 Nr. 4 ErbStG zu besteuern, sodass auch in beiden Fällen ein Abzug zuzulassen ist.[432]

cc. Sonderfall: Pauschalabfindungen

In der Praxis können Fallkonstellationen auftreten, in denen dem Pflichtteilsberechtigten gegen den Erben nicht nur Pflichtteils-, sondern auch weitere Ansprüche zustehen. Setzen beispielsweise im gesetzlichen Güterstand lebende Ehegatten sich nicht gegenseitig, sondern sonstige Dritte als Erben ein, stehen dem überlebenden Ehegatten im Todesfall nach der güterrechtlichen Lösung[433] sowohl ein Pflichtteilsanspruch („kleiner Pflichtteil", §§ 2303 iVm. 1371 Abs. 2 HS 2 BGB) als auch ein Zugewinnausgleichsanspruch (§§ 1373 ff. iVm. 1371 Abs. 2 HS 1 BGB) zu. Dies gilt nicht nur dann, wenn der überlebende Ehegatte durch Verfügung von Todes wegen von der Erbfolge ausgeschlossen ist. Vielmehr kann der überlebende Ehegatte auch durch Ausschlagung der Erbschaft zur güterrechtlichen Lösung optieren (§§ 2303 Abs. 2 S. 2 iVm. 1371 Abs. 2, 3 BGB). In derartigen Fällen kann ein Interesse der Parteien bestehen, die bestehenden Ansprüche nach dem Tod des Erblassers durch eine einzige Pauschalabfindung abzugelten. Fraglich ist in diesen Fällen, welcher Teil der pauschalen Abfindung zur Abgeltung der Pflichtteils- und welcher zur Abgeltung der sonstigen Ansprüche geleistet wurde. Die Beantwortung dieser Frage kann sich für den Steuerpflichtigen gerade dann als interessant darstellen, wenn diesem neben seinem Pflichtteilsanspruch auch ein

---

432 Mayer/Süß/Tanck/Bittler/Wälzholz/*Griesel*, Handbuch Pflichtteilsrecht, § 17 Rn. 152; Troll/Gebel/Jülicher/Gottschalk/*Gottschalk*, § 3 Rn. 338; Meincke/Hannes/Holtz/*Hannes/Holtz*, § 3 Rn. 112.

433 BeckOK BGB/*Siede*, § 1371 Rn. 17 ff.; MüKo BGB/*Koch*, § 1371 Rn. 33 ff.

Zugewinnausgleichsanspruch zusteht, da in diesem Fall nur der Teil der Zahlung, der zur Abgeltung des Pflichtteilsanspruchs geleistet worden war, zu einem steuerpflichtigen Erwerb des Pflichtteilsberechtigten nach § 3 Abs. 2 Nr. 4 ErbStG und einem damit korrespondierenden Abzug beim Erben nach § 10 Abs. 5 Nr. 3 ErbStG führt. Der auf den Zugewinnausgleichsanspruch entfallende Anteil der Zahlung ist hingegen nach § 5 Abs. 2 ErbStG steuerfrei, kann aber beim Erben dennoch nach § 10 Abs. 5 Nr. 1 ErbStG als Erblasserschuld zum Abzug gebracht werden. Steuerlich vorteilhafter für den Pflichtteilsberechtigten ist daher eine Zuordnung der Abfindung zum steuerfreien Zugewinn.[434]

Keine Probleme bestehen dann, wenn in der Abfindungsvereinbarung genau geregelt wird, zu welchem Anteil die Abfindung die jeweiligen Ansprüche abgelten soll. In solchen Fällen wird durch den Abfindenden eine Tilgungsbestimmung iSd. § 366 Abs. 1 BGB getroffen, die auch für das Steuerrecht maßgeblich ist.[435] Anders ist dies jedoch dann, wenn in der Vergleichsvereinbarung eine derartige Bestimmung nicht enthalten ist. In solchen Fällen kann der Steuerpflichtige die Zahlung im Nachhinein nicht beliebig dem steuerfreien Zugewinn zuordnen. Vielmehr ist von einer Abgeltung beider Ansprüche „gleichermaßen und ohne Präferenz“ auszugehen. Dies ergibt sich aus allgemeinen Auslegungsgrundsätzen sowie aus § 366 Abs. 2 a.E. BGB, wonach bei fehlender Bestimmung der zu tilgenden Schulden jede Schuld verhältnismäßig getilgt wird.[436] Möchte der Pflichtteilsberechtigte daher eine für ihn günstigere Zuordnung der Pauschalabfindung zum steuerfreien (§ 5 Abs. 2 ErbStG) Zugewinn erreichen, ist er gut beraten, dies in der Abfindungsvereinbarung entsprechend festzuhalten.

Die dargestellten Grundsätze können freilich auch dann gelten, wenn der Pflichtteilsberechtigte seinen Pflichtteilsanspruch zum Zeitpunkt der Abfindungsvereinbarung bereits geltend gemacht hat. Da in derartigen Fällen die Steuer jedoch gem. § 3 Abs. 1 Nr. 1 Alt. 3 ErbStG bereits in Höhe des Nennwerts des Pflichtteilsanspruchs entstanden ist, müssen zusätzlich die Voraussetzungen eines Vergleichsvertrags vorliegen, unter denen der einmal entstandene Steueranspruch ausnahmsweise noch rückwirkend modifiziert werden kann.[437] In der Vertragsurkunde sollte daher deutlich zum Ausdruck gebracht werden, dass die Vergleichsvereinbarung

---

434 Vgl. *Jülicher* ZErb 2014, 126 (129).
435 Vgl. BFH ZEV 2013, 279 (281).
436 BFH ZEV 2013, 279 (281).
437 So auch der Originalfall in BFH ZEV 2013, 279.

aufgrund eines ernstlichen Streits über die Anspruchshöhe getroffen wurde.[438]

d. Bewertung

Hinsichtlich der erbschaftsteuerlichen Bewertung des Erwerbs ist wiederum zu unterscheiden zwischen Abfindungsvereinbarungen vor und solchen nach der Geltendmachung des Pflichtteilsanspruchs. Wird die Abfindungsvereinbarung vor der Geltendmachung des Anspruchs getroffen, ist zu diesem Zeitpunkt der Steueranspruch bezogen auf den Pflichtteilsanspruch noch nicht entstanden. Da aufgrund des Erlasses eine spätere Geltendmachung nicht mehr möglich ist, wird der Steueranspruch auch nicht mehr entstehen. Vielmehr begründet die Abfindungsvereinbarung einen originären Anspruch auf den Abfindungsbetrag, deren Besteuerung § 3 Abs. 2 Nr. 4 ErbStG sicherstellt.[439] Aus diesem Grund muss bewertungsrechtlich auch der Steuerwert der Abfindung zum Ansatz kommen, was insbesondere dann Bedeutung erlangt, wenn als Abfindung Grundbesitz übereignet wird (Grundbesitzwerte gem. § 12 Abs. 3 ErbStG iVm. §§ 176 ff. ErbStG). Dies bedeutet gleichzeitig aber auch, dass die Abfindung beim Erben nach § 10 Abs. 5 Nr. 3 ErbStG – insoweit dem Korrespondenzprinzip entsprechend – mit dem Steuerwert abzugsfähig ist.

Davon zu unterscheiden ist der Fall, dass die Abfindungsvereinbarung nach der Geltendmachung des Anspruchs erfolgt. Insbesondere sind Fälle erfasst, in denen Pflichtteilsansprüche durch Leistungen an Erfüllungs statt (§ 364 BGB) abgegolten werden, da derartige Erfüllungsvereinbarungen stets eine Geltendmachung voraussetzen (dazu bereits oben). Während nach früherer Ansicht bei jeder Form der Hingabe einer Abfindung zur Befriedigung eines Pflichtteilsanspruchs der Steuerwert der Abfindung zugrunde gelegt wurde[440], wird inzwischen bei Abfindungsvereinbarungen nach der Geltendmachung des Pflichtteilsanspruchs – also insbesondere bei Leistungen an Erfüllungs statt – der Nennwert des geltend gemachten Pflichtteilsanspruchs für maßgeblich erachtet.[441] Dies folgt insbesondere

438 Vgl. *Wachter* DB 2017, 2500 (2502).

439 Mayer/Süß/Tanck/Bittler/Wälzholz/*Griesel*, Handbuch Pflichtteilsrecht, § 17 Rn. 128.

440 BFH MittBayNot 1990, 126; BFH Urt. v. 17. 2. 1982 II R 160/80, BeckRS 1982, 22006029.

441 BFH DStR 1998, 1957; Mayer/Süß/Tanck/Bittler/Wälzholz/*Griesel*, Handbuch Pflichtteilsrecht, § 17 Rn. 81 ff.

daraus, dass einzig der zivilrechtlich als Geldanspruch ausgestaltete Pflichtteilsanspruch einer Besteuerung unterliegt, die Abfindung hingegen unversteuert bleibt (dazu siehe bereits oben). An der einmal für den geltend gemachten Pflichtteilsanspruch entstandenen Steuerpflicht kann sich auch dann nichts mehr ändern, wenn dieser später erlassen oder durch eine nachträgliche Vereinbarung in anderer Weise erfüllt wird. Die Maßgeblichkeit des Nennwerts des Pflichtteilsanspruchs kann sich für den Empfänger der Abfindung dann als misslich darstellen, wenn niedrig bewertete Gegenstände als Abfindung gewährt werden, da derartige Bewertungsvorteile dem Empfänger dann nicht zugutekommen.[442] Allerdings kann im Gegenzug der Leistende der Abfindung entsprechend § 10 Abs. 5 Nr. 2 ErbStG den geltend gemachten Pflichtteilsanspruch mit seinem Nennwert von seinem eigenen Erwerb abziehen und muss sich nicht auf gegebenenfalls geringere Steuerwerte verweisen lassen.[443]

e. Steuerklasse / Steuerfreibeträge

Ob der geltend gemachte Pflichtteilsanspruch nach § 3 Abs. 1 Nr. 1 Alt. 3 ErbStG oder eine dafür gewährte Abfindung nach § 3 Abs. 2 Nr. 4 ErbStG Gegenstand der Besteuerung ist, lässt die Frage der anzuwendenden Steuerklasse und des damit zusammenhängenden Steuerfreibetrags unberührt. Diese sind in beiden Fällen stets nach dem persönlichen Verhältnis des Pflichtteilsberechtigten zum Erblasser zu bestimmen. Dies gilt aufgrund der Fiktion in § 3 Abs. 2 Nr. 4 ErbStG beim Abfindungserwerb selbst dann, wenn die Abfindung von dritter Seite gewährt wurde („vom Erblasser zugewendet“).

Vorsicht ist jedoch bei überdotierten Abfindungen geboten. Auch wenn der Wortlaut es nicht erkennen lässt, kann § 3 Abs. 2 Nr. 4 ErbStG nicht dazu missbraucht werden, große Vermögensmassen von Dritten auf den Pflichtteilsberechtigten unter Anwendung der günstigen Steuerklasse im Verhältnis des Begünstigten zum Erblasser zu übertragen. Es sollte also stets überprüft werden, ob die Abfindung noch zumindest annähernd dem Wert des Pflichtteilsanspruchs entspricht. Ist dies nicht der Fall, so besteht

---

442 BFH DStR 1998, 1957; Mayer/Süß/Tanck/Bittler/Wälzholz/*Griesel*, Handbuch Pflichtteilsrecht, § 17 Rn. 81 ff.; a.A. noch alte Rspr., die auch in diesen Fällen den Steuerwert als maßgeblich ansah: BFH MittBayNot 1990, 126; BFH Urt. v. 17. 2. 1982 II R 160/80, BeckRS 1982, 22006029.

443 BFH DStR 1998, 1957.

die Gefahr, dass das Finanzamt den überschießenden Teil als selbständige freigebige Zuwendung nach § 7 Abs. 1 S. 1 Nr. 1 ErbStG einordnet und die ungünstige Steuerklasse im Verhältnis des Begünstigten zum Dritten heranzieht.[444]

f. Steuerbefreiungsregelungen

Um die Frage zu beantworten, ob für eine gewährte Sachabfindung bestimmte Steuerbefreiungsregelungen, insbesondere für Betriebsvermögen (§§ 13ab, 13b ErbStG), Mietwohnimmobilien (§ 13d ErbStG) oder das Familienheim (§§ 13 Abs. 1 Nr. 4a, 4b, 4c), zur Anwendung gelangen, muss auch hier danach unterschieden werden, ob zum Zeitpunkt des Pflichtteilsverzichts der Pflichtteilsanspruch bereits geltend gemacht wurde oder noch nicht. Die Vereinbarung einer Leistung an Erfüllungs statt steht dabei dem Fall des Verzichts auf einen bereits geltend gemachten Pflichtteilsanspruch gleich.[445]

aa. Vor Geltendmachung

(1) Anwendbarkeit der sachlichen Steuerbefreiungen im Allgemeinen

Ist der Pflichtteilsanspruch noch nicht geltend gemacht, unterliegt nicht dieser, sondern die dafür gewährte Abfindung nach § 3 Abs. 2 Nr. 4 ErbStG der Besteuerung. Aus diesem Grund sollte einer Anwendbarkeit der Steuerbefreiungen grundsätzlich nichts entgegenstehen. Dies heißt jedoch nicht, dass der Erbe nach § 10 Abs. 5 Nr. 3 ErbStG einen nur gegebenenfalls geringeren Abzug von seiner eigenen Steuerbemessungsgrundlage vornehmen kann.[446] Erklären lässt sich dies dadurch, dass die Steuerbefreiungsregelungen lediglich den Erwerber des Vermögens begünstigen wollen, nicht jedoch mittelbar für den Erben eine Belastung erzeugen sollen. Die Weitergabe des Vermögens an den Pflichtteilsberechtigten kann aber unter gewissen Umständen für den Erben nachsteuerschädlich wirken (vgl. z.B. § 13a Abs. 6, § 13 Abs. 1 Nr. 4c S. 5, § 13 Abs. 1 Nr. 4c S. 5). Beson-

---

444 *Crezelius* BB 2000, 2333 (2337).

445 Dazu bereits unter H. II. 1. b. aa. (2).

446 Vgl. das Beispiel von Mayer/Süß/Tanck/Bittler/Wälzholz/*Griesel*, Handbuch Pflichtteilsrecht, § 17 Rn. 136.

derheiten für die Anwendbarkeit der Steuerbefreiungsregelungen sind in Fällen zu beachten, in denen es sich bei der gewährten Sachabfindung um unternehmerisches Vermögen (§§ 13a, 13b ErbStG) handelt.

(2) Anwendbarkeit der §§ 13a, 13b ErbStG

(a) Meinungsstand

Die Frage, ob die Befreiungsregelungen der §§ 13a, 13b ErbStG anwendbar sind, wenn entstandene Pflichtteilsansprüche durch die Hingabe unternehmerischen Vermögens abgefunden werden, hat sich zunächst das FG Nürnberg im Jahr 2006[447] gestellt. Dieses entschied, dass allein die Qualität des Erwerbsgegenstands nicht entscheidend sei, sondern vielmehr zusätzlich eine Zuweisung des begünstigten Vermögens an den Verzichtenden durch den Erblasser erforderlich sei. Da in derartigen Abfindungskonstellationen die Zuweisung jedoch nicht durch den Erblasser (dieser ist inzwischen verstorben), sondern auf Grundlage der späteren Vereinbarung zwischen dem Erben und dem Verzichtenden getroffen werde, seien die Steuerbefreiungsregelungen nicht anwendbar. Zur Begründung seiner Auffassung hat das Gericht angeführt, dass im Streitjahr 1998 die Begünstigungsregelungen der §§ 13a, 13b ErbStG auf Erwerbe von Todes wegen (§ 13a Abs. 1 Nr. 1 ErbStG a.F.) und auf solche im Wege vorweggenommener Erbfolge (§ 13a Abs. 1 Nr. 2 ErbStG a.F.) beschränkt waren. Zwar werde auch eine geleistete Abfindung für den Verzicht auf einen entstandenen Pflichtteilsanspruch wie ein Erwerb von Todes wegen behandelt. Zu beachten sei jedoch die Gesetzesbegründung, nach der „die Steuerentlastungen grundsätzlich dem – vom Erblasser bestimmten – Übergang des Betriebsvermögens auf den Letzterwerber folgen".[448] Im Jahr 2012 bestätigte das FG Münster[449] – jedenfalls im Ergebnis – die Entscheidung des FG Nürnberg und hielt die Steuerbefreiungsregelungen nicht für anwendbar. § 13a ErbStG knüpfe an den Erwerb von Todes wegen und damit an den Regelungsgehalt des § 3 Abs. 1 ErbStG an. Beim Tatbestand des § 3 Abs. 2 Nr. 4 ErbStG handele es sich jedoch aus zivilrechtlicher Sicht um ein Geschäft unter Lebenden ohne Einbeziehung des Erblasserwillens, bei

447 FG Nürnberg DStRE 2007, 1029.

448 BT-Drs. 13/4839, 67; Vgl. auch FG Münster Urt. v. 21.6.2012 – 3 K 2039/10 Erb, BeckRS 2012, 96044.

449 FG Münster Urt. v. 21.6.2012 – 3 K 2039/10 Erb, BeckRS 2012, 96044.

dem lediglich für steuerliche Zwecke das Zugewendete „als vom Erblasser zugewendet“ gelte.

Die Finanzverwaltung stand ursprünglich ebenfalls auf dem Standpunkt, dass die Steuerbefreiungsregelungen der §§ 13a, 13b ErbStG in derartigen Abfindungskonstellationen nicht zugunsten des Verzichtenden einschlägig seien, da „nicht der Erblasser selbst das begünstigte Vermögen dem Erwerber zugewiesen“ habe.[450] Die Steuerbefreiung stand demnach lediglich dem Erben beim Anfall der Erbschaft zu. Die Steuerbefreiung blieb diesem selbst dann erhalten, wenn er das Vermögen an Erfüllungs statt (§ 364 BGB) oder zur Abgeltung der Pflichtteilsansprüche an den Verzichtenden weitergab, da in derartigen Fällen ein Behaltensfristverstoß nicht vorlag.[451] Neuerdings teilt die Finanzverwaltung ihre frühere Sichtweise nicht mehr. Zwar bleibe es im Grundsatz dabei, dass der Erblasser zur Anwendbarkeit der Steuerbefreiungen von ihm stammendes Vermögen dem Erwerber zugewiesen haben müsse.[452] In Ausnahme dazu komme aber ausdrücklich der Erwerb infolge Abfindung für einen Verzicht auf den entstandenen Pflichtteilsanspruch (§ 3 Abs. 2 Nr. 4 ErbStG) als begünstigter Erwerb in Betracht.[453] Ob diese Ausnahme dahingehend einzuschränken ist, dass es sich bei dem als Abfindung gewährten Vermögen zur Anwendbarkeit der §§ 13a, 13b ErbStG zumindest um solches des Erblassers handeln muss[454], oder ob eine steuerbefreite Übertragung von Betriebsvermögen auch dann möglich ist, wenn es sich dabei um Vermögen des Erben oder eines sonstigen Dritten handelt[455], geht aus der Richtlinie nicht eindeutig hervor. Bei Weitergabe des Vermögens durch den Erben als Abfindung innerhalb der Fünf-Jahres-Frist des § 13a Abs. 6 ErbStG liege bei diesem aber in jedem Fall – im Unterschied zur damaligen Auffassung der Finanzverwaltung – ein Haltefristverstoß vor.[456]

---

450 R 55 (4) ErbStR 2003.

451 R 62 (2) Nr. 4 ErbStR 2003.

452 R E 13b.1 (4) S. 1 ErbStR 2011; Abschn. 13b.1 (4) S. 1 AE ErbStG v. 22.6.2017, BStBl I 2017, 902.

453 R E 13b.1 (1) S. 4 Nr. 7 ErbStR 2011; Abschn. 13b.1 (1) S. 4 Nr. 7 AE ErbStG v. 22.6.2017, BStBl I 2017, 902.

454 So legt es das Verständnis von R E § 13b.1 (4) ErbStR 2011 und Abschn. 13b.1 AE ErbStG v. 22.6.2017, BStBl I 2017, 902 nahe; so auch z.B. Schlitt/Müller/*Lohr/Otto*, Handbuch Pflichtteilsrecht, § 12 Rn. 117.

455 R E 13b.1 (1) S. 4 Nr. 7 ErbStR 2011 und Abschn. 13b.1 (1) S. 4 Nr. 7 AE ErbStG v. 22.6.2017, BStBl I 2017, 902 enthalten keine Einschränkung.

456 R E 13a.11 (3) Nr. 1 ErbStR 2011; Abschn. 13a.11 (3) Nr. 1 AE ErbStG v. 22.6.2017, BStBl I 2017, 902.

In Übereinstimmung mit der Rechtsprechungsansicht und der damaligen Auffassung der Finanzverwaltung versagen Teile der Literatur die Anwendbarkeit der §§ 13a, 13b ErbStG unter Hinweis darauf, dass die Zuweisung des Vermögens in Fällen des § 3 Abs. 2 Nr. 4 ErbStG nicht vom Erblasser stamme, sondern vielmehr erst die Abfindungsvereinbarung zwischen Erbe und Pflichtteilsberechtigtem den Übergang des Betriebsvermögens begründe.[457] Teilweise wird zwar die Anwendbarkeit der Steuerbefreiungen bejaht, jedoch nur für den Fall, dass vom Erblasser stammendes Vermögen auf den Pflichtteilsberechtigten übergeht.[458] Überwiegend wird jedoch für eine uneingeschränkte Anwendbarkeit der Steuerbefreiungsregelungen der §§ 13a, 13b ErbStG plädiert, wenn das Unternehmen tatsächlich vom Verzichtenden fortgeführt werde. Auch bei Weitergabe des Betriebs an den Pflichtteilsberechtigten bestehe ein Gemeinwohlinteresse dahingehend, dass dieser zum Erhalt von Produktion und Arbeitsplätzen fortgeführt werde. In diesen Fällen verdiene der Pflichtteilsberechtigte die Belohnung, die ihm durch die Anwendbarkeit der Steuerbefreiungen zuteilwerde.[459] Die Steuerbefreiung könne dem Erben aber grundsätzlich nicht mehr erhalten bleiben, wenn dieser das unternehmerische Vermögen innerhalb von fünf Jahren nach dem Erbfall auf den Verzichtenden überträgt.[460] Zwar sei § 13a Abs. 5 ErbStG in diesen Fällen nicht einschlägig, da den Erben keine durch den Erblasser begründete Verpflichtung zur Weitergabe treffe. Allerdings sei in der Hingabe des unternehmerischen Vermögens eine Veräußerung iSd. § 13a Abs. 6 ErbStG zu sehen, wobei die Gegenleistung darin bestehe, dass der Übertragungsgegenstand auf den gegen ihn gerichteten Anspruch des Erwerbers angerechnet werde.[461]

(b) Stellungnahme

Eine Anwendung der Steuerbefreiungsregelungen (§§ 13a, 13b ErbStG) sollte uneingeschränkt möglich sein, wenn unternehmerisches Vermögen als Abfindung für den Verzicht auf den entstandenen Pflichtteilsanspruch

457 Moench/Weinmann/*Weinmann*, § 13a Rn. 35.

458 Schlitt/Müller/*Lohr/Otto*, Handbuch Pflichtteilsrecht, § 12 Rn. 117.

459 *Bühring*, Pflichtteilsrecht und Erbschaftsteuer, S. 167 f.; Mayer/Süß/Tanck/Bittler/Wälzholz/*Griesel*, Handbuch Pflichtteilsrecht, § 17 Rn. 162 f.; *Wachter* DB 2017, 2500 (2504).

460 Mayer/Süß/Tanck/Bittler/Wälzholz/*Griesel*, Handbuch Pflichtteilsrecht, § 17 Rn. 161; Kapp/Ebeling/*Geck*, § 13a Rn. 107.

461 Kapp/Ebeling/*Geck*, § 13a Rn. 107.

gewährt wird (§ 3 Abs. 2 Nr. 4 ErbStG). Die entgegenstehenden Ansichten in Rechtsprechung und Literatur sind jedenfalls zum heutigen Zeitpunkt nicht mehr haltbar. Zwar war die Ansicht des FG Nürnberg, dass es einer Zuweisung des Vermögens durch den Erblasser bedürfe, zum damaligen Zeitpunkt (Streitjahr 1998) sicher zutreffend. Zum damaligen Zeitpunkt waren die Begünstigungsregelungen nämlich noch auf Erwerbe von Todes wegen (§ 13a Abs. 1 Nr. 1 ErbStG a.F.) und auf solche im Wege vorweggenommener Erbfolge (§ 13a Abs. 1 Nr. 2 ErbStG a.F.) beschränkt, sodass jedenfalls zu diesem Zeitpunkt noch uneingeschränkt auf die Gesetzesbegründung verwiesen werden konnte. Allerdings wurde inzwischen die Beschränkung der Steuerbefreiung auf Erwerbe von Todes wegen und auf solche im Wege vorweggenommener Erbfolge mit dem Steueränderungsgesetz 2001[462] aufgegeben, um ein „schrittweises Hineinwachsen"[463] der Betriebsnachfolger zu gewährleisten. Seither ist dem Wortlaut des § 13a ErbStG und auch dem Gesetzeszweck[464] keine Beschränkung mehr auf bestimmte Erwerbstatbestände zu entnehmen, sodass die Begünstigungen für sämtliche Vermögensübergänge gelten, die dem ErbStG unterfallen (§ 3 und § 7 ErbStG).[465] Schon im Ausgangspunkt unzutreffend ist deshalb auch die Entscheidung des FG Münster (Streitjahr 2008), wenn diese hauptsächlich darauf gestützt wird, dass § 13a ErbStG lediglich an Erwerbstatbestände von Todes wegen anknüpfe. Vielmehr kann es für Zwecke der Produktion und Arbeitserhaltung nicht darauf ankommen, um wessen unternehmerisches Vermögen es sich handelt und auf wessen Veranlassung hin dieses an den Verzichtenden übertragen wird.

Es leuchtet ein, dem Erben bei Weitergabe des unternehmerischen Vermögens an den Verzichtenden die ursprünglich nach § 13a Abs. 1 ErbStG gewährte Steuervergünstigung nicht mehr zu erhalten, da diese den Empfänger des Unternehmens für die tatsächliche Fortführung desselben belohnen soll.[466] Die Annahme einer Veräußerung iSd. § 13a Abs. 6 Nr. 1 S. 1 ErbStG ist aber zunächst problematisch, da diese eine entgeltliche Übertragung des Vermögens voraussetzt.[467] Ob einer Entgeltlichkeit der Vermögensübertragung die fehlende Geltendmachung des Pflichtteilsanspruchs

462 BT-Drs. 14/6877, 59.
463 BT-Drs. 14/6877, 60.
464 BT-Drs. 14/6877, 60.
465 Troll/Gebel/Jülicher/Gottschalk/*Jülicher*, § 13a Rn. 18; Meincke/Hannes/Holtz/*Hannes/Holtz*, § 13a Rn. 7.
466 Kapp/Ebeling/*Geck*, § 13a Rn. 107.
467 DStR 2014, 847 (849).

entgegensteht, kann an dieser Stelle allerdings noch offen bleiben[468], denn ein Haltefristverstoß iSd. § 13a Abs. 6 ErbStG ist auch dann anzunehmen, wenn betriebliche Wirtschaftsgüter entnommen und ins Privatvermögen des Steuerpflichtigen überführt werden (§ 13a Abs. 6 Nr. 1 S. 2 ErbStG). Da die Hingabe unternehmerischen Vermögens als Abfindung für einen Pflichtteilsverzicht die Voraussetzungen einer Entnahme erfüllt[469], sind die Voraussetzungen des § 13a Abs. 6 Nr. 1 S. 2 ErbStG durch die Hingabe – sollte diese innerhalb des Fünf-Jahres-Zeitraums des § 13a Abs. 6 ErbStG erfolgen – erfüllt. Zusätzlich ist zu beachten, dass der Erbe gem. § 10 Abs. 5 Nr. 3 ErbStG den Wert des Unternehmens (§ 12 Abs. 5 ErbStG iVm. § 151 Abs. 1 S. 1 Nr. 2 BewG)[470] in voller Höhe als Erwerbskosten von seiner eigenen Steuerbemessungsgrundlage abziehen kann. Dem steht auch die Regelung des § 10 Abs. 6 S. 4 ErbStG nicht entgegen, wonach Schulden und Lasten, die mit nach § 13a ErbStG befreitem Vermögen in wirtschaftlichem Zusammenhang stehen, nur mit dem Betrag abzugsfähig sind, der dem Verhältnis des nach Anwendung des § 13a ErbStG anzusetzenden Werts dieses Vermögens zu dem Wert vor Anwendung des § 13a ErbStG entspricht. Bei Hingabe des Vermögens innerhalb der Behaltensfrist des § 13a Abs. 6 ErbStG folgt dies bereits aus dem rückwirkenden Wegfall der zunächst gewährten Steuerbefreiung, sodass der Fall so zu behandeln ist, als wäre von Anfang an kein nach § 13a ErbStG steuerbefreites Vermögen erworben worden. Die Regelung des § 10 Abs. 6 S. 4 ErbStG verhindert einen Abzug aber auch dann nicht, wenn die Abfindung in Form betrieblichen Vermögens außerhalb des Fünf-Jahres-Zeitraums geleistet wird. Von der Vorschrift betroffen sind nämlich nur solche Schulden und Lasten, die im wirtschaftlichen Zusammenhang mit nach § 13a ErbStG steuerbefreitem Vermögen stehen. Nicht erfasst sind hingegen Fälle, in denen das durch die Erbschaft angefallene betriebliche Vermögen selbst als Sachabfindung gem. § 10 Abs. 5 Nr. 3 ErbStG gewährt wird. Bestätigt wird dieses Ergebnis auch durch den Sinn und Zweck der Behaltensregelung in § 13a Abs. 6 ErbStG. Die Vorschrift bezweckt einen Erhalt der Steuerbefreiung zugunsten des Steuerpflichtigen bei mindestens fünfjähriger Fortführung des Unternehmens. Dem Steuerpflichtigen nach Ablauf der Fünf-Jahres-Frist bei Weitergabe des betrieblichen Vermögens einen Abzug nach § 10 Abs. 5 Nr. 3 ErbStG (teilweise) zu versagen und somit den steuerbefreiten

468 Dazu noch H. II. 2. a. bb. (2).

469 Dazu noch H. II. 2. a. bb. (2).

470 Kapp/Ebeling/*Geck*, § 10 Rn. 98.1.

Erwerb des Betriebs faktisch aufzuheben, würde der Regelung des § 13a Abs. 6 ErbStG zuwiderlaufen.

bb. Nach Geltendmachung

(1) Anwendbarkeit der sachlichen Steuerbefreiungen im Allgemeinen

(a) Meinungsstand

Davon zu unterscheiden sind Konstellationen, in denen zum Zeitpunkt des Verzichts der Pflichtteilsanspruch bereits geltend gemacht wurde oder durch die Hingabe steuerbefreiten Vermögens an Erfüllungs statt abgegolten wird (§ 364 BGB). Die Finanzverwaltung und die überwiegende Auffassung in der Literatur gehen davon aus, dass in diesen Fällen die Anwendbarkeit von Steuerbefreiungsregelungen beim Pflichtteilsberechtigten ausgeschlossen ist, wobei teils divergierende Begründungsansätze herangezogen werden. So werden die Steuerbefreiungsregelungen der §§ 13a, 13b ErbStG von der Finanzverwaltung deshalb für unanwendbar gehalten, weil es in derartigen Konstellationen an einer Vermögenszuweisung durch den Erblasser fehle.[471] Die überwiegende Literaturauffassung geht von einer Unanwendbarkeit der Befreiungsregelungen aus, weil nicht die Sachabfindung in Form begünstigten Vermögens, sondern der auf Geld gerichtete Pflichtteilsanspruch der Besteuerung unterliegt.[472]

Andere Literaturstimmen empfinden die Nichtanwendbarkeit sachlicher Steuerbefreiungen hingegen teilweise als unbillig. Aus wirtschaftlicher Sicht mache es keinen Unterschied, ob der Pflichtteilsanspruch bei der Übertragung des steuerbefreiten Vermögens bereits geltend gemacht ist oder nicht. So wird gefordert, die sachlichen Steuerbefreiungsregelungen auch in den Konstellationen anzuwenden, in denen der Pflichtteilsanspruch im Zeitpunkt des Verzichts bereits geltend gemacht war oder steuerbefreites Vermögen vom Pflichtteilsberechtigten an Erfüllungs statt angenommen wird.[473]

---

471 R E 13b.1 (4) S. 2 ErbStR 2011; Abschn. 13b.1 (4) S. 2 AE ErbStG v. 22.6.2017, BStBl I 2017, 902.

472 Mayer/Süß/Tanck/Bittler/Wälzholz/*Griesel*, Handbuch Pflichtteilsrecht, § 17 Rn. 164; Moench/Weinmann/*Weinmann*, § 13a Rn. 35; Schlitt/Müller/*Lohr/Otto*, Handbuch Pflichtteilsrecht, § 12 Rn. 118; *Bühring*, Pflichtteilsrecht und Erbschaftsteuer, S. 168; *Wachter* DB 2017, 2500 (2504).

473 *Bühring*, Pflichtteilsrecht und Erbschaftsteuer, S. 180 ff.

(b) Stellungnahme

Aufgrund der Tatsache, dass der auf Geld gerichtete Pflichtteilsanspruch und nicht die Sachabfindung der Besteuerung unterliegt, ist eine Anwendung der sachlichen Steuerbefreiungsregelungen in der Tat problematisch. Aus gleichheitsrechtlichen Gesichtspunkten sollte eine Anwendbarkeit dennoch gegeben sein.

Zu folgern ist dies zunächst daraus, dass die Übertragung des steuerbefreiten Vermögens in der Regel durch den Erben erfolgt und dieser durch die Weitergabe in vielen Fällen einen nachsteuerschädlichen Vorgang auslöst (vgl. z.B. §§ 13 Abs. 1 Nr. 4b S. 5, 4c S. 5, 13a Abs. 6 Nr. 1 S. 1 ErbStG). Würde man die Anwendbarkeit der Steuerbefreiungen auf den Empfänger der Abfindung versagen, kämen diese dann weder dem Erben noch dem Pflichtteilsberechtigten zugute. Die Nichtanwendbarkeit der Steuerbefreiungen wäre aber insbesondere im Hinblick auf den Abfindungsempfänger mit dem Sinn und Zweck der jeweiligen Befreiungsvorschriften nicht vereinbar, was besonders in Konstellationen deutlich wird, in denen es sich bei der geleisteten Abfindung um unternehmerisches Vermögen handelt. In diesen Fällen ist aus wirtschaftlichen und gesellschaftspolitischen Aspekten eine Anwendbarkeit der Steuerbefreiungsregelung auf den Erwerber der Abfindung geboten, da Produktion und Arbeitsplatzerhaltung unabhängig davon, ob der Pflichtteilsanspruch zum Zeitpunkt der Abfindungsvereinbarung bereits geltend gemacht wurde oder nicht, gleichermaßen schützenswert sind. Würde man die Steuerbefreiung dem Empfänger der Abfindung nicht gewähren, könnte nicht sichergestellt werden, dass ein steuerlicher Zugriff auf die Substanz des Unternehmens zum Schutz von Produktion und Arbeitsplätzen ausgeschlossen ist. Insgesamt müssen daher die Steuerbefreiungen beim Empfänger der Abfindung auch dann angewendet werden, wenn der Pflichtteilsanspruch zum Zeitpunkt der Verzichtsvereinbarung bereits geltend gemacht wurde.[474] Dem stehen auch rechtstaatliche Gesichtspunkte[475] nicht entgegen, da die Steuerbefreiungen für den Steuerpflichtigen ausschließlich begünstigend wirken.

---

474 So auch *Bühring*, Pflichtteilsrecht und Erbschaftsteuer, S. 182 ff.

475 Vgl. dazu Klein/*Gersch*, § 4 Rn. 37 f.

(2) Konkrete Umsetzung

Die Bejahung der Anwendbarkeit der sachlichen Steuerbefreiungen wirft sodann die Frage nach der Umsetzung auf, da nach der Geltendmachung des Pflichtteils nicht das jeweils steuerbefreite Vermögen, sondern der geltend gemachte Pflichtteilsanspruch gem. § 3 Abs. 1 Nr. 1 Alt. 3 ErbStG der Besteuerung unterliegt. Zutreffend erscheint, die Steuerbefreiung in derartigen Fällen auf den Teil des Nennwerts des Pflichtteilsanspruchs anzuwenden, der dem Steuerwert des hingegebenen Betriebsvermögens entspricht. Anhand eines Rechenbeispiels lässt sich dies verdeutlichen: Wird der geltend gemachte Pflichtteilsanspruch (Nennwert: EUR 1.000.000) durch die Gewährung einer Abfindung im steuerlichen Gesamtwert von EUR 900.000 (Steuerwert des Betriebsvermögens: EUR 500.000; sonstiges Vermögen: EUR 400.000) abgegolten, so sollten EUR 500.000 des Nennwerts des Pflichtteilsanspruchs zu 85 % verschont werden. Der Steuer unterliegt der Pflichtteilsanspruch unter Berücksichtigung des § 13a Abs. 1 S. 1 i.V.m. § 13b Abs. 1 Nr. 2 ErbStG daher nur in Höhe von EUR 575.000 (abzüglich des Steuerfreibetrags gem. § 16 ErbStG).

2. Einkommensteuerliche Auswirkungen

Da Sachverhalte, in denen bereits entstandene Pflichtteilsansprüche abgefunden oder an Erfüllungs statt abgegolten werden, bereits dem Erbschaftsteuergesetz unterfallen (§ 3 Abs. 1 Nr. 1 Alt. 3 bzw. § 3 Abs. 2 Nr. 4 ErbStG), sollte eine einkommensteuerliche Erfassung grundsätzlich ausscheiden. Ob das Ausschlussverhältnis beider Steuerarten im Bereich der Abfindungserwerbe auch dann konsequent durchgehalten wird, wenn die Abfindung in Sachwerten oder in Form von wiederkehrenden Leistungen gewährt wird, ist Gegenstand der folgenden Darstellung.

a. Abfindung in Sachwerten

Die einkommensteuerliche Relevanz von Sachabfindungen hängt von der Frage ab, ob der Pflichtteilsanspruch zum Zeitpunkt der Verzichtsvereinbarung bereits geltend gemacht wurde oder nicht. Gegenstand der folgenden Darstellung ist insbesondere die Frage, ob die Gewährung einer Sachabfindung anstelle des Pflichtteilsanspruchs einen einkommensteuerlich relevanten Veräußerungsvorgang verwirklicht.

aa. Nach Geltendmachung des Pflichtteilsanspruchs

(1) Vorliegen eines Veräußerungstatbestands

Die Gewährung einer Sachabfindung für den Verzicht auf einen Pflichtteilsanspruch oder die Gewährung einer solchen an Erfüllungs statt[476] könnte dann einen einkommensteuerlich relevanten Veräußerungsvorgang darstellen, wenn der Nennwert der erlassenen Pflichtteilsforderung als Entgelt für die Gewährung der Abfindung anzusehen wäre.[477] Ob dies der Fall ist, wird in Rechtsprechung und Literatur nicht einheitlich beurteilt.

(a) Meinungsstand

Gegen das Vorliegen eines Veräußerungsvorgangs bringt eine Literaturansicht hervor, dass auch die Erfüllung bzw. Geltendmachung des Pflichtteilsanspruchs keinen entgeltlichen Tatbestand verwirklicht, was jedoch notwendige Voraussetzung einer Veräußerung ist. Dies könne sich auch dann nicht ändern, wenn anstelle der Erfüllung sonstiges Vermögen hingegeben werde.[478] Die Rechtslage entspreche wirtschaftlich gesehen derer einer Miterbengemeinschaft, der Miterbe erwerbe jedoch unentgeltlich. Die Ausgestaltung des Pflichtteilsanspruchs als reiner Geldanspruch und nicht als dingliche Nachlassbeteiligung beruhe einzig auf Praktikabilitätsgründen.[479]

Der BFH bejaht dagegen das Vorliegen eines entgeltlichen Veräußerungsvorgangs. Entgelt für die Gewährung der Abfindung sei der Nennwert der erlassenen Pflichtteilsforderung. Es handele sich bei der Pflichtteilsschuld um eine private Schuld, deren Erlass einer Zuzahlung ins Privatvermögen gleichstehe. Der Pflichtteilsberechtigte sei gerade nicht

---

476 Beide Konstellationen sind analog zueinander zu behandeln, vgl. Dauner-Lieb/Grziwotz/Hohmann-Dennhardt/*v. Proff zu Irnich*, Pflichtteilsrecht, S. 603.

477 Vgl. zu diesem Problemkreis: Mayer/Süß/Tanck/Bittler/Wälzholz/*Griesel*, Handbuch Pflichtteilsrecht, § 17 Rn. 212 ff.

478 FG Düsseldorf DStRE 2000, 1192, in der Rev. aufgehoben durch BFH DStRE 2005, 449; Mayer/Süß/Tanck/Bittler/Wälzholz/*Griesel*, Handbuch Pflichtteilsrecht, § 17 Rn. 213.

479 Mayer/Süß/Tanck/Bittler/Wälzholz/*Griesel*, Handbuch Pflichtteilsrecht, § 17 Rn. 213.

gesamthänderisch am Nachlass beteiligt, sodass der Vergleich mit einem Miterben nicht überzeuge.[480]

(b) Stellungnahme

Der zuletzt genannten Ansicht des BFH ist beizupflichten. Tatsächlich kann die Ausgestaltung des Pflichtteilsanspruchs als gegen den Erben auf Geld gerichteter, schuldrechtlicher Anspruch nicht unberücksichtigt bleiben. Der Vergleich eines Pflichtteilsberechtigten mit einem Miterben überzeugt bereits deshalb nicht, weil der Gesetzgeber sich gegen eine solche Lösung entschieden hat. Besonders deutlich wird dies, wenn als Abfindung Gegenstände geleistet werden, die nicht zur Erbmasse gehören. In einem solchen Fall kann schwerlich davon ausgegangen werden, dass die Pflichtteilsberechtigung wirtschaftlich gesehen einer Miterbenstellung entsprechen soll, da auch der Miterbe an diesen konkreten Gegenständen nicht partizipiert hätte. Die Annahme eines entgeltlichen Veräußerungsvorgangs steht auch zu den Wertungen des Erbschaftsteuergesetzes nicht im Widerspruch. Während das Erbschaftsteuergesetz einzig den geltend gemachten Pflichtteilsanspruch besteuert (§ 3 Abs. 1 Nr. 1 Alt. 3 ErbStG), die Abfindung jedoch unversteuert lässt (§ 3 Abs. 2 Nr. 4 ErbStG findet bei der geleisteten Abfindung für den geltend gemachten Pflichtteilsanspruch keine Anwendung), unterwirft das Einkommensteuergesetz lediglich den aus der Veräußerung der Abfindung resultierenden Gewinn der Steuer. Eine doppelte Besteuerung einer beim Pflichtteilsberechtigten eingetretenen Bereicherung ist daher nicht zu erwarten.

(2) Veräußerung von Wirtschaftsgütern des Privatvermögens

Werden Wirtschaftsgüter des Privatvermögens zur Abgeltung von Pflichtteilsansprüchen überlassen, kann die Besteuerung eines Veräußerungsgewinns nach § 23 EStG erfolgen, wenn der Verkauf innerhalb bestimmter Fristen erfolgt. Bei Grundstücken und sonstigen, den Vorschriften über Grundstücke unterliegenden Rechten ist bei einer Haltedauer zehn oder weniger Jahren § 23 Abs. 1 S. 1 Nr. 1 EStG einschlägig, bei anderen Wirtschaftsgütern kann eine Besteuerung nach § 23 Abs. 1 S. 1 Nr. 2 EStG erfolgen, wenn die Haltedauer des Wirtschaftsguts ein Jahr oder weniger

480 BFH DStRE 2005, 449 (452 f.).

beträgt. Bei der Überlassung von Gesellschaftsanteilen als Abfindung kann eine Besteuerung des Veräußerungsgewinns nach § 20 Abs. 2 EStG oder § 17 EStG erfolgen.

(3) Veräußerung von Wirtschaftsgütern des Betriebsvermögens

Die Gewährung von Wirtschaftsgütern des Betriebsvermögens als Abfindung wirft die Frage auf, ob hierdurch ein betrieblicher Veräußerungsvorgang verwirklicht wird oder eine Entnahme vorliegt. Die Beantwortung der Frage scheint auf den ersten Blick irrelevant, da eine Entnahme in der Regel die gleichen Rechtsfolgen wie eine Veräußerung auslöst (Aufdeckung der stillen Reserven).[481] Relevanz erlangt die Beantwortung der Frage aber für Zwecke des § 6b Abs. 1, 3 EStG, der in bestimmten Fällen die Bildung einer gewinnmindernden Rücklage (sog. Reinvestitionsrücklage) vorsieht. Voraussetzung für die Bildung einer Reinvestitionsrücklage ist aber stets, dass diese im Wirtschaftsjahr der „Veräußerung" gebildet wird (vgl. § 6b Abs. 3 EStG). Wird ein Wirtschaftsgut hingegen zunächst entnommen und anschließend veräußert, liegt die Veräußerung im privaten Bereich, sodass kein Raum für die Anwendung des § 6b Abs. 3 EStG besteht.[482]

(a) Meinungsstand

Rechtsprechung und Teile der Literatur übertragen die vorgenannten Grundsätze uneingeschränkt auch auf Konstellationen, in denen Wirtschaftsgüter des Betriebsvermögens zur Abgeltung von geltend gemachten Pflichtteilsansprüchen (oder an Erfüllungs statt) an den Pflichtteilsberechtigten übertragen werden.[483] Folgerichtig handele es sich um betriebliche Veräußerungsvorgänge, sodass nach dieser Ansicht etwaige Veräußerungsgewinne einer Steuerbarkeit nach den Vorschriften der §§ 15, 16 EStG unterliegen.

---

481 Dauner-Lieb/Grziwotz/Hohmann-Dennhardt/*v. Proff zu Irnich*, Pflichtteilsrecht, S. 602.

482 BFH DStR 1996, 12; BFH NJW 1982, 304; BFH Urt. V. 11.7.1973 – I R 140/71, BeckRS 1973, 22002211.

483 Dauner-Lieb/Grziwotz/Hohmann-Dennhardt/*v. Proff zu Irnich*, Pflichtteilsrecht, S. 602; Schmidt/*Wacker*, § 16 Rn. 599; Schlitt/Müller/*Lohr/Otto*, Handbuch Pflichtteilsrecht, § 12 Rn. 150; so wohl inzwischen auch: BFH DStRE 2005, 449.

Dem widerspricht eine Gegenauffassung einschließlich der älteren höchstrichterlichen Rechtsprechung unter Hinweis auf die Ausgestaltung der Pflichtteilsschuld als private Schuld. Werde ein betriebliches Wirtschaftsgut zur Befreiung von einer privaten Schuld verwendet, handele es sich um einen betriebsfremden Vorgang. Ein betrieblicher Veräußerungsvorgang könne deshalb nicht angenommen werden, vielmehr werde das Wirtschaftsgut zunächst zu privaten Zwecken entnommen (§ 4 Abs. 1 S. 2 EStG) und anschließend (privat) veräußert.[484]

(b) Stellungnahme

Überzeugender ist die Annahme einer vorherigen Entnahme des Wirtschaftsguts, die zur Folge hat, dass eine Reinvestitionsrücklage nach § 6b Abs. 3 EStG nicht gebildet werden kann. Ein betrieblicher Veräußerungsvorgang kann nur dann angenommen werden, wenn ein Wirtschaftsgut des Betriebsvermögens aus einem betrieblichen Anlass heraus veräußert wird. Wird durch Wirtschaftsgüter des Betriebsvermögens ein gegen den Abfindenden als Privatperson gerichteter Anspruch abgegolten, so fehlt es an der betrieblichen Veranlassung. Bestätigt wird dieses Ergebnis auch durch die Grundsätze, die der BFH zu teilentgeltlichen Veräußerungen aufgestellt hat. In diesen Fällen stellt der tatsächlich geleistete Kaufpreis einen Veräußerungsgewinn dar, hinsichtlich der Differenz zwischen tatsächlich geleistetem Kaufpreis und dem angemessenen Kaufpreis wird eine Gewinnrealisierung durch Entnahme angenommen (sog. Trennungstheorie).[485] Letzteres gilt deshalb, weil die Vereinbarung eines Teilentgelts in der Regel zumindest teilweise privat veranlasst ist. Der Annahme einer vorgelagerten Entnahme stehen auch die Wertungen des Erbschaftsteuergesetzes nicht entgegen. Während das Erbschaftsteuergesetz die Geltendmachung des Pflichtteilsanspruchs erfasst (§ 3 Abs. 1 Nr. 1 Alt. 3 ErbStG), unterliegt einkommensteuerlich lediglich die Überführung des Wirtschaftsguts vom Betriebs- in das Privatvermögen in Form eines Entnahmegewinns (§ 4 Abs. 1 S. 2 iVm. § 6 Abs. 1 Nr. 4 EStG) der Besteuerung. Insgesamt ist daher auch in Konstellationen, in denen geltend gemachte Pflichtteilsansprüche durch Wirtschaftsgüter des Betriebsvermögens abge-

---

484 BFH DStR 1996, 12; BFH NJW 1982, 304; FG Düsseldorf DStRE 2000, 1192. Mayer/Süß/Tanck/Bittler/Wälzholz/*Griesel*, Handbuch Pflichtteilsrecht, § 17 Rn. 225; Schmidt/*Weber-Grellet*, § 5 Rn. 641.

485 BFH DStRE 2014, 1025.

golten werden, von einer vorherigen Gewinnrealisierung durch Entnahme (§ 4 Abs. 1 S. 2 iVm. § 6 Abs. 1 Nr. 4 EStG) und anschließenden (privaten) Veräußerung auszugehen.

Werden Wirtschaftsgüter aus dem Vermögen einer Kapitalgesellschaft (z.B. GmbH, AG) zur Abgeltung gewährt, stellt sich die Rechtslage leicht abgewandelt dar. Zu nennen sind dabei insbesondere Fälle, in denen ein Geschäftsführer der GmbH die gegen ihn gerichteten Pflichtteilsansprüche mit Wirtschaftsgütern aus dem Vermögen der Gesellschaft abfindet. Da der BFH in der Vergangenheit mehrfach die Existenz einer außerbetrieblichen Sphäre einer Kapitalgesellschaft verneint hat[486], scheidet eine Entnahme nach § 4 Abs. 1 S. 2 EStG aus. In derartigen Fällen sind jedoch regelmäßig die Voraussetzungen einer verdeckten Gewinnausschüttung (§ 8 Abs. 3 S. 2 KStG) erfüllt.

bb. Vor Geltendmachung des Pflichtteilsanspruchs

Die vorstehenden Ausführungen gelten dann, wenn ein bereits geltend gemachter Pflichtteilsanspruch durch die Zahlung einer Abfindung abgegolten wird. Es ist jedoch die Frage aufgekommen, ob auch dann von einem entgeltlichen Veräußerungsvorgang auszugehen ist, wenn der Pflichtteilsanspruch im Zeitpunkt der Abfindungsvereinbarung zwar entstanden, aber noch nicht geltend gemacht wurde.

(1) Meinungsstand

Eine höchstrichterliche Entscheidung zu dieser Problematik existiert – soweit ersichtlich – bislang nicht. Eine Literaturansicht verneint in derartigen Konstellationen einen Veräußerungsvorgang, da die im Erbschaftsteuergesetz unter § 3 Abs. 2 Nr. 4 ErbStG fallenden Lebenssachverhalte „nicht unmittelbar tauschähnlichen Charakter" aufweisen.[487]

---

486 BFH Beschl. v. 25.10.06 – I B 120/05, BeckRS 2006, 25010855; BFH Beschl. v. 16.2.05 – I B 154/04, BeckRS 2005, 25008076; BFH DStR 2005, 594; 2000, 1687; 1997, 492.

487 *Jülicher* ZErb 2014, 126 (129).

(2) Stellungnahme

Für die Annahme eines entgeltlichen Veräußerungsvorgangs in Fällen, in denen ein noch nicht geltend gemachter Pflichtteilsanspruch abgefunden wird, spricht die Tatsache, dass das Merkmal der Geltendmachung ein originär erbschaftsteuerliches Tatbestandsmerkmal darstellt und sich dieses im geltenden Einkommensteuerrecht an keiner Stelle wiederfindet. Eine solche Argumentation würde jedoch den Wertungen des Erbschaftsteuergesetzes zuwiderlaufen. Der Steuertatbestand des § 3 Abs. 2 Nr. 4 ErbStG, der in diesen Fällen eine Besteuerung vorsieht, bringt zum Ausdruck, dass der Gesetzgeber von der Unentgeltlichkeit derartiger Abfindungen ausgeht. Der Sachverhalt muss daher auch für einkommensteuerliche Zwecke als unentgeltlich betrachtet werden. Ein entgeltlicher Veräußerungsvorgang kann deshalb nicht angenommen werden, wenn ein zwar entstandener, aber noch nicht geltend gemachter Pflichtteilsanspruch abgefunden wird.[488]

Allerdings kann es sich gleichermaßen um Entnahmen (oder verdeckte Gewinnausschüttungen bei Kapitalgesellschaften) handeln, wenn noch nicht geltend gemachte Pflichtteilsansprüche mit betrieblichen Wirtschaftsgütern abgegolten werden. Auch in diesen Fällen werden die Wirtschaftsgüter zu außerbetrieblichen Zwecken genutzt, sodass eine Aufdeckung der stillen Reserven gerechtfertigt ist. Die Annahme einer vorgelagerten Entnahme (oder verdeckten Gewinnausschüttung) ist auch unter erbschaftsteuerlichen Gesichtspunkten unproblematisch. Dies folgt daraus, dass erbschaftsteuerlich nicht die Überführung des Wirtschaftsguts vom Betriebs- in das Privatvermögen, sondern die Vermögensübertragung des Erben auf den Verzichtenden erfasst wird (§ 3 Abs. 2 Nr. 4 ErbStG).

b. „Abfindung“ in wiederkehrenden Leistungen

Da der Pflichtteilsanspruch als sofort fälliger Geldanspruch unter Umständen eine große Liquidität des Erben voraussetzt, kann ein Interesse der Parteien bestehen, den Anspruch nicht in Form einer Einmalzahlung, sondern durch wiederkehrende Zahlungen zu erfüllen. Hier bieten sich für die Beteiligten nach dem Erbfall mehrere Gestaltungsmöglichkeiten an. Zum einen können sie den Pflichtteilsanspruch stunden und die Fälligkeit einzelner Teilleistungen in wiederkehrenden Abschnitten bestimmen.

488 So i.E. *Jülicher* ZErb 2014, 126 (129).

Zum anderen können die Parteien auf den Pflichtteilsanspruch verzichten und stattdessen eine Abfindungsverpflichtung begründen, die wiederkehrend zu erfüllen ist.

aa. Möglichkeit 1: Stundung des Pflichtteilsanspruchs und Verteilung auf wiederkehrende Zahlungen

Zwar stellt eine Stundung noch nicht zwangsweise eine Geltendmachung des Pflichtteilsanspruchs dar[489], eine Geltendmachung ist aber jedenfalls in der Vereinbarung zu sehen, den Pflichtteilsanspruch in wiederkehrenden Zahlungen zu erfüllen. Aus diesem Grund muss in diesen Konstellationen nicht danach unterschieden werden, ob eine Geltendmachung bereits erfolgt ist oder nicht. Zu differenzieren ist allerdings danach, ob eine Verzinsung vereinbart wurde oder die Zahlungen unverzinslich erfolgen.

(1) Verzinsliche Vereinbarung

Wird eine fällige und geltend gemachte Forderung gestundet, stellt dies eine Kapitalüberlassung des Pflichtteilsgläubigers an den Pflichtteilsschuldner dar. Dies gilt freilich auch für die Stundung eines bereits geltend gemachten Pflichtteilsanspruchs, da der Pflichtteilsanspruch ab dem Zeitpunkt der Geltendmachung auch aus steuerlichen Gesichtspunkten eine werthaltige Kapitalforderung darstellt.[490] Dementsprechend hat der BFH entschieden, dass die Voraussetzungen einer Kapitalüberlassung auf Zeit (§ 20 Abs. 1 Nr. 7 EStG) dann gegeben sind, wenn der Erbfall bereits eingetreten ist und ein Pflichtteilsberechtigter vom Erben unter Anrechnung auf seinen Pflichtteil wiederkehrende Leistungen erhält (und er rechtlich befugt ist, den niedrigeren Barwert geltend zu machen).[491]

Ob die wiederkehrende Auszahlung der Pflichtteilsforderung nach Ende der jeweiligen Stundungsabschnitte den Steuertatbestand des § 20 Abs. 1 Nr. 7 EStG erfüllt, hängt davon ab, ob in den ausgezahlten Pflichtteilsraten ein „Ertrag“ enthalten ist. In Fällen, in denen zwischen Pflichtteilsgläubiger und -schuldner eine verzinsliche Stundungsvereinbarung getroffen wurde, kann ein Ertrag in den nach Ende der Stundungsdauer jeweils

489 Siehe oben unter D. III. 3.

490 Siehe oben unter D. III. 3. a. cc. (2).

491 BFH DStR 2010, 1327 (1328).

ausgekehrten Zinsen gesehen werden, sodass diese – nicht hingegen die Rückzahlung des überlassenen Kapitals – einkommensteuerlich gem. § 20 Abs. 1 Nr. 7 EStG erfasst werden. Diesem Ergebnis stehen auch erbschaft- und schenkungsteuerliche Wertungen nicht entgegen. Die verzinsliche Stundungsvereinbarung erfüllt die Voraussetzungen einer freigebigen Zuwendung iSd. § 7 Abs. 1 S. 1 Nr. 1 ErbStG nämlich deshalb nicht, weil die Nutzungsvorteile dem Pflichtteilsschuldner nicht erhalten bleiben, sondern im Fälligkeitszeitpunkt der jeweiligen Raten ausgekehrt werden sollen. Auch kann bei Auszahlung der Abfindung keine Besteuerung nach § 3 Abs. 2 Nr. 4 ErbStG erfolgen, da auf den Pflichtteilsanspruch nicht verzichtet, dessen Erfüllung vielmehr in Form wiederkehrender Leistungen erfolgt. Folglich scheidet eine die Besteuerung nach § 20 Abs. 1 Nr. 7 EStG möglicherweise beeinflussende erbschaft- und schenkungsteuerliche Erfassung des Sachverhalts aus.

(2) Unverzinsliche Vereinbarung

Die einkommensteuerliche Erfassung des ausgezahlten Betrags nach Ende der Stundungsdauer hängt auch bei einer unverzinslichen Stundungsvereinbarung davon ab, ob in der ausgezahlten Geldsumme ein Ertrag iSd. § 20 Abs. 1 Nr. 7 EStG enthalten ist. Einen solchen sollte die Rückzahlung eigentlich deshalb nicht beinhalten, weil die Stundung gerade unverzinslich erfolgt und die bloße Rückzahlung des Kapitals (= Erfüllung des Pflichtteilsanspruchs) nicht als Ertrag anzusehen ist.[492] Dennoch wird nach ständiger Rechtsprechung bei einer Forderungsstundung der Auszahlungsbetrag für steuerliche Zwecke auch dann in einen Zins- und Tilgungsanteil aufgeteilt, wenn eine Verzinsung des Anspruchs durch die Parteien ausdrücklich ausgeschlossen wurde.[493] Zurückzuführen sei diese Aufteilung auf die zwingende Regelung des § 12 Abs. 3 BewG, die auch unverzinsliche Forderungen mit einem um 5,5 % abgezinsten Wert ansetzt.[494] Während die Rückzahlung des Tilgungsanteils steuerlich keine Auswirkungen habe, unterliege der Zinsanteil als „Ertrag" iSd. § 20 Abs. 1 Nr. 7 EStG bei Rückzahlung des Kapitals der Besteuerung.

---

492 Lademann/*Jachmann/Lindenberg*, § 20 Rn. 404.

493 BFH DStRE 2012, 154 (156); BFH Beschl. v. 8.1.1998 – VIII B 76/96, BeckRS 1998, 14260; BFH DStRE 1997, 65 (66); Troll/Gebel/Jülicher/Gottschalk/*Gebel*, § 3 Rn. 229.

494 BFH DStRE 1997, 65 (67).

Die einkommensteuerliche Erfassung des Zinsanteils nach § 20 Abs. 1 Nr. 7 EStG ist dennoch im Hinblick auf das Schenkungsteuerrecht problematisch. Wie bereits dargelegt, stellt die unentgeltliche Stundung eines bereits geltend gemachten Pflichtteilsanspruchs eine steuerpflichtige freigebige Zuwendung gem. § 7 Abs. 1 S. 1 Nr. 1 ErbStG dar, wobei der Nutzungswert mit jährlich 5,5 % angesetzt wird (§ 15 Abs. 1 BewG). Es stellt sich nunmehr die Frage, welche Auswirkungen die schenkungsteuerliche Erfassung des Nutzungswerts des überlassenen Kapitals nach § 7 Abs. 1 S. 1 Nr. 1 ErbStG auf die einkommensteuerliche Besteuerung des Zinsanteils nach § 20 Abs. 1 Nr. 7 EStG hat. Würde der Sachverhalt (zinslose Stundung) beiden Steuerarten unterfallen, würde die Doppelbesteuerung eines einheitlichen Vorgangs mit Einkommen- und Schenkungsteuer drohen. Ein derartiges Ergebnis stünde allerdings mit dem bereits angesprochenen Ausschlussverhältnis beider Steuerarten – Einkommen- und Erbschaft- bzw. Schenkungsteuer – im Widerspruch. Handelt es sich bei einem Vorgang um eine entgeltliche Erwerbshandlung am Markt, kann derselbe Vorgang nicht zeitgleich als unentgeltlich eingeordnet werden – umgekehrt gilt dies freilich ebenso. Als maßgebliches Abgrenzungskriterium kann das der „Erwerbshandlung" herangezogen werden, welches notwendige Voraussetzung für das „Erzielen" von Einkünften iSd. Einkommensteuergesetzes (§ 2 Abs. 1 S. 1 Nr. 1-7 EStG) ist.[495] Eine solche Erwerbshandlung liegt immer dann vor, wenn das Handeln des Steuerpflichtigen auf Einnahmeerzielung am Markt gerichtet ist[496], der Steuerpflichtige also mit Gewinnerzielungsabsicht handelt.[497] Eine Gewinnerzielungsabsicht fehlt jedoch immer dann, wenn gleichzeitig die Voraussetzungen des § 7 Abs. 1 S. 1 Nr. 1 ErbStG vorliegen, da in derartigen Fällen der Steuerpflichtige gerade keine Gewinne erzielen, sondern vielmehr das Vermögen des Zuwendungsempfängers unentgeltlich bereichern möchte.[498] So liegt der Fall auch hier: Gewährt der Pflichtteilsgläubiger zugunsten des Pflichtteilsschuldners eine unentgeltliche Stundung seines Pflichtteilsanspruchs, ist das Handeln des Pflichtteilsgläubigers nicht auf das Erzielen von Einnahmen oder Gewinnen gerichtet. Dieser gewährt seinem Schuldner lediglich einen Zahlungsaufschub. Anstatt zusätzliche Einnahmen zu erwirtschaf-

---

495 Kirchhof/Söhn/Mellinghoff/*Kirchhof*, § 2 Rn. A 117; *Crezelius* ZEV 2015, 392 (396).

496 Kirchhof/Söhn/Mellinghoff/*Kirchhof*, § 2 Rn. A 117.

497 Kirchhof/Söhn/Mellinghoff/*Kirchhof*, § 2 Rn. A 119; Schmidt/*Weber-Grellet*, § 2 Rn. 23.

498 BFH DStRE 2012, 154 (156 f.).

ten, begibt er sich durch die Vereinbarung einer unentgeltlichen Stundung einer Möglichkeit zur Einnahmeerzielung, da er aus wirtschaftlicher Sicht die Nutzungen des Kapitals für die Dauer der Stundung nicht erhält, obwohl er diese ohne die Stundung hätte ziehen können. Es fehlt daher an einer notwendigen Erwerbshandlung des Pflichtteilsgläubigers, sodass der Sachverhalt ausschließlich der Schenkungsteuer zuzuordnen ist. Die Vereinbarung einer unentgeltlichen Stundung des Pflichtteilsanspruchs hat daher keine einkommensteuerlichen Auswirkungen iSd. § 20 Abs. 1 Nr. 7 ErbStG.[499]

Um das wirtschaftliche Ergebnis einer unverzinslichen Stundungsvereinbarung mit den Rechtsfolgen einer verzinslichen Stundungsvereinbarung – lediglich Besteuerung eines Ertrags nach § 20 Abs. 1 Nr. 7 – zu erreichen, bietet sich für den Steuerpflichtigen in den Fällen eine Gestaltungsmöglichkeit, in denen der Pflichtteilsgläubiger den Anspruch zum Zeitpunkt der Stundung noch nicht in voller Höhe geltend gemacht hat. Der Pflichtteilsgläubiger kann in diesen Fallkonstellationen den Pflichtteilsanspruch lediglich teilweise geltend machen, und zwar in einer um den Zinsfaktor von jährlich 5,5% verminderten Höhe.[500] Den teilweise geltend gemachten Pflichtteilsanspruch kann dieser im Anschluss daran verzinslich (Zinssatz 5,5 %) stunden. Auf diese Weise werden zunächst die schenkungsteuerlichen Folgen der unentgeltlichen Stundung (§ 7 Abs. 1 S. 1 Nr. 1 ErbStG) ausgeschlossen, da der Gläubiger nicht auf die Nutzungsvorteile des durch die Stundung zeitweise überlassenen Kapitals verzichtet. Der Pflichtteilsgläubiger verzichtet in diesem Fall lediglich auf die vollständige Geltendmachung des Pflichtteilsanspruchs. Ein derartiger Verzicht kann jedoch vor dem Hintergrund des § 13 Abs. 1 Nr. 11 ErbStG keine steuerpflichtige freigebige Zuwendung begründen. Durch die Vereinbarung der Verzinsung des teilweise geltend gemachten Pflichtteilsanspruchs gelangt der Pflichtteil nach Ende der Stundungsdauer dennoch in voller Höhe zur Auszahlung.[501] Da der Pflichtteilsanspruch in Höhe des nicht geltend gemachten Teils steuerlich jedoch als nicht existent zu betrachten ist, fließt der über die teilweise Geltendmachung hinausgehende Betrag dem Pflichtteilsgläubiger nicht als Pflichtteil, sondern als Ertrag

499 BFH DStRE 2012, 154.

500 Troll/Gebel/Jülicher/Gottschalk/*Gebel*, § 3 Rn. 229; *Mayer* DStR 2004, 1541 (1548).

501 Die Stundung bewirkt eine Verjährungshemmung (§ 205 BGB), sodass sich der Pflichtteilsschuldner nach Ende der Stundungsdauer nicht auf Verjährung berufen kann. Vgl. dazu Schlitt/Müller/*Kasper*, Handbuch Pflichtteilsrecht, § 9 Rn. 104.

im Sinne eines Nutzungsvorteils (Zinsertrag) aus dem zeitweise überlassenen Kapital zu. Aus diesem Grund erfüllt die spätere Auszahlung des Pflichtteils nach Ende der Stundungsdauer hinsichtlich des Zinsertrags in Höhe von 5,5 % des ausgezahlten Pflichtteils die Voraussetzungen des § 20 Abs. 1 Nr. 7 EStG. Im Einzelfall können die Parteien dann prüfen, ob diese Lösung die steuerlich günstigere ist.

bb. Möglichkeit 2: Verzicht auf den Pflichtteilsanspruch und Neubegründung einer ratierlich zu leistenden Abfindung

Von der vorstehenden Konstellation zu unterscheiden ist der Fall, dass der Pflichtteilsberechtigte auf seinen Pflichtteilsanspruch verzichtet und stattdessen eine Abfindung erhält, die in Form wiederkehrender Zahlungen zu leisten ist. Erbschaftsteuerlich wäre die geleistete Abfindung – sofern zum Zeitpunkt des Verzichts der Pflichtteilsanspruch noch nicht geltend gemacht wurde – dem Steuertatbestand des § 3 Abs. 2 Nr. 4 ErbStG zuzuordnen.

Unabhängig davon, ob der Pflichtteilsanspruch zum Zeitpunkt des Verzichts bereits geltend gemacht ist oder noch nicht, kann eine einkommensteuerliche Relevanz der ausgekehrten Abfindung nicht angenommen werden. Damit Erträge „aus“ Kapitalforderungen (§ 20 Abs. 1 Nr. 7 EStG) vorliegen, wäre zunächst erforderlich, dass die Kapitalforderung dem Schuldner der Kapitalerträge zeitweise überlassen wird. Ist von vornherein eine Rückzahlung des Kapitals ausgeschlossen, kann der Ertrag nicht mehr "aus" der Kapitalforderung erwirtschaftet worden sein.[502] Dementsprechend scheiden solche „Erträge“ aus dem Anwendungsbereich des § 20 Abs. 1 Nr. 7 EStG aus, die durch Veräußerung oder Verzicht auf die Kapitalforderung erlangt wurden.[503] Da dem Pflichtteilsschuldner keine Kapitalsumme (Pflichtteilsanspruch) zeitweise überlassen wird, sondern vielmehr der Pflichtteilsanspruch vollständig aufgegeben und stattdessen ein originärer Abfindungsanspruch des Pflichtteilsberechtigten begründet wird, scheidet eine einkommensteuerliche Erfassung der ausgekehrten Abfindung nach § 20 Abs. 1 Nr. 7 EStG aus.

---

502 Vgl. Kirchhof/Söhn/Mellinghoff/*Jochum*, § 20 Rn. C/7 12.
503 Lademann/*Jachmann/Lindenberg*, § 20 Rn. 401.

3. Grunderwerbsteuerliche Auswirkungen

Wie bereits dargestellt, wirken sich für den Verzicht auf künftige Pflichtteilsansprüche gewährte Abfindungen grunderwerbsteuerlich nicht aus. Dies gilt auch für nach Eintritt des Erbfalls getroffene Abfindungsvereinbarungen jedenfalls dann, wenn Zuwendender und Pflichtteilsberechtigter in gerader Linie verwandt sind (§ 3 Nr. 6 GrEStG). Fraglich ist jedoch, ob der Grundstückserwerb darüber hinaus auch ohne Bestehen eines derartigen Verwandtschaftsverhältnisses gleichsam nach § 3 Nr. 2 GrEStG steuerbefreit ist. Die Anwendung der Vorschrift hängt wiederum davon ab, ob ein Grundstückserwerb von Todes wegen (§ 3 ErbStG) oder eine Grundstücksschenkung unter Lebenden (§ 7 ErbStG) anzunehmen ist.

a. Verzichtsvereinbarung vor der Geltendmachung des Pflichtteilsanspruchs

Unproblematisch stellt sich die Rechtslage dann dar, wenn der Pflichtteilsanspruch zum Zeitpunkt der Verzichtsvereinbarung zwar entstanden, aber noch nicht geltend gemacht ist. In diesen Fällen ist das Grundstück aufgrund der Vorschrift des § 3 Abs. 2 Nr. 4 ErbStG unmittelbarer Erwerbsgegenstand von Todes wegen, sodass die Befreiungsvorschrift des § 3 Nr. 2 GrEStG unstreitig anzuwenden ist.[504]

b. Verzichtsvereinbarung nach der Geltendmachung des Pflichtteilsanspruchs und Vereinbarung einer Leistung an Erfüllungs statt

Problematischer sind jedoch Fälle, in denen der Pflichtteilsanspruch zum Zeitpunkt der Verzichtsvereinbarung bereits geltend gemacht wurde oder an Erfüllungs statt abgegolten wird. Die Problematik rührt daher, dass in dieser Konstellation die Vorschrift des § 3 Abs. 2 Nr. 4 ErbStG nicht anwendbar ist und somit keinen Grundstückserwerb von Todes wegen fingiert. Vielmehr unterliegt lediglich der geltend gemachte Pflichtteilsanspruch einer Besteuerung (§ 3 Abs. 1 Nr. 1 Alt. 3 ErbStG). Ob die Steuer-

---

504 Mayer/Süß/Tanck/Bittler/Wälzholz/*Griesel*, Handbuch Pflichtteilsrecht, § 17 Rn. 207; Schlitt/Müller/*Lohr/Otto*, Handbuch Pflichtteilsrecht, § 12 Rn. 171; Troll/Gebel/Jülicher/Gottschalk/*Gebel*, § 3 Rn. 434.

befreiungsvorschrift des § 3 Nr. 2 GrEStG dennoch angewendet werden kann, ist in Rechtsprechung und Literatur umstritten.

aa. Ansicht der Rechtsprechung

Nach älterer Rechtsprechung[505] war die Hingabe des Grundstücks als Abfindung auch dann nach § 3 Nr. 2 GrEStG steuerbefreit, wenn die zugrundeliegende Verzichtsvereinbarung nach dem Erbfall getroffen wurde. Da die Abfindung an die Stelle des geltend gemachten Pflichtteilsanspruchs trete und der Pflichtteil von Todes wegen erworben werde (§ 3 Abs. 1 Nr. 1 Alt. 3 ErbStG), müsse selbiges auch für die Abfindung gelten. Bei der Gewährung des Grundstücks als Abfindung handele es sich daher ebenfalls um einen Erwerb von Todes wegen, was die Anwendbarkeit der Steuerbefreiung in § 3 Nr. 2 GrEStG zur Folge habe.

Inzwischen wird diese Auffassung vom BFH jedoch nicht mehr vertreten.[506] Zur Anwendbarkeit der Steuerbefreiung erforderlich sei ein Grundstückserwerb von Todes wegen. Werde auf den bereits geltend gemachten Pflichtteilsanspruch verzichtet oder werde dieser an Erfüllungs statt abgegolten, sei lediglich der Erwerb des Pflichtteilsanspruchs, nicht hingegen der des Grundstücks als Erwerb von Todes wegen einzuordnen. Rechtsgrund für die Übertragung des Grundstücks sei vielmehr ein Rechtsgeschäft unter Lebenden, sodass die Gewährung der Steuerbefreiung in § 3 Nr. 2 GrEStG ausscheide.

bb. Meinungsstand in der Literatur

Die neuere Rechtsprechung des BFH wird von den meisten Literaturvertretern aus bereits genannten Gründen befürwortet.[507] Da die Grundstücksübertragung einen Erwerb unter Lebenden darstelle, müsse die Anwendbarkeit der Steuerbefreiung in § 3 Nr. 2 GrEStG ausscheiden.

505 BFH NJW 1982, 960.

506 BFH DStR 2002, 1527.

507 Boruttau/*Meßbacher-Hönsch*, § 3 Rn. 178; Schlitt/Müller/*Lohr/Otto*, Handbuch Pflichtteilsrecht, § 12 Rn. 170 f.; Noll DStR 2004, 257 (260).

Bei anderen Literaturvertretern stößt die neuere Rechtsprechung hingegen auf Widerspruch.[508] Diese plädieren für eine Anwendbarkeit des § 3 Nr. 2 GrEStG hauptsächlich deshalb, um eine Doppelbesteuerung mit Erbschaft- und Grunderwerbsteuer auch in Fällen zu vermeiden, in denen ein Grundstück als Abfindung für einen bereits geltend gemachten Pflichtteilsanspruch oder an Erfüllungs statt übertragen wird.[509]

cc. Stellungnahme

Die Auffassung der neueren Rechtsprechung erscheint auf den ersten Blick zutreffend. Nicht der Grundstückserwerb, sondern der auf Geld gerichtete Pflichtteilsanspruch stellt einen Erwerb von Todes wegen dar und unterliegt der Erbschaftsteuer. Bei der Hingabe des Grundstücks als Abfindung handelt es sich stattdessen – wie bereits im einkommensteuerrechtlichen Teil dargestellt[510] – um einen Veräußerungsvorgang, also ein Rechtsgeschäft unter Lebenden, wobei Entgelt für die Grundstücksübertragung der Nennwert der Pflichtteilsforderung ist. Auch für grunderwerbsteuerliche Zwecke stellt die Grundstücksübertragung daher ein Rechtsgeschäft unter Lebenden dar, sodass die Steuerbefreiung in § 3 Nr. 2 GrEStG eigentlich außer Betracht bleiben müsste.

Teleologische Aspekte zwingen dennoch dazu, der Gegenansicht zu folgen und somit die Vorschrift des § 3 Nr. 2 GrEStG auch dann anzuwenden, wenn ein bereits geltend gemachter Pflichtteilsanspruch durch die Hingabe eines Grundstücks abgefunden oder an Erfüllungs statt abgegolten wird. Die Vorschrift bezweckt die Vermeidung einer doppelten Besteuerung eines Vermögenszuflusses mit Erbschaft- und Grunderwerbsteuer, indem eine Besteuerung des Grunderwerbs nach dem Grunderwerbsteuergesetz immer dann ausscheiden soll, wenn derselbe Vorgang bereits der Erbschaftsteuer unterliegt.[511] Auch das BVerfG geht in diesem Zusammenhang von einem gesetzessystematischen Vorrang der Erbschaftsteuer vor der Grunderwerbsteuer aus.[512] Bei der Übertragung eines

---

508 Mayer/Süß/Tanck/Bittler/Wälzholz/*Griesel*, Handbuch Pflichtteilsrecht, § 17 Rn. 205; vgl. auch *Wachter* MittBayNot 2000, 162 (167).

509 Mayer/Süß/Tanck/Bittler/Wälzholz/*Griesel*, Handbuch Pflichtteilsrecht, § 17 Rn. 205.

510 Dazu siehe bereits unter H. II. 2. a. (1) (b).

511 Boruttau/*Meßbacher-Hönsch*, § 3 Rn. 98; Mayer/Süß/Tanck/Bittler/Wälzholz/*Griesel*, Handbuch Pflichtteilsrecht, § 17 Rn. 205.

512 BVerfG Beschl. v. 15.5.1984 – 1 BvR 427/82, BeckRS 1984, 5450.

Grundstücks an Erfüllungs statt oder zur Abgeltung von geltend gemachten Pflichtteilsansprüchen würde die Unanwendbarkeit der Steuerbefreiungsvorschrift des § 3 Nr. 2 GrEStG zu einer Besteuerung sowohl des Pflichtteilsanspruchs (§ 3 Abs. 1 Nr. 1 Alt. 3 ErbStG) als auch der Grundstücksübertragung bzw. des Grundstückskaufvertrags führen, obwohl wirtschaftlich betrachtet nur eine Vermögensübertragung stattfindet.[513] Zwar kommt auch eine einkommensteuerliche Erfassung des Sachverhalts als Veräußerungsvorgang neben der Erbschaftsbesteuerung in Betracht[514], obwohl auch zwischen diesen beiden Steuerarten eigentlich ebenfalls ein Exklusivitätsverhältnis besteht. Diese Überlegung führt jedoch nicht dazu, dass gleichsam auch eine grunderwerbsteuerliche Erfassung möglich sein muss. Während nämlich im Einkommensteuerrecht lediglich der aus der Veräußerung resultierende Gewinn einer Besteuerung unterliegt, unterliegt im Grunderwerbsteuerrecht der gezahlte Kaufpreis, der im konkreten Fall dem Nennwert des Pflichtteilsanspruchs entspricht, der Grunderwerbsteuer (§ 8 Abs. 1 iVm. § 9 Abs. 1 Nr. 1 GrEStG). Der Nennwert des Pflichtteilsanspruchs unterläge damit einer doppelten Besteuerung, die § 3 Nr. 2 GrEStG gerade auszuschließen bezweckt. Zur Unterstützung dieses Ergebnisses kann auch ein Vergleich mit vor der Geltendmachung getroffenen Abfindungsvereinbarungen herangezogen werden. Da in diesen Fällen nicht der Pflichtteilsanspruch, sondern das übertragene Grundstück als von Todes wegen erworben gilt (§ 3 Abs. 2 Nr. 4 ErbStG), greift auch die Steuerbefreiungsregelung des § 3 Nr. 2 GrEStG ein. Wirtschaftlich gesehen erfährt der Pflichtteilsberechtigte aber in beiden Fällen nur eine einzige Bereicherung in Form des übertragenen Grundstücks, sodass eine unterschiedliche Behandlung beider Fälle nicht einleuchtet. Diese Überlegungen führen letztlich dazu, die Steuerbefreiung in § 3 Nr. 2 GrEStG auch dann anzuwenden, wenn Grundstücke aufgrund von Abfindungsvereinbarungen nach der Geltendmachung des Pflichtteilsanspruchs übertragen werden.

513 So auch Mayer/Süß/Tanck/Bittler/Wälzholz/*Griesel*, Handbuch Pflichtteilsrecht, § 17 Rn. 205.

514 Siehe dazu unter H. II. 2. a. aa. (1) (b).

I. Behandlung ausländischer Noterbrechte

In einigen ausländischen Rechtsordnungen (z.B. in Belgien, Spanien, Italien, Frankreich, Schweden) existiert im Unterschied zur deutschen Rechtsordnung kein Pflichtteilsrecht, vielmehr erhalten nächste Angehörige (sog. Noterben) im Todesfall des Erblassers ein zwingendes Erbrecht in Form einer dinglich wirkenden Beteiligung am Nachlass (sog. Noterbrecht).[515] Das Noterbrecht führt zu einer Einschränkung der Testierfreiheit des Erblassers insoweit, als die Beteiligung der nächsten Angehörigen am Nachlass gefährdet ist.[516] Verfügt der Erblasser dennoch über den gesamten Erbteil, ist die Verfügung in den meisten Rechtsordnungen zwar nicht automatisch nichtig.[517] Die Noterben sind jedoch in der Regel berechtigt, die Herabsetzung der Zuwendung in der Höhe zu verlangen, dass ihr Noterbrecht erhalten bleibt.[518] Das Herabsetzungsverfahren ist am Beispiel Italiens[519] ein komplexes System aus Herabsetzungs- und Herausgabeklagen. Auf erster Stufe ist eine Herabsetzungsklage im engeren Sinne zu erheben, die lediglich auf Feststellung der Unwirksamkeit der den Noterben beeinträchtigenden Verfügung von Todes wegen und auf Einräumung seiner Stellung als Miterbe gerichtet ist. Da der Noterbberechtigte durch die bloße Herabsetzungsklage jedoch noch keine dinglich wirkende Beteiligung am Nachlass erhält, ist auf zweiter Stufe eine Restitutionsklage zu erheben, die auf Herausgabe gegen den Bedachten gerichtet ist. Erst bei erfolgreicher Durchführung des Herabsetzungsverfahrens entsteht die

---

515 Troll/Gebel/Jülicher/Gottschalk/*Jülicher*, § 2 Rn. 108.

516 *Reiß* ZEV 2005, 148.

517 *Reiß* ZEV 2005, 148; automatisch nichtig ist die Verfügung aber z.B. in Griechenland, siehe Süß/*Stamatiadis*, Erbrecht in Europa, Länderbericht Griechenland, Rz. 41 ff.

518 Zum belgischen Erbrecht siehe Süß/*Hustedt*, Erbrecht in Europa, Länderbericht Belgien, Rz. 65 ff.; zum italienischen Erbrecht siehe Süß/*Cubeddu Wiedemann/Wiedemann*, Länderbericht Italien, Rz. 121 ff.; zum spanischen Erbrecht siehe Süß/*Steinmetz/Huzel/García Alcázar*, Erbrecht in Europa, Länderbericht Spanien, Rz. 126 ff.; Zum französischen Erbrecht siehe Süß/*Döbereiner*, Erbrecht in Europa, Länderbericht Frankreich, Rz. 105 ff.; Zum schwedischen Erbrecht siehe Süß/*Johansson*, Erbrecht in Europa, Länderbericht Schweden, Rz. 114 ff.

519 Vgl. hierzu *Reiß* ZEV 2005, 148 ff.

dingliche Berechtigung des Noterbberechtigten, dann allerdings mit Wirkung zum Zeitpunkt des Erbfalls (ex tunc).[520]

Vorstehende Überlegungen werfen zunächst die Frage auf, in welchen Konstellationen die Behandlung eines Noterbrechts nach deutschem Erbschaftsteuerrecht relevant werden kann. Die Antwort hierzu ist in der EU-Erbrechtsverordnung aus dem Jahre 2012 zu finden, die für Erbfälle nach dem 17. August 2015 (vgl. Art. 84 EU-ErbVO) anwendbar ist. Diese Verordnung bestimmt in Art. 21 Abs. 1 EU-ErbVO, dass die gesamte Rechtsnachfolge von Todes wegen dem Staat unterliegt, in dem der Erblasser seinen letzten gewöhnlichen Aufenthalt hatte. Gleichzeitig statuiert § 2 Abs. 1 Nr. 1 ErbStG eine (unbeschränkte) Steuerpflicht nach deutschem Erbschaftsteuerrecht unter anderem für Fälle, in denen der Erwerber zur Zeit der Entstehung der Steuer im Inland einen Wohnsitz oder gewöhnlichen Aufenthalt hatte. Verstirbt also etwa ein mit letztem gewöhnlichen Aufenthalt in Italien lebender Erblasser und schließt einen in Deutschland lebenden gesetzlichen Erben von der Erbfolge aus, richtet sich die Steuerpflicht der von der Erbfolge ausgeschlossenen Person nach deutschem Recht[521], während wegen Art. 21 Abs. 1 EU-ErbVO italienisches Erbrecht zur Anwendung gelangt.[522]

I. Besteuerung des Noterbrechts

Erbschaftsteuerlich ist die Erfassung des Noterbrechts unter einen Tatbestand des § 3 Abs. 1 Nr. 1 deshalb problematisch, weil das Noterbrecht in keiner Variante der Vorschrift ausdrücklich für steuerbar erklärt wird. Weder handelt es sich beim Erwerb des Noterbrechts um einen „Erwerb durch Erbanfall“ (Alt. 1) noch stellt dieses einen „geltend gemachten Pflichtteilsanspruch“ (Alt. 3) dar. Dennoch ist von einer Steuerbarkeit des Noterbrechts nach dem ErbStG auszugehen. Dies folgt daraus, dass die Tatbestände des § 3 Abs. 1 Nr. 1 ErbStG nicht auf Erwerbe nach dem BGB beschränkt sind, sondern auch ausländische Erwerbe erfassen, „wenn sowohl die Rechtsfolgen als auch das wirtschaftliche Ergebnis einem der

---

520 *Süß*, Erbrecht in Europa, § 3 Rn. 117.

521 Mangels eines zwischen Deutschland und Italien bestehenden Doppelbesteuerungsabkommens im Bereich der Erbschaftsteuern muss auf die in Deutschland gezahlte Steuer eine etwaig in Italien gezahlte Steuer angerechnet werden (§ 21 ErbStG).

522 Zu dem Beispiel: Wachter, FS Crezelius, 2018, 645 (658).

in § 3 ErbStG ausdrücklich genannten inländischen Tatbestände entsprechen."[523] Sähe man dies anders, wäre die Steuerbarkeit eines Erwerbs nach dem ErbStG regelmäßig dann ausgeschlossen, wenn sich die Rechtsnachfolge eines Erblassers nach ausländischem Recht richtet. Ein solches Ergebnis kann jedoch vor dem Hintergrund des § 2 Abs. 1 Nr. 3 ErbStG, der eine Besteuerung ausländischer Staatsbürger mit ihrem Inlandsvermögen iSd. § 121 BewG vorsieht, vom Gesetzgeber nicht bezweckt worden sein.

Obwohl das Noterbrecht ebenso wie das deutsche Pflichtteilsrecht eine Einschränkung der Testierfreiheit des Erblassers und damit korrespondierend eine Mindestbeteiligung naher Angehöriger am Nachlass sichern soll, ist dieses wirtschaftlich und hinsichtlich der Rechtsfolgen nicht mit einem Pflichtteilserwerb, sondern mit einem Erwerb durch Erbfolge vergleichbar. Da das Noterbrecht auf eine dingliche Nachlassbeteiligung gerichtet ist und gerade keinen schuldrechtlichen Anspruch gegen den Erben begründet, entspricht die Stellung des Noterben nach deutschem Recht der eines Miterben mit allen sich daraus ergebenden Rechten und Pflichten.[524] Für die Besteuerung eines solchen ist daher der Steuertatbestand des § 3 Abs. 1 Nr. 1 Alt. 1 ErbStG einschlägig.

II. Steuerentstehungszeitpunkt

Die steuerliche Gleichstellung des Noterben mit einem Miterben würde eigentlich eine Steuerentstehung im Zeitpunkt des Erbfalls entsprechend § 9 Abs. 1 Nr. 1 ErbStG nahelegen. Dies würde allerdings unter Umständen nicht hinreichend berücksichtigen, dass der Noterbe zunächst ein Herabsetzungsverfahren durchlaufen muss, um seine dingliche Berechtigung zu erhalten. Welche Auswirkungen das zu durchlaufende Herabsetzungsverfahren auf den Steuerentstehungszeitpunkt hat, ist Gegenstand der folgenden Darstellung.

---

523 BFH DStRE 2012, 1261 (1264); vgl. BFH Urt. v. 19.10.1956 – III R 128/55 U, BeckRS 1956, 21006332.

524 BFH DStRE 2012, 1261 (1264); Troll/Gebel/Jülicher/Gottschalk/*Jülicher*, § 2 Rn. 109; *Reiß* ZEV 2005, 148; Wachter, FS Crezelius, 2018, 645 (659).

1. Ansicht der Literatur

Einer Steuerentstehung im Zeitpunkt des Erbfalls steht nach Ansicht der Literatur die Tatsache entgegen, dass die dingliche Berechtigung des Noterben nicht automatisch mit dem Erbfall, sondern erst mit erfolgreicher Durchführung des Herabsetzungsverfahrens entsteht. Aus diesem Grund könne für die Frage des Steuerentstehungszeitpunkts nicht die Vorschrift des § 9 Abs. 1 Nr. 1 ErbStG, sondern es müsse vielmehr die des § 9 Abs. 1 Nr. 1 Buchst. b) ErbStG entsprechend herangezogen werden. Sodann widmet sich die Literatur der Frage, wie der Begriff der Geltendmachung in Bezug auf Noterbrechte zu verstehen ist. Als bloßes ernsthaftes Erfüllungsverlangen könne der Begriff der Geltendmachung jedenfalls nicht verstanden werden[525], denn anders als nach nationalem Recht bestehe kein schuldrechtlicher Anspruch gegen die Erben, dessen Erfüllung ernsthaft verlangt werden könnte. Allerdings lasse sich das Tatbestandsmerkmal der Geltendmachung durch die Erhebung der Herabsetzungsklage ersetzen.[526]

2. Stellungnahme

Ob der Steueranspruch tatsächlich im Zeitpunkt der Erhebung der Herabsetzungsklage entsprechend der Vorschrift des § 9 Abs. 1 Nr. 1 Buchst. b) ErbStG entsteht, muss bezweifelt werden. Die Ansicht der Literatur ist insoweit inkonsequent, als sie trotz Gleichstellung des Noterben mit einem Miterben für die Frage der Steuerentstehung den Noterben dennoch analog einem Pflichtteilsberechtigten behandelt und dementsprechend die Vorschrift des § 9 Abs. 1 Nr. 1 Buchst. b) ErbStG heranzieht. Aus ergebnisorientierten Gesichtspunkten mag zwar zunächst einleuchten, eine Steuerentstehung im Zeitpunkt des Erbfalls noch nicht anzunehmen, da der Noterbberechtigte durch den bloßen Erbfall ohne Erhebung der Herabsetzungsklage noch nicht bereichert ist. Stattdessen für die Steuerentstehung auf den Zeitpunkt der Klageerhebung abzustellen, ist jedoch ebenfalls mit dem Bereicherungsprinzip unvereinbar, denn andernfalls würde die Steuer auch in Fällen des Unterliegens im Klageverfahren entstehen, obwohl eine Bereicherung des Noterbberechtigten in derartigen Fällen tatsächlich nicht erfolgt.

---

525 *Wachter*, FS Crezelius, 2018, 645 (659).

526 So jedenfalls Troll/Gebel/Jülicher/Gottschalk/*Jülicher*, § 2 Rn. 108 f. und *Wachter*, FS Crezelius, 2018, 645 (659).

Die Ausgestaltung des Noterbrechts als dingliche Nachlassbeteiligung sollte vielmehr auch für die Frage des Steuerentstehungszeitpunkts berücksichtigt werden. Eine steuerliche Behandlung des ausländischen Noterbrechts als Miterbenanteil (§ 3 Abs. 1 Nr. 1 Alt. 1 ErbStG) hätte auf den ersten Blick eine Steuerentstehung im Zeitpunkt des Erbfalls gem. § 9 Abs. 1 Nr. 1 ErbStG zur Folge. Für nach deutschem Recht bestehende Miterbenanteile ist diese Überlegung dadurch gerechtfertigt, dass der Miterbe kraft Universalsukzession (§ 1922 BGB) automatisch in die Rechtsposition des Erblassers eintritt und eine Bereicherung deshalb bereits im Todeszeitpunkt des Erblassers erfährt. Diese Erwägung greift allerdings dann nicht, wenn ein Noterbberechtigter zuerst ein Herabsetzungsverfahren durchführen muss, um seinen Erbteil zu erhalten. Erst bei erfolgreicher Durchführung von Herabsetzungs- und Restitutionsklage sind die Vermögensgüter wieder in das Vermögen des Noterbberechtigten eingegliedert[527], sodass auch erst im Zeitpunkt des stattgebenden Urteils eine Bereicherung um dieses Vermögen angenommen werden kann. Grundsätzlich sollte daher – sofern eine Herabsetzungsklage in der jeweiligen Rechtsordnung zur Wiedereingliederung der Vermögensgüter in das Vermögen des Noterbberechtigten erforderlich ist – eine Steuerentstehung auch erst in diesem Zeitpunkt erfolgen. Einem derartigen Ergebnis steht nur auf den ersten Blick der Wortlaut des § 9 Abs. 1 Nr. 1 ErbStG – Steuerentstehung im Zeitpunkt des Erbfalls – entgegen. Zu beachten ist nämlich, dass die Vermögenseingliederung beim Noterbberechtigten mit erfolgreicher Durchführung des Herabsetzungsverfahrens mit Wirkung zum Zeitpunkt des Erbfalls, also ex tunc erfolgt. Die Steuer entsteht daher bei Behandlung des ausländischen Noterbrechts als dingliche Nachlassbeteiligung zwar noch nicht im Zeitpunkt des Erbfalls, sondern erst im Moment der erfolgreichen Durchführung des Herabsetzungsverfahrens. Sollte dieses jedoch erfolgreich durchgeführt worden sein, wird der Vorschrift des § 9 Abs. 1 Nr. 1 ErbStG dadurch hinreichend Rechnung getragen, dass die Steuer nunmehr ebenfalls rückwirkend zum Zeitpunkt des Erbfalls entsteht.

III. Verzicht auf das Noterbrecht und Steuerbefreiungen

Auf das Noterbrecht kann in der Regel weder verzichtet noch kann dieses vertraglich abbedungen werden. In Betracht kommt allerdings ein Verzicht auf die Erhebung der Herabsetzungsklage, der häufig vereinbart

527 Am Beispiel Italiens, *Reiß* ZEV 2005, 148 (149).

wird, um die Verfügungsfreiheit der Erbengemeinschaft nicht zu sperren.[528] Ein derartiger Verzicht muss steuerfrei möglich sein, entweder bei Behandlung des Noterbrechts als Pflichtteilsanspruchs aufgrund der Regelung des § 13 Abs. 1 Nr. 11 ErbStG[529] oder deshalb, weil ohne die erfolgreiche Durchführung des Herabsetzungsverfahrens kein steuerbegründender Erbanfall iSd. §§ 3 Abs. 1 Nr. 1 Alt. 1 iVm. 9 Abs. 1 Nr. 1 ErbStG angenommen werden kann.

Steuerbefreiungen, etwa für selbst genutzte Familienheime (§ 13 Abs. 1 Nr. 4 a-c ErbStG), Mietwohnimmobilien (§ 13d ErbStG) oder Betriebsvermögen (§ 13a, b ErbStG) sind anwendbar. Dies folgt daraus, dass es sich beim Noterbrecht um keinen schuldrechtlichen, auf Geld gerichteten Anspruch gegen den Erben, sondern um eine dingliche Nachlassbeteiligung handelt.[530]

528 Troll/Gebel/Jülicher/Gottschalk/*Jülicher*, § 2 Rn. 109.
529 So aber Troll/Gebel/Jülicher/Gottschalk/*Jülicher*, § 2 Rn. 109.
530 *Wachter*, FS Crezelius, 2018, 645 (659).

J. Thesen der Dissertation

1. Das steuerrechtsrelevante Pflichtteilsrecht gliedert sich in drei Teilbereiche. Es umfasst den Pflichtteilsanspruch, den Pflichtteilsergänzungsanspruch und den Pflichtteilsverzicht gegen Abfindung.
2. Der Begriff der Geltendmachung stellt das entscheidende Tatbestandsmerkmal für die Besteuerung des Pflichtteils iSd. § 3 Abs. 1 Nr. 1 Alt. 3 ErbStG dar und bezeichnet ein ernsthaftes, an den Schuldner gerichtetes Erfüllungsverlangen. Dieses Merkmal zieht sich durch das gesamte pflichtteilsrelevante Steuerrecht und wirkt sich auch an Stellen aus, an denen es sich nicht ausdrücklich im Gesetz wiederfindet. Es soll innerfamiliären Konflikten vorbeugen, die durch das zivilrechtlich fehlende Ausschlagungsrecht entstehen können. Die Bewertung des Pflichtteilsanspruchs mit dem Nennwert und die Nichtanwendbarkeit sachlicher Steuerbefreiungsregelungen halten einer verfassungsrechtlichen Überprüfung stand.
3. Mit der Geltendmachung steht dem Erben ein Abzug der geltend gemachten Pflichtteilslast als Nachlassverbindlichkeit gem. § 10 Abs. 5 Nr. 2 ErbStG zu. Über die Geltendmachung hinaus ist für den Abzug des Pflichtteils keine zusätzliche Prüfung einer wirtschaftlichen Belastung erforderlich, da die wirtschaftliche Belastung dem Begriff der Geltendmachung insofern immanent ist, als diese eine zwangsläufige Folge der Geltendmachung ist.
4. Eine in den Nachlass fallende Pflichtteilsverbindlichkeit kann erst dann als Erblasserschuld gem. § 10 Abs. 5 Nr. 1 ErbStG abgezogen werden, wenn der Pflichtteil geltend gemacht wurde oder nunmehr vom Erben geltend gemacht wird. Vereinigen sich Schuldner- und Gläubigerstellung hinsichtlich des Pflichtteils beim Tod des Pflichtteilsschuldners in einer Person, steht dies einer Geltendmachung nicht entgegen (§ 10 Abs. 3 ErbStG). Dies gilt selbst dann, wenn der Pflichtteilsanspruch zum Zeitpunkt der Geltendmachung bereits verjährt ist. Eine fehlende wirtschaftliche Belastung des Schuldners steht einem Abzug als Erblasserschuld nicht entgegen, wenn es sich bei dieser um eine Pflichtteilsverbindlichkeit handelt. Einzige Voraussetzung für einen Abzug ist in diesem Fall die wirksame Geltendmachung der rechtlich bestehenden Verbindlichkeit.

5. Die Grundsätze, die für in den Nachlass fallende Pflichtteilsverbindlichkeiten gelten, sind auf Konstellationen in den Nachlass fallender Pflichtteilsansprüche entsprechend zu übertragen. Ein solcher unterliegt deshalb – abweichend von einer neueren BFH-Entscheidung aus dem Jahr 2016 – nur dann einer Besteuerung nach § 3 Abs. 1 Nr. 1 Alt. 1 ErbStG, wenn er bereits geltend gemacht wurde oder nunmehr vom Erben geltend gemacht wird. Einer späteren Geltendmachung steht die Vereinigung von Schuldner- und Gläubigerstellung in einer Person nicht entgegen (§ 10 Abs. 3 ErbStG).
6. Die Verweisung in § 3 Abs. 1 Nr. 1 Alt. 3 ErbStG auf geltend gemachte Pflichtteilsansprüche bezieht auch Pflichtteilsergänzungsansprüche mit ein. Gleichsam steht dem Erben im Fall der Inanspruchnahme nach § 2325 Abs. 1 BGB ein Abzug des geltend gemachten Pflichtteilsergänzungsanspruchs von seiner Steuerbemessungsgrundlage zu. Bei einer Inanspruchnahme des Beschenkten nach § 2329 Abs. 1 BGB handelt es sich um eine teilweise Rückabwicklung der Schenkung gem. § 29 Abs. 1 Nr. 1 ErbStG. Wird der Beschenkte nach § 2329 Abs. 2 BGB in Anspruch genommen, erlischt die Steuer insoweit unter analoger Anwendung des § 29 Abs. 1 Nr. 2 ErbStG rückwirkend.
7. Der isolierte Verzicht auf den Pflichtteil vor dem Erbfall hat keine steuerlichen Auswirkungen. Wird im Rahmen eines Erbschaftsvertrags über den Pflichtteil (§ 311b Abs. 4, 5 BGB) eine Abfindung gewährt, ist der Tatbestand der freigebigen Zuwendung erfüllt. Bei der Gewährung einer Abfindung aufgrund eines Pflichtteilsverzichts iSd. § 2346 BGB kann die Besteuerung sowohl auf § 7 Abs. 1 S. 1 Nr. 1 als auch Nr. 5 ErbStG gestützt werden. Für die Besteuerung irrelevant ist dabei, ob die Verzichtsvereinbarung zivilrechtlich wirksam ist. Sachliche Steuerbefreiungen sind zugunsten des Abfindungsempfängers anwendbar. Dies gilt auch bei der Gewährung betrieblichen Vermögens (§§ 13a, 13b ErbStG) unabhängig davon, aus welchem Vermögen die Zuwendung erfolgt. Zur Bestimmung der Steuerklasse bei gewährten Abfindungen auf der Grundlage von Erbschaftsverträgen über den Pflichtteil (§ 311b Abs. 4, 5 BGB) ist nach einer neuen und zutreffenden Entscheidung des BFH aus dem Jahr 2017 das Verhältnis des jeweils Zuwendenden zum Begünstigten heranzuziehen. Nach den Entscheidungsgründen lässt sich diese Entscheidung auch auf Abfindungsverzichte nach § 2346 BGB übertragen, sodass auch hier in Fällen, in denen nicht der Erblasser, sondern ein sonstiger Dritter die Abfindung leistet, das Verhältnis des jeweils Zuwendenden zum Begünstigten maßgeblich sein sollte.

8. Der Verzicht auf den entstandenen, aber noch nicht geltend gemachten Pflichtteilsanspruch wirkt sich steuerlich nicht aus, wohingegen der Verzicht nach der Geltendmachung eine freigebige Zuwendung an den Pflichtteilsschuldner darstellt. Eine anstelle des Pflichtteils gewährte Abfindung unterliegt nur dann einer Besteuerung nach § 3 Abs. 2 Nr. 4 ErbStG, wenn die Verzichtsvereinbarung nach dem Tod des Erblassers, aber vor einer Geltendmachung des Pflichtteilsanspruchs durch den Berechtigten getroffen wurde. Wird der Verzicht hingegen nach der Geltendmachung vereinbart, wird lediglich der geltend gemachte Pflichtteilsanspruch besteuert, während eine anstelle des Pflichtteils gewährte Abfindung unversteuert bleibt. Gewährte Abfindungen können sich dann lediglich auf die Freigebigkeit des Verzichts nach der Geltendmachung auswirken. Sachliche Steuerbefreiungen sollten uneingeschränkt und unabhängig davon anwendbar sein, ob die Gewährung der Abfindung aufgrund eines Verzichtsvertrags vor oder nach der Geltendmachung des Pflichtteils erfolgt. Im letzteren Fall sollte die Steuerbefreiung auf den Teil des Nennwerts des Pflichtteilsanspruchs angewendet werden, der dem Steuerwert des steuerbefreiten Vermögens entspricht.
9. Das grundsätzliche Ausschlussverhältnis zwischen Einkommen- und Erbschaftsteuer gilt auch in Bereichen, in denen auf zukünftige oder bereits entstandene Pflichtteilsansprüche gegen Abfindung verzichtet wird oder in denen derartige Ansprüche an Erfüllungs statt abgegolten werden. Zwar findet sich das Tatbestandsmerkmal der Geltendmachung im Einkommensteuerrecht an keiner Stelle wieder, es ist jedoch aufgrund der Wertungen des Erbschaftsteuerrechts in dieses hineinzulesen. Eine Überschneidung beider Steuerarten ist deshalb nicht zu befürchten.
10. Die Übertragung von Grundstücken zur Abgeltung von Pflichtteilsansprüchen löst wegen der Steuerbefreiungsvorschrift des § 3 Nr. 2 GrEStG keine Grunderwerbsteuer aus. Dies gilt selbst dann, wenn der Pflichtteilsanspruch zum Zeitpunkt der Verzichtsvereinbarung bereits geltend gemacht wurde oder an Erfüllungs statt abgegolten wird.
11. Auch wenn ein nach ausländischer Rechtsordnung bestehendes Noterbrecht ebenso wie das deutsche Pflichtteilsrecht eine Einschränkung der Testierfreiheit des Erblassers bezweckt, entspricht die Stellung des Noterben nach deutschem Recht der eines Miterben mit allen sich daraus ergebenden Rechten und Pflichten. Die Besteuerung eines Noterbrechts erfolgt daher nach § 3 Abs. 1 Nr. 1 Alt. 1 ErbStG. Die Steuer entsteht jedoch noch nicht im Zeitpunkt des Erbfalls, sondern erst

im Moment der erfolgreichen Durchführung des Herabsetzungsverfahrens, dann allerdings mit Wirkung ex tunc.

Literaturverzeichnis

Andrissek, Tobias: Anmerkung zu OLG Hamm, Urteil vom 8.11.2016 – 10 U 36/15, MittBayNot 2018, 54 ff.

Bamberger, Heinz Georg / Roth, Herbert / Hau, Wolfgang / Poseck, Wolfgang (Hrsg.): Beck'scher Online-Kommentar BGB, 57. Ed., München 2021

Berresheim, Daniel S.: Die erbschaftsteuerliche Abzugsfähigkeit von Pflichtteilsforderungen bei fehlender wirtschaftlicher Belastung zu Lebzeiten des Schuldners, ZErb 2007, 436 ff.

Billig, Hildegard: BFH nimmt Einfluss auf die Gestaltungsmöglichkeiten in Zusammenhang mit einem Pflichtteilsanspruch, UVR 2017, 345 ff.

– Zur erbschaftsteuer- und schenkungsteuerrechtlichen Bedeutung des Pflichtteilsanspruchs, UVR 2014, 314 ff.

Birk, Dieter / Desens, Marc / Tappe, Henning: Steuerrecht, 23. Aufl., Heidelberg 2020

Boruttau, Ernst Paul: Grunderwerbsteuergesetz, 19. Aufl., München 2018

Bühring, Franziska: Pflichtteilsrecht und Erbschaftsteuer, Hamburg 2010

Burandt, Wolfgang / Rojahn, Dieter: Erbrecht, 3. Aufl., München 2019

Crezelius, Georg: Unternehmenserbrecht, 2. Aufl. 2009

– Pflichtteilsabfindung und Erbschaftsteuer, BB 2000, 2333 ff.

Daragan, Hanspeter: Anmerkung zu BFH, Urteil vom 7.12.2016 – II R 21/14, ZErb 2017, 175 ff.

Dauner-Lieb, Barbara / Grziwotz, Herbert / Hohmann-Dennhardt, Christine (Hrsg.): Pflichtteilsrecht, 2. Aufl. Baden-Baden 2017

Dreher, Meinrad / Görner, André: Das Behindertentestament und § 138 BGB, NJW 2011, 1761 ff.

Dressler, Rainer: Vereinbarungen über Pflichtteilsansprüche – Gestaltungsmittel zur Verringerung der Erbschaftsteuerbelastung, NJW 1997, 2848 ff.

Dutta, Anatol: Grenzen der Vertragsfreiheit im Pflichtteilsrecht, AcP 209 (2009), 760 ff.

Epping, Volker / Hillgruber, Christian (Hrsg.): Beck'scher Online-Kommentar GG, 46. Ed, München 2021

Everts, Arne: Anmerkung zu OLG Hamm, Urteil vom 8.11.2016 – 10 U 36/15, ZEV 2017, 163 ff.

Krätzschel, Holger / Falkner, Melanie / Döbereiner, Christoph: Nachlassrecht, 11. Aufl., München 2019

Fischer, Michael / Geck, Reinhard / Haarmann, Wilhelm: Zivilrechtliches Ordnungsgefüge und Steuerrecht – Festschrift für Georg Crezelius, Köln 2018

Fischer, Michael / Pahlke, Armin / Wachter, Thomas: Erbschaftsteuergesetz, 7. Aufl., Freiburg i. Br. 2020

Gebel, Dieter: Steuerliche Wertermittlung beim Erwerb durch Vermächtnis und aufgrund Pflichtteils, ZEV 1999, 85 ff.

Geck, Reinhard: Aktuelle Entwicklungen im Bereich der Erbschaft- und Schenkungsteuer, DNotZ 2019, 805 ff.

Giesen, Richard / Kreikebohm, Ralf / Rolfs, Christian / Udsching, Peter (Hrsg.): Beck'scher Online-Kommentar Sozialrecht, 60. Ed., München 2021

Große-Wilde, Franz M.: Anmerkung zu BFH, Urteil vom 16.5.2013 – II R 21/11, MittBayNot 2014, 97 ff.

Hartmann, Winfried: Anmerkung zu BFH, Urteil vom 10.5.2017 – II R 25/15, ErbStB 2017, 297 ff.

Herrmann, Carl / Heuer, Gerhard / Raupach, Arndt (Hrsg.): Einkommensteuer- und Körperschaftsteuergesetz, 303. EL, Köln 2021

Hoppe, Matthias: Erbschaftsteuerliche Behandlung von Zahlungen des Beschenkten zur Abwendung des Herausgabeanspruchs eines Pflichtteilsberechtigten, NJW 2004, 1144 ff.

Hübschmann, Walter / Hepp Ernst / Spitaler, Armin: Abgabenordnung – Finanzgerichtsordnung, 262. Akt., Köln 2021

Ihle, Jörg: Anmerkung zu BFH, Urteil vom 05.02.2020 – II R 1/16, MittBayNot 2021, 83 ff.

Jatzow, Hermann: Motive zu dem Entwurfe eines Bürgerlichen Gesetzbuches für das Deutsche Reich: Band V, 2. Aufl., Berlin 1896

Jauernig, Othmar (Hrsg.): Kommentar zum BGB, 18. Aufl., München 2021

Jülicher, Marc: Zahlungen auf Pflichtteilsergänzungsansprüche und ihre unterschiedliche Berücksichtigung im Erbschaftsteuerrecht, ZEV 2001, 428 ff.

– Pflichtteilsansprüche im EStG und ErbStG – steuersparende Überlegungen vor und nach dem Erbfall, ZErb 2014, 126 ff.

Kapp, Reinhard / Ebeling, Jürgen: Erbschaftsteuer- und Schenkungsteuergesetz, 87. EL, Köln 2021

Keim, Christopher: „Super" oder „(super) falsch"? – Das „Supervermächtnis" zur Erbschaftsteuerersparnis beim Berliner Testament, ZEV 2016, 6 ff.

Kirchhof, Paul / Söhn, Hartmut / Mellinghoff, Rudolf (Hrsg.): Einkommensteuergesetz, 313. Akt., Heidelberg 2021

Klein (Hrsg.): Abgabenordnung, 15. Aufl., München 2020

Koenig, Ulrich (Hrsg.): Abgabenordnung, 3. Aufl., München 2014

Krumm, Marcel: Der lebzeitige Pflichtteilsverzicht gegen Abfindung: Schenkungsteuer- und Einkommensteuerrecht, ErbR 2012, 139 ff.

Lademann, Fritz (Begr.): Kommentar zum Einkommensteuergesetz, Nachtrag 259, Stuttgart 2021

Lakkis, Panajotta: Der Verjährungsverzicht heute, ZGS 2003, 423 ff.

Lange, Knut Werner: Kann die Verjährung des Pflichtteilsanspruchs verlängert werden?, ZEV 2003, 433 ff.

Mayer, Jörg: Wenn das Kind bereits in den Brunnen fiel – Möglichkeiten der Erbschaftsteuerreduzierung nach Eintritt des Erbfalls, DStR 2004, 1541 ff.

– Der beschränkte Pflichtteilsverzicht, ZEV 2000, 263 ff.

Mayer, Jörg / Süß, Rembert / Tanck, Manuel / Bittler, Jan / Wälzholz, Eckhard (Hrsg.): Handbuch Pflichtteilsrecht, 4. Aufl., Bonn 2018

Meincke, Jens Peter: Erbschaftsteuer- und Schenkungsteuergesetz, 16. Aufl., München 2012

– Anmerkung zu BFH, Urteil vom 8.10.2003 – II R 46/01, ZEV 2004, 124 ff.

– Zur Abzugsfähigkeit von Pflichtteilsschulden, ZEV 2006, 199 ff.

– Zum Geltendmachen des Pflichtteils, ZErb 2004, 1 ff.

Meincke, Jens Peter / Hannes, Frank / Holtz, Michael: Erbschaftsteuer- und Schenkungsteuergesetz, 17. Aufl., Bonn 2018

Moench, Dietmar / Weinmann, Norbert: Erbschaft- und Schenkungsteuergesetz, 91. EL, Freiburg 2021

Muscheler, Karlheinz: Kindespflichtteil und Erbschaftsteuer beim Berliner Testament, ZEV 2001, 377 ff.

– Universalsukzession und Vonselbsterwerb, 1. Aufl., Tübingen 2002

Noll, Bernd: Aktuelles Beratungs-Know-how Erbschaftsteuerrecht, DStR 2004, 257 ff.

Palandt, Otto (Begr.): Bürgerliches Gesetzbuch, 80. Aufl., München 2021

Rauscher, Thomas / Krüger, Wolfgang (Hrsg.): Münchener Kommentar zur Zivilprozessordnung mit Gerichtsverfassungsgesetz und Nebengesetzen, 5. Aufl., München 2016

Reiß, Jürgen: Das Pflichtteilsrecht nach italienischem Recht, ZEV 2005, 148 ff.

Rössler, Rudolf / Troll, Max: Bewertungsgesetz, 32. EL., München 2020

Röthel, Anne: Reformfragen des Pflichtteilsrechts. Symposium vom 30.11.-2.12.2006 in Salzau, Köln 2007

– Umgehung des Pflichtteilsrechts, AcP 212 (2012), 157 ff.

Rohde, Andreas / Hoffmann, Sandra: Anmerkung zu BFH, Urteil vom 7.12.2016 – II R 21/14, StuB 2017, 821 ff.

Roth, Tobias: Erbauseinandersetzung und Pflichtteilsanspruch im Erbschaftsteuerrecht, RNotZ 2013, 193 ff.

Säcker, Franz Jürgen / Rixecker, Roland / Oetker, Hartmut / Limperg, Bettina (Hrsg.): Münchener Kommentar zum Bürgerlichen Gesetzbuch, 8. Aufl., München 2020

Schindler, Andreas: Der derivative Pflichtteilsanspruch im Nachlass: Pfändung, Pflichtteil, Erbschaftsteuer, Testamentsvollstreckung, ZEV 2018, 60 ff.

Schlitt, Gerhard / Müller, Gabriele (Hrsg.): Handbuch Pflichtteilsrecht, 2. Aufl., München 2017

Schmidt, Ludwig (Begr.) / *Weber-Grellet, Heinrich* (Hrsg.): Einkommensteuergesetz, 39. Aufl., München 2020

Schulz, Fabian: Pflichtteilsrecht und Pflichtteilsverzicht – Die Gretchenfrage des modernen Erbrechts?, 1. Aufl., Baden-Baden 2017

Schulze, Reiner: Bürgerliches Gesetzbuch, 10. Aufl., Baden-Baden 2019

Seer, Roman / Krumm, Marcel: Der Pflichtteilsanspruch im System der erbschaftsteuerlichen Vermögensanfallbesteuerung, ZEV 2010, 57 ff.

Selbherr, Benedikt: Anmerkung zu BFH, Urteil vom 7.12.2016 – II R 21/14, MittBayNot 2018, 81 ff.

Stempel Hartmut: Abzugsbegrenzung für Pflichtteilslasten durch § 10 Abs. 6 Erbschaftsteuergesetz, UVR 2001, 136 ff.

Süß, Rembert: Erbrecht in Europa, 3. Aufl., Bonn 2015

Troll, Max / Gebel, Dieter / Jülicher, Marc / Gottschalk, Paul Richard: Erbschaftsteuer- und Schenkungsteuergesetz, 60. EL., München 2020

Tipke, Klaus / Kruse, Heinrich Wilhelm: Kommentar zur Abgabenordnung und Finanzgerichtsordnung, 165. Akt, München 2021

Tipke, Klaus / Lang, Joachim (Hrsg.): Steuerrecht, 24. Aufl., Köln 2021

Van de Loo, Oswald: Die letztwillige Verfügung von Eltern behinderter Kinder, NJW 1990, 2852 ff.

Viskorf, Hermann-Ulrich: Anmerkung zu BFH, Urteil vom 17.11.1998 – III R 43/96, FR 1999, 664 ff.

Viskorf, Hermann-Ulrich / Schuck, Stephan / Wälzholz, Eckhard (Hrsg.): Erbschaft- und Schenkungsteuergesetz, Bewertungsgesetz, 6. Aufl., Herne 2020

Vorwerk, Volkert / Wolf, Christian (Hrsg.): Beck'scher Online-Kommentar ZPO, 40. Ed., München 2021

Wachter Thomas: Aktuelle Entwicklungen im Erbschaft- und Schenkungsteuerrecht – zugleich eine Besprechung von Meincke, Kommentar zum Erbschaftsteuer- und Schenkungsteuergesetz, 1999, MittbayNot 2000, 162 ff.

– Anmerkung zu BFH, Urteil vom 7.12.2016 – II R 21/14, ZEV 2017, 283 ff.

– Festschrift für Sebastian Spiegelberger zum 70. Geburtstag, Bonn 2009

– Neues zum Pflichtteilsverzicht gegen Abfindung, DB 2017, 2500 ff.

– Neues zur Erbschaftsteuer beim Berliner Testament – oder: Konfusion um Konfusion, BB 2020, 2135 ff.

Wälzholz, Eckhard: Anmerkung zu BFH, Urteil vom 7.12.2016 – II R 21/14, NZG 2017, 552 ff.

– Die zeitliche Geltendmachung von Pflichtteilsansprüchen – Zivil- und steuerrechtliche Überlegungen aus Anlass aktueller Rechtsprechung, ZEV 2007, 162 ff.

– Schenkungsteuerlich begünstigte Vermögensübertragungen zwischen Geschwistern – zugleich eine Besprechung des BFH-Urteils vom 25.1.2001, II R 22/98, MittBayNot 2001, 361 ff.

Zimmer, Maximilian: Störungen beim Erb- und Pflichtteilsverzichtsvertrag, NJW 2013, 517 ff.

FSC
www.fsc.org
MIX
Papier | Fördert gute Waldnutzung
FSC® C083411

Kolibri 360 GmbH
Ferdinand-Jühlke-Straße 7
99095 Erfurt, Deutschland
produktsicherheit@kolibri360.de